Lugares vulnerables, violencias y delincuencia

JUAN JOSÉ VILLALÓN OGÁYAR

UNIVERSIDAD NACIONAL DE EDUCACIÓN A DISTANCIA

LUGARES VULNERABLES, VIOLENCIAS Y DELINCUENCIA
(6604203GR3A01)

Librería UNED: c/ Bravo Murillo, 38 - 28015 Madrid
Tels.: 91 398 75 60 / 73 73
e-mail: libreria@adm.uned.es

ISBN: 978-84-362-7538-4
Depósito legal: M-5530-2019

Primera edición: febrero de 2019

Impreso en España - Printed in Spain
Maquetación e impresión: Grafo, S.A.
Avda. Cervantes, 51-edificio 21 - 48970 Basauri (Vizcaya)

AGRADECIMIENTOS

Este libro no habría sido posible sin el apoyo de mucha gente. Entre ellos, los primeros, por su inestimable apoyo sincero y confianza: Ángela y Joel. En segundo lugar, mis compañeros Josune Aguinaga y Julio Bordas que con sus comentarios y sugerencias me ayudaron a ir perfilando desde el principio este texto. También estoy agradecido al Departamento de Sociología III por su colaboración en la revisión de este texto, así como las compañeras del IUED y la Editorial UNED cuyo inestimable trabajo ha agilizado todo el proceso de edición de este libro.

Finalmente, mis agradecimientos también van dirigidos a los organizadores del I y II Foro Mundial sobre Violencias Urbanas y Educación para la Convivencia y La Paz que tuvieron lugar en Madrid en noviembre de 2017 y 2018. El ambiente y las discusiones que han sido posibles en dichos espacios de encuentro con las realidades de miles de iniciativas de investigación, educación e intervención sobre los problemas de nuestras ciudades asociados a la violencia que experimentan sus habitantes en todo el mundo ha sido el mejor contexto posible para contrastar y perfilar muchas de las ideas que hay reflejadas en este libro. Y, aunque no he podido reflejar todo ello en él, sí que forman parte de la memoria de aquel que ha escrito este libro y de la actitud con que ha podido escribirlo.

ÍNDICE

PRESENTACIÓN

La delincuencia es un problema perenne en las sociedades humanas. Produce miedo, inseguridad y desconfianza. Resta calidad de vida a los ciudadanos. Divide y fragmenta a las sociedades.

La delincuencia implica violencia. Es una forma de ejercer la violencia por parte de unos individuos (los delincuentes) sobre otros (las víctimas y su entorno). Pero, además, la delincuencia obliga a la ciudadanía a buscar modos de restringirla.

El crecimiento de la delincuencia suele ir vinculado al aumento de la violencia del Estado sobre los ciudadanos para poder controlarla, reducirla o impedirla mediante: leyes más restrictivas, sistemas judiciales más punitivos, cárceles más duras, prácticas policiales más agresivas o estrategias más sutiles que afectan a colectivos mucho más amplios como ocurre en los realojos forzosos, el desarrollo de infraestructuras de separación de barrios o la expulsión de los más pobres de los centros urbanos. También, va unido al desarrollo de prácticas entre la ciudadanía para apartarse de ella levantando muros, creando guetos o construyendo urbanizaciones cerradas que protejan a sus hijos. Pero nada de ello ha solucionado el problema de la delincuencia. Simplemente, esas prácticas y estrategias han vinculado el problema de la delincuencia a unos lugares determinados de las ciudades donde muchos delincuentes y la delincuencia parecen concentrarse. Han creado los lugares más peligrosos de las ciudades.

Desde antiguo, la delincuencia se ha asociado a los barrios bajos de las ciudades, a los lugares donde el orden y el control

Vocablos /raíz de las palabras	Número de usos	Temas generales
Droga	12	Acciones delictivas
Delincuencia	5	Acciones delictivas
Violen	3	Acciones delictivas
Tiroteo	3	Acciones delictivas
Extorsi	2	Acciones delictivas
Delito	1	Acciones delictivas
Trapicheo	1	Acciones delictivas
Robo	1	Acciones delictivas
Polic	5	Grupos
Gitan	3	Grupos
Clanes	3	Grupos
Bandas	3	Grupos
Migrant	2	Grupos
Toxicómanos	2	Grupos
Yihadista	1	Grupos
Margina	3	Situación social
Desempleo	2	Situación social
Conflictividad	1	Situación social
Ilegal	1	Situación social
Precariedad	1	Situación social
Exclusión	1	Situación social
Pobreza	1	Situación social
Vivienda	12	Vivienda
Chabol	5	Vivienda
Degrada	2	Vivienda
Deterioro	2	Vivienda

Figura 0.1. Relación de palabras, número de usos y temas asociados en el artículo ««Estos son los 10 barrios más peligrosos de España» (caracterurbano.com).

Los barrios que nombra son: El barrio de las 3.000 viviendas de Sevilla; El Cabanyal de Valencia; Las Barranquillas, en Madrid; Son Banya y Son Gotleu en Palma de Mallorca; Lo Campano en Cartagena; Valdemingómez en la Cañada Real, Madrid; La Mina, en Barcelona; La Palma y la Palmilla en Málaga; El Príncipe en Ceuta; el Virgen del Carmen en Alicante. En España, todos ellos son conocidos por las veces que salen en los periódicos asociados a delitos y crímenes de todo tipo.

El artículo tiene 1.311 palabras. Las palabras que utilizan los periodistas nos permiten dar cuenta del campo semántico en el que se trabaja al tratar sobre este tema. En este artículo, además, fueron señaladas en negrita muchos de los conceptos clave. Esta práctica es habitual en Internet porque ayuda a mejorar la búsqueda del artículo en los buscadores. Si nos fijamos, queda patente que los autores han vinculado un conjunto de acciones delictivas con un tipo de situación social que afecta a ciertas minorías sociales y gentes que viven en unas condiciones sociales de vivienda determinadas (Figura 0.1). Veamos el resultado del conteo realizado en este artículo de las palabras más relevantes y los temas a los que se refieren.

Así pues, estamos ante unos espacios de las regiones urbanas en España que claramente aparecen en la opinión publicada como «infiernos urbanos».

Un periódico de tirada nacional empezó el 18 de enero de 2017 una lista que se construye con los votos y aportaciones de la gente. Las etiquetas que utiliza son: barrios, barrios marginales, delincuencia, España, pobreza. En dicha lista aparecían hasta 65 barrios (Figura 0.2).

El primer capítulo afronta el concepto de delincuencia. Recuerda primero algunas de las perspectivas teóricas desde las que se ha estudiado. Después, se explica qué es la delincuencia desde una perspectiva científica estructural-constructivista. Ésta queda definida como: conjunto de disposiciones duraderas producidas en un entorno particular, capaz de generar estrategias ilegales y estructurar las prácticas concretas de grupos y personas de una forma que no se atiene a la norma jurídica existente. Y, finalmente, el capítulo expone sucintamente algunos de los métodos y técnicas que se utilizan para medir y estudiar este fenómeno.

El segundo capítulo trata sobre los conceptos de estructura social, experiencia social y vulnerabilidad social. El concepto de vulnerabilidad social hace referencia a la fragilidad de los vínculos sociales como característica de las estructuras sociales. Para profundizar en ello, se orienta al lector para que se aproxime mediante la lectura de otros textos a varias narraciones que cuentan en primera persona la biografía de algunas personas. Todas ellas eran personas consideradas por el entorno institucional como personas en riesgo de exclusión o excluidas.

El tercer capítulo aborda el problema de la vulnerabilidad social en las ciudades del siglo XX. Expone, primero, cómo es la ciudad postindustrial y cuáles son los problemas que sus gobernantes y ciudadanos necesitan resolver. Centra la atención en el problema que aquí más nos preocupa que es la segregación urbana. Se explica el concepto de vulnerabilidad urbana. Y se ofrece una panorámica sobre el estudio de la vulnerabilidad urbana en España.

El cuarto capítulo analiza las propiedades, dimensiones y lógicas que rigen el régimen de marginalidad urbana avanzada en las ciudades postindustriales desde la perspectiva teórica de Waquant en su obra. Se detallan brevemente estos aspectos fundamentales para describir las reglas que rigen el espacio urbano que genera estructuralmente los espacios de exclusión como resultado de los cambios históricos que se han producido en: las clases, el Estado y la ciudad. Además, explica las seis características del nuevo régimen de marginalidad urbana que sintetiza Waquant (2007). Intenta ayudar a explicar cómo dentro de la ciudad se han llegado a formar unos espacios o áreas especialmente degradadas y deterioradas. Estas áreas llegan a ser reconocibles por las consecuencias de este régimen que son dos: la exclusión de estos espacios de las dinámicas económicas y políticas propias de la ciudad, y la estigmatización territorial de sus habitantes.

En el quinto capítulo, el lector se aproxima a conocer cómo los Estados europeos han tendido a reaccionar ante la problemática que supone la existencia de zonas de exclusión en las grandes ciudades. Primero se aproximará al estudio realizado por Waquant y su comparación del Estado norteamericano y francés. Seguidamente, nos introduciremos en el estudio de la evolución de las políticas seguidas por el Estado británico en lo que se denominan las Iniciativas basadas en áreas. Y, finalmente, se reflexionará sobre las tendencias de las políticas de regeneración urbana en algunos países europeos y que muestran hacia donde se tiende en la actualidad en el conjunto de la Unión Europea.

Los siguientes capítulos acercan al lector a seis áreas urbanas profundamente **segregadas territorialmente** de su **región urbana** de referencia. Muchos de sus habitantes experimentan violencias, delincuencia y situaciones de vulnerabilidad social constantemente. Son considerados «lugares peligrosos», «zonas sensibles», «guetos» o «slum». Sus historias son diferentes pero tienen también rasgos en común que el lector podrá descubrir en su lectura.

Las regiones urbanas escogidas son: Chicago, París, Saint Louis, Cancún, Santiago de Chile y Nairobi. No abarcan todos los modelos de lugares urbanos peligrosos que hay en el mundo pero sí algunos de los más interesantes.

Los capítulos sobre las zonas del centro urbano de Chicago y Saint Louis tratan la historia del gueto urbano norteamericano. A través de las investigaciones de varios autores, entre ellos Waquant, el lector podrá comprender mejor los conceptos aprendidos en los anteriores capítulos. Y, además, aprenderá, cómo surgieron y evolucionaron estas zonas urbanas durante décadas como resultado de un sistema de segregación racial extremo y de distinción de clases en una economía muy poderosa dirigida por un Estado liberal que estaba en transformación desde un modelo industrial a otro postindustrial.

El capítulo sobre las zonas de la periferia parisina ayuda a entender la evolución de las áreas más vulnerables de las grandes ciudades europeas. Fue también estudiado por Waquant que lo comparó con el «cinturón Negro» de Chicago. Se recogen aquí sus conclusiones al respecto. Pero, en este capítulo, además, se exponen algunos datos recientes sobre los niveles de vulnerabilidad y delincuencia en algunas partes de esta ciudad que actualizan datos que tenía Waquant. Ello permite al lector conocer cómo hoy se estudian con datos estadísticos algunas de las cuestiones tratadas y el tipo de delitos más frecuentes en estas zonas en las ciudades europeas.

El capítulo sobre la periferia de Cancún trae una nueva realidad no tratada por Waquant pero a la que se aplica bien parte de su modelo analítico. **Cancún** es una ciudad latinoamericana de reciente creación, donde en los años que preceden a este libro ha experimentado un crecimiento desmedido de la violencia urbana y la delincuencia. Representa bien el problema que surge del urbanismo neoliberal centrado solo en crear un producto dirigido al turismo internacional y que se olvida una y otra vez de la fuerza de trabajo.

El capítulo sobre la zona de La Pintana, en el sur del Gran Santiago (Chile), ayuda a entender una realidad bastante diferente de las estudiadas hasta ahora. Santiago de Chile es una ciudad latinoamericana de una muy larga historia y con un papel central en la región. Sin embargo, su historia de éxito está vinculada a unas estrategias políticas y económicas, así como a dinámicas históricas, que han creado unas fuertes desigualdades territoriales en las que La Pintana ha salido perdiendo sistemáticamente siendo actualmente una de las zonas de mayor violencia de la metrópoli. En este capítulo, resulta de extremado interés el epígrafe sobre el aprendizaje de prácticas delictivas por parte de los jóvenes en las zonas más vulnerables del Gran Santiago. El marco teórico aprendido seguirá siendo útil aquí.

El capítulo sobre Kibera, en la ciudad de Nairobi (Kenia), será el último ejemplo que se presenta en este libro sobre las zonas de exclusión y el problema de la segregación urbana vinculado a la violencia y a la delincuencia. Es una ciudad del ámbito africano que representa un ejemplo sustantivo de cómo ha evolucionado la urbanización en África, así como de los efectos del proceso de colonización y descolonización en esta zona de la Tierra. Hoy, esta urbe se proyecta como una de las ciudades fundamentales para el desarrollo de la región a pesar de tener algunas de las mayores concentraciones de pobreza y marginalidad urbana del mundo en su seno, de las llamadas eufemísticamente: «asentamientos urbanos informales» o «slum».

Con esta selección, no se representa bien la variedad de «**lugares peligrosos**». Es solo una muestra que permitirá al lector aproximarse al fenómeno para poder seguir avanzando hacia el desarrollo de un marco conceptual que permita encontrar nuevas estrategias políticas y técnicas para abordar el problema de la vulnerabilidad creciente y el incremento de prácticas delictivas en estas zonas urbanas, así como dimensionarlo adecuadamente en cualquier ciudad del mundo.

HERRAMIENTAS DIDÁCTICAS DEL LIBRO

El libro *Lugares vulnerables, violencias y delincuencia* es una unidad didáctica escrita por el profesor Villalón para que sirva al estudiante del Grado en Criminología de la UNED que curse la asignatura Delincuencia y Vulnerabilidad.

No es un libro de investigación, ni un libro de divulgación. Por ello, el formato que tiene y las reglas que sigue para la presentación de los contenidos se han querido ajustar a las necesidades de aprendizaje del estudiante.

Esto se traduce en que este libro no guarda las normas propias de un libro de investigación como es la citación académica correcta de todos los textos utilizados en su producción. Sí que casi todos ellos, los más relevantes, están citados en los apartados «Bibliografía recomendada». Tampoco se matizan numerosas afirmaciones mediante anotaciones a pie de página que serían fundamentales en un texto de investigación. Aunque, sí se han intentado matizar los conceptos e ideas fundamentales en el propio cuerpo del texto destacándolos muchas veces mediante cursivas/negritas.

Todos los textos, salvo olvido u omisión involuntaria, utilizados para hacer estos capítulos están citados en la bibliografía recomendada de cada capítulo aunque no estén citados directamente en el texto por no ser lo adecuado en una unidad didáctica. Cuando un texto ha sido importante en el desarrollo de varios capítulos se ha intentado solo citar en uno de ellos para no saturar la bibliografía.

Se han añadido al texto varias herramientas útiles para ayudar al lector/estudiante a centrar su atención en el contenido. Estas herramientas son: sub-epígrafes, introducciones al comienzo de los temas, palabras subrayadas o en negrita, objetivos principales, ejercicios que incluyen resúmenes y un glosario de términos, y, márgenes amplios.

Los ejercicios requieren una mención aparte ya que son una herramienta fundamental del aprendizaje. La intención del autor ha sido crear en el lector hábitos de trabajo y estudio imprescindibles como son: esquematización, organización, búsqueda en Internet y desarrollo escrito de ideas. No se han puesto todos los que serían posibles sino una muestra suficiente de ellos para que acompañen el trabajo del estudiante y le guíen. Además, esos ejercicios son muestras de lo que podrían ser preguntas de examen (salvo aquellos que requieren de búsqueda en Internet). Estos últimos son ejemplos de lo que podría ser parte de las pruebas de evaluación continua de la asignatura.

Al final de cada tema, hay un ejercicio especial. Ese ejercicio consiste en realizar un resumen del tema siguiendo las pautas que se indican. Esos resúmenes pueden ser enviados a los tutores a través del curso virtual para su valoración a lo largo del curso.

Hay tres ejercicios muy especiales pues exigen la lectura de textos externos al libro. Los dos primeros están en el epígrafe final del capítulo II y el tercero está en el capítulo III. En los tres, el estudiante tendrá que buscar dichos textos en Internet. Con los datos que se aportan, serán fáciles de encontrar. Seguidamente, el lector, debería seguir las indicaciones que se le ofrecen en cada ejercicio para poder hacerlo correctamente. De los tres, el único que contiene información que puede ser preguntada en el examen es el tercer ejercicio. Este último explica la evolución y consecuencias de las políticas de realojo de los gitanos en España y cubre un epígrafe fundamental del capítulo sobre la vulnerabilidad social en España.

Finalmente, hay un último ejercicio que consiste en la elaboración de un glosario de términos (al final del libro, pág. 312). En dicho ejercicio se han ordenado alfabéticamente veinticinco términos relevantes. Conforme avanza la lectura, el estudiante debería ir redactando una breve definición de cada término a raíz de lo aprendido en el libro. Puede añadir los que considere oportuno. Es una última herramienta de trabajo adecuada para el estudio de la asignatura.

El libro cuenta también con un margen amplio en cada página. Ese margen sirve para que el estudiante pueda glosar el libro. Se recomienda que lo utilice para señalar ideas importantes, hacer pequeños esquemas conceptuales y anotar citas de lecturas relacionadas.

Aparte de este libro, el estudiante de la UNED podrá acceder a: una guía de estudio de la asignatura, un curso virtual en el que se ofrecen contenidos adicionales que ayudan al estudio de la materia y la complementan, y tutorías presenciales o virtuales en su Centro Asociado más próximo que son ofrecidas por prestigiosos profesionales que forman parte del equipo docente de la asignatura en calidad de profesores-tutores.

CAPÍTULO I
EL ESTUDIO DE LA DELINCUENCIA

INTRODUCCIÓN

Este capítulo aclara algunos conceptos fundamentales de la perspectiva desde la que se va a afrontar el estudio de la delincuencia. Recuerda primero algunas de las perspectivas teóricas desde las que se ha afrontado su estudio. Se explica qué es la delincuencia desde una perspectiva científica estructural-constructivista. Y se aproxima, finalmente, a los métodos y técnicas que se utilizan para medir y estudiar este fenómeno.

Objetivos principales:

1. Recordar los principales enfoques científicos desde los que se ha estudiado en el siglo XX la delincuencia.
2. Entender el concepto de delincuencia desde una perspectiva científica estructural-constructivista.
3. Conocer los principales métodos y técnicas que se utilizan para estudiar el fenómeno de la delincuencia.

Para poder abordar el estudio de la relación entre la delincuencia y la vulnerabilidad social, lo primero es aclarar qué es analíticamente la delincuencia. Este capítulo aborda esta cuestión.

La delincuencia no es la suma de actos delictivos. Es lo que hay detrás de ese indicador. Como vamos a estudiar, con ese término se hace referencia a un tipo de comportamiento que se produce en un grupo humano. Dicho grupo, o la parte que lo domina, reconoce que los actos derivados de ese comportamiento están tipificados en su reglamento (el derecho) como «delitos» o «faltas». Es, por tanto, un fenómeno social que no puede ser reducido a entenderse como la suma de los actos delictivos que se producen en un lugar. Eso es, solamente, un buen indicador de la existencia de ese problema social al que llamamos: delincuencia.

Delito y delincuencia son dos hechos diferentes. El delito es un acto que contraviene las normas jurídicas y es clasificado como tal por la autoridad competente. Puede ser realizado de forma habitual por un individuo o un grupo, o puede ser ocasional. La delincuencia es un fenómeno diferente. Con dicho término se hace referencia a que miembros de un grupo suelen adoptar ciertos comportamientos o a desarrollar estilos de vida que tienden a generar actos que son contrarios a la norma jurídica. Es, esencialmente, un fenómeno colectivo.

Como indican los profesores Sánchez y Díaz (2018), el estudio de la delincuencia como un fenómeno esencialmente de naturaleza social ha prosperado desde el siglo XIX frente a las teorías biologicistas. Desde entonces, distintas escuelas han profundizado en este problema entendiéndolo, principalmente, como una desviación social que se hace habitual en ciertos grupos humanos. Y, que es diferente del problema de la desviación en general y de la desviación ocasional que alguien puede cometer.

I.1. PRINCIPALES PERSPECTIVAS TEÓRICAS SOBRE LA DELINCUENCIA

Las principales teorías explicativas de la delincuencia durante el siglo XX se pueden agrupar en las siguientes categorías: las teorías ecológicas de la desorganización social (TDS), las teorías de la subcultura desviada (TSD), las teorías del etiquetaje (TE), las teorías del aprendizaje o la transmisión cultural (TTC) y las teorías críticas (TC). Todas ellas son teorías estructuralistas básicamente que parten de un paradigma esencialmente sistémico sobre la relación entre el individuo y la sociedad (Villalón, 2018). (Figura I.1).

Teorías	Síntesis de la teoría	Teorías sociológicas de referencia	Perspectiva sobre la acción social más relevante
TDS	La delincuencia se explicaría por la existencia de un ecosistema específico que favorece la desviación. Ese ecosistema se caracteriza por su desorganización social.	Ecológico (Escuela de Chicago)	Estructural-relacional
TSD	La desviación es una respuesta colectiva que se produce como consecuencia de que los medios proporcionados por la estructura social no permiten alcanzar los objetivos deseados y aprendidos por un grupo social que, entonces, se refugia colectivamente en una subcultura desviada que queda reforzada.	Funcionalista	Estructural-cultural
TE	La desviación es el resultado del establecimiento de normas y controles sociales por parte de los grupos humanos que etiquetan ciertos comportamientos como desviados.	Interaccionismo Simbólico	Estructural-constructivista
TTC	El comportamiento delictivo es una acción aprendida por el individuo en el contacto con grupos que enseñan, justifican, apoyan o actúan de esa manera.	Interaccionismo Simbólico	Estructural-culturalista
TC	Los actos desviados sólo pueden ser comprendidos a partir de la situación económica y política de la sociedad industrial y sus contradicciones internas.	Marxismo y Teorías del Conflicto	Estructural-Relacional

Figura I.1: Principales teorías sobre la delincuencia. Siglo XX

Por otro lado, el delito fue estudiado por otras perspectivas sociológicas también que lo entendían como una desviación individual. Entre ellas destacan las teorías funcionalistas de la desviación y algunas teorías del control social. No es éste el lugar para ocuparnos de ellas.

Las **teorías sistémicas** piensan el *actor* individual como un ente que ***actúa en función de un conjunto de factores. Obvian, en más o menos grado, el dilema de la toma de decisiones en espacios de incertidumbre***. Estudian el comportamiento de lo que podríamos denominar como «socios» o «miembros» de grupos sociales que ocupan posiciones en una estructura de relaciones. Dentro de este paradigma, las teorías pueden ser diferenciadas en tres categorías según la dimensión sistémica que resaltan como fundamental para explicar la delincuencia: la estructura, la cultura o las relaciones de poder. Aunque, por supuesto, casi ninguna investigación empírica adopta una posición teorética tan extrema que solo haga referencia a una sola de estas dimensiones analíticas.

Los investigadores con una perspectiva estructural-**relacional ponen el acento en las determinaciones de la posición social producidas por la forma de organización que desarrolla una sociedad.** Buscan la reducción de la incertidumbre de predicción del comportamiento delictivo en un grupo determinado mediante la ampliación de los factores que delimitan las posiciones objetivas. Explican la delincuencia en función de factores objetivos de diferenciación (edad, género, ocupación, clase social, nivel formativo, nivel de ingresos, etc.) reproducidos, por ejemplo, en el trabajo, la familia o el lugar físico donde viven.

Los estructural-**culturalistas** hacen hincapié en la necesidad de comprender las diferencias culturales entre los grupos sociales. Estudian el aprendizaje de valores, creencias, identidades y comportamientos para explicar cómo se sitúan los miembros de grupos sociales que realizan más acciones delictivas y cómo son situados por los demás.

Y, los estructural-**constructivistas** fijan su atención en cómo los elementos anteriores (estructurales y culturales) han segmentado a la población y han posicionado a los individuos en categorías y grupos sociales que mantienen relaciones de dominación. En dicha situación, estos autores tienden a destacar cómo se produce una lucha desigual entre los actores sociales que defienden los intereses de los grupos en conflicto por las imágenes colectivas que han de dominar el escenario en que se produce la acción.

I.2. CRONOLOGÍA DE LAS TEORÍAS DE LA DELINCUENCIA

En la primera mitad del siglo XX, se comenzó con la pregunta sobre la delincuencia juvenil en las grandes ciudades del Este norteamericano. Algunos investigadores sociales de la Universidad de Chicago como Clifford R. SHAW y Henry D. McKAY vincularon dicho fenómeno al hecho de la existencia de zonas urbanas especialmente degradadas y pobres. Allí nació la *Teoría (ecológica) de la Desorganización Social.* Algunos actos delictivos y formas de violencia parecían estar asociadas a características de la forma de vida y el lugar de la ciudad en que habitaban los que realizaban aquellos actos. Ante ello, algunos se planteaban como hipótesis que una gran inestabilidad residencial, problemas económicos y conflictos culturales —de los que se derivaría cierto debilitamiento de los lazos sociales— podrían explicar comportamientos delictivos y violentos que se venían repitiendo en las ciudades industriales del Este de Estados Unidos. A partir de entonces, se asociaría desorden social con delincuencia pues, se entendería que ésta prosperaría en un ambiente donde el control social se habría reducido como consecuencia de la ruptura de los vínculos sociales básicos.

Por entonces, la delincuencia era un conjunto de comportamientos desviados expresados por acciones realizadas por individuos miembros de colectividades concretas (barrios) que eran consideradas socialmente como delitos. Eso era lo que había que explicar.

La Teoría de la Desorganización social afirmaba la importancia del entorno para comprender el comportamiento delictivo. Observaba a éste como un elemento más del ambiente urbano. No era una reacción individualizada, una desviación pura de un individuo de la norma social. Era una acción asociada al ambiente que se desviaba de la norma social general. Asumía **cuatro principios:**

1. La delincuencia es la consecuencia de un colapso institucional que dificulta que la acción de los individuos esté sujeta a los controles de instituciones (como la familia, la empresa familiar, la escuela, las asociaciones religiosas o vecinales) que están basadas en una comunidad.

2. Una rápida industrialización, urbanización e inmigración tiende a producir la desorganización y colapso de las instituciones basadas en la comunidad. Estas tendencias ocurren, primariamente, en las áreas urbanas donde aquellas compiten con otras instituciones sociales (como las grandes compañías empresariales, inmobiliarias, las entidades financieras o las mafias) por el control y el dominio del territorio.

3. También, la deseabilidad de las localizaciones residenciales y de negocios corresponden casi a principios ecológicos o naturales pues están influidas por los conceptos de competición y dominación entre clases y grupos. De modo que éstos pugnan por el control del espacio de forma natural, sin que en ello medien normas o mecanismos artificiales.

4. Así, las áreas socialmente desorganizadas se convierten en espacios cuyas instituciones más fuertes fomentan el desarrollo de valores delictivos o ilegales que reemplazan las convenciones comunitarias. Y esos comportamientos tienden a perpetuarse dentro de ese lugar.

Durante los años setenta y ochenta, la investigación sobre la delincuencia centró mucho más su atención en los problemas de la segregación y la desigualdad urbana, la distribución de otros problemas sociales, la capacidad organizativa de la sociedad civil y, la cuestión más sistémica de cómo una estructura social local produce ciertos niveles y tipologías de delincuencia.

Entonces, se desarrollaron y fortalecieron esas otras teorías antes mencionadas que ponían el acento en la importancia del factor cultural en el desarrollo del problema de la delincuencia. Entre ellas destacaron: las teorías de la subcultura desviada (TSD), las del etiquetaje (TE) y las del aprendizaje o la transmisión cultural (TTC). Finalmente, también entonces se renovaron las teorías críticas de origen marxista y del conflicto social que acentuaron la visión macro-estructural del problema de la delincuencia y reivindicaron su estrecha relación con el conflicto de clases por el poder (TC).

Ejercicio 1.1:
Cronología de las teorías explicativas de la delincuencia

A partir de los datos que se aportan sobre autores de cada una de las teorías explicativas de la delincuencia en el tema sobre Desviación social, delito y control social en el libro de Introduccion a la Sociología, haz un esquema cronológico de todas ellas.

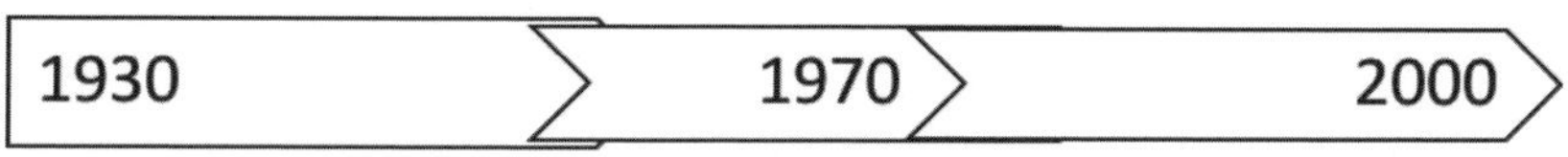

Así, se llegó a configurar un campo de estudio de la delincuencia que se vertebraba en torno a tres elementos: **el espacio urbano; la desigualdad; y las relaciones sociales culturalmente estructuradas** (políticas, mercantiles y cívicas). Las teorías ecológicas se reafirmaban, pero en una versión mejorada que retiraba la idea de la naturalidad de las relaciones sociales para reafirmar la importancia de cómo los actores sociales construyen las relaciones sociales y transforman el espacio en la ciudad.

Sin embargo, la fragmentación de los enfoques teóricos y empíricos desde los que se construía el objeto de estudio impedía crear un paradigma que recogiese todo lo que se había aprendido.

Al final del siglo XX, el área de investigación sobre la ciudad y sus problemas alcanzó un hito fundamental al descubrir la generalización del proceso de segregación urbana que se venía produciendo en las ciudades postindustriales y la transformación que ello estaba gestando en los barrios más empobrecidos vinculado al crecimiento de la delincuencia y la inseguridad.

Ejercicio 1.2:
Elementos analíticos básicos del campo de estudio del delito y la vulnerabilidad social (Rellenar)

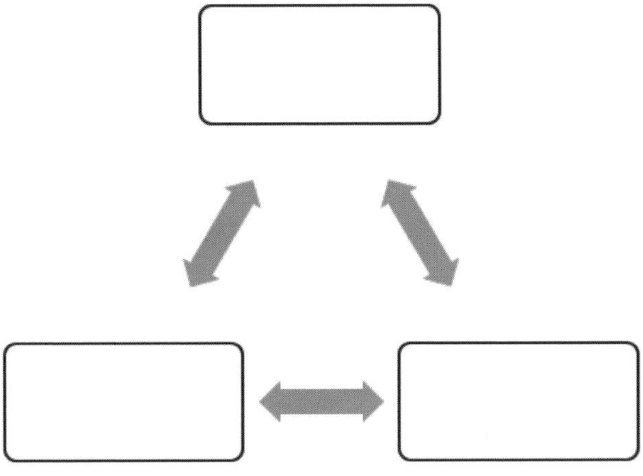

Entonces, el delito en la ciudad vino a ser un buen indicador de un problema social asociado a la desigualdad, la exclusión y la vulnerabilidad que se concentraba en ciertas zonas de las ciudades. Ante la vista del investigador aparecía que: no solo la existencia de una situación colectiva de desorganización social urbana, sino también el modo en que una sociedad ejerce el control sobre sus miembros son los dos factores colectivos que pueden entenderse como determinantes de la delincuencia. Esto significó ampliar las preguntas que había que realizarse para comprender la delincuencia.

La delincuencia se asoció mucho más claramente al problema de la desigualdad y el conflicto social que late en las relaciones sociales derivadas de los desequilibrios entre clases y entre grupos sociales en un espacio urbano concreto. Y, el campo de investigación quedó configurado en torno a los tres elementos analíticos indicados y dos **dimensiones:**

1. Las situaciones de desorganización social que se producen en la ciudad como consecuencia de los procesos de desarrollo de la vida urbana, política, económica y cultural.
2. La forma en que una sociedad se organiza en el espacio de modo que controla a sus miembros y su actividad social, también la acción delictiva.

Finalmente, al hilo del proceso de globalización, se hizo patente el desarrollo de otras formas delictivas no tan vinculadas a los territorios locales. La delincuencia organizada en bandas o redes internacionales trastocaba el orden local y global pero no pertenecía al orden local. Era un tipo de fenómeno cualitativamente diferente. Por ello, parece todavía adecuado diferenciar entre el estudio de la delincuencia (urbana) y el estudio de la delincuencia (organizada). Si bien, los actores de esta última aparecen en la investigación de la primera como lo que llaman algunos autores «depredadores externos», es decir, como actores que se instalan cuando encuentran vacíos en el orden social urbano para hacerse con los recursos que quedan, imponer su propio orden y aumentar su influencia.

I.3. LA EXPLICACIÓN DE LA DELINCUENCIA DESDE CADA PERSPECTIVA TEÓRICA Y SUS CONSECUENCIAS

Cada perspectiva teórica indicada antes estudia el hecho de la delincuencia desde parámetros explicativos diferentes. Pensemos en la violencia callejera que se ha producido en las grandes zonas urbanas a lo largo de los últimos cincuenta años. Pensemos en el que se produce en París en 2005, en las villas de la periferia de la ciudad como respuesta a acontecimientos tan brutales como la muerte accidental de un chaval que, huyendo de la policía, se refugió en una torre eléctrica de alto voltaje. Murió achicharrado. Las calles se llenaron durante semanas de personas enfadadas con el modo en que eran tratados por la policía y el Estado. Quemaron ciento de automóviles. Se produjeron disturbios en las calles de otras ciudades. El Estado tuvo que intervenir fuertemente e imponer en ciertas zonas hasta un fuerte sistema de seguridad policial permanente. Aun así, las protestas y la quema de automóviles se produjeron una y otra vez durante años.

Los periodistas, políticos y científicos que se acercaron al lugar manejaron tres hipótesis. La primera consideraba aquello una reacción que se producía en las zonas más decadentes y desorganizadas del área urbana, llenas de inmigrantes y gente desempleada y sin estudios. Era la expresión pura de la desesperación ante sus condiciones de vida. La segunda planteó aquello como una reacción que tenía un fuerte transfondo cultural. Los que se manifestaban eran vistos entonces como jóvenes inmigrantes de segunda generación, que venían de países musulmanes y se habían adaptado mal a la vida en Francia. Entonces, el problema de fondo parecía ser el fracaso del modelo de integración francés basado en la idea de la República como Estado al que todos pertenecen como ciudadanos de pleno derecho individualmente considerados, independiente de su origen sociocultural. Y, finalmente, hubo algunos investigadores que, trabajaban sobre aquella zona y observaron que los que se manifestaban eran: franceses, habitantes de la zona, gran parte jóvenes, y, muchos, hijos de inmigrantes. Los manifestantes sí estaban integrados y valoraban los valores de la República. Sin embargo, se habían revelado ante la injusticia y se habían manifestado violentamente porque se habían encontrado sin otras vías para hacerlo. Y, porque a través de la violencia, con la quema de coches, con las manifestaciones colectivas y el enfrentamiento buscaban romper con el estigma de vagos e incapaces que se había impuesto sobre ellos. Buscaban una oportunidad noche tras noche para llamar la atención hasta conseguir cambiar, colectivamente, su imaginario social, su lugar y su futuro.

Cada uno de los discursos explicativos de aquellos hechos era expresión de una de las tres perspectivas indicadas. La mirada con la que nos aproximamos a los hechos es determinante de lo que podemos llegar a ver.

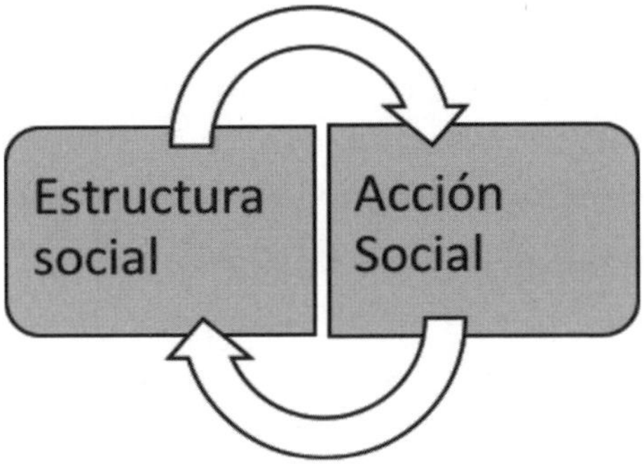

Figura I.2: Relación Estructura y acción social.

La última perspectiva (estructural-constructivista) tiene una consecuencia sorprendente en los estudios sobre comportamiento humano. La acción social ya no es considerada sólo como estructurada, sino que también es estructurante (Figura I.2). Es decir, la acción social es capaz de influir sobre la estructura social para reforzarla o transformarla. Desde esa mirada, se descubre que los comportamientos delictivos también tienen esa capacidad. Y, que aquellos que los promueven y realizan, han desarrollado una capacidad muy importante de pensar la acción más allá de los límites establecidos. Es decir, el sujeto, que da forma a ese comportamiento, puede ser reflexivo y no meramente reactivo o adaptativo.

Si pensamos sobre ello, se plantea un concepto analítico de la delincuencia que no es exactamente un conjunto de comportamientos desviados. Desde esta perspectiva, la delincuencia es una parte de las herramientas desarrolladas en contextos de desigualdad y conflicto por el poder, utilizadas por algunos grupos sociales para mantener o transformar sus posiciones en las estructuras sociales al margen de la ley.

Así, cuando la delincuencia aumenta, una sociedad se enfrenta a un problema gravísimo que no es simplemente que hay más inseguridad en las calles. El aumento de la delincuencia implica que, en una sociedad concreta, los conflictos sociales (entre clases o grupos sociales) están siendo dirimidos fuera del Estado de Derecho, por vías que son ilegales. Lo cual, por supuesto, genera claramente una situación social de incertidumbre, riesgo y violencia. Pero, la delincuencia no es el centro del conflicto sino la vía de escape que encuentran los actores en una situación histórica de conflicto.

Los estudios sobre la violencia, especialmente sobre la violencia urbana, llegan a una conclusión parecida respecto de ésta. Wiviorka (2011; 182) en un texto didáctico, pero basado en sus estudios durante décadas sobre la violencia (vid. Wiviorka, 2003), expone que la violencia no es el conflicto sino más bien su contrario. Brota con mayor facilidad cuando un actor que está sometido o dominado no encuentra a ningún interlocutor (un partido o asociación) para intentar ejercer una presión social o política en las instituciones que gestionan el poder. De modo que para ese grupo no existe ninguna vía de negociación institucional. Es entonces cuando más tiende a actuarse con violencia y a romperse el orden instituido. Es cuando llega la posibilidad de que las normas ya no valgan para orientar al sujeto.

Por eso, delincuencia y violencia necesitan ser entendidos como problemas sociales fundamentales que remiten al conflicto social existente.

Hay un delito en el que esta relación entre conflicto social y, delincuencia y violencia es bastante patente: la violencia de género, una vez que ha sido reconocida como delito por un grupo humano, y el conflicto derivado de la desigualdad entre mujeres y hombres tan profunda y sistémica que vivimos en la mayor parte de los grupos de seres humanos actualmente.

I.4. EL CONCEPTO DE DELINCUENCIA DESDE UNA PERSPECTIVA ESTRUCTURAL-CONSTRUCTIVISTA

Desde una perspectiva estructural-constructivista, por tanto, la delincuencia no es una desviación de la norma simplemente. Es una construcción social que hace un sujeto (colectivo) reflexivo en un entorno de conflicto, con la intención de mantener o cambiar su posición en la estructura social establecida, mediante la adquisición por parte de algunos de sus miembros de comportamientos ilegales. Más técnicamente, la delincuencia es un «habitus».

El «habitus» fue definido por P. Bourdieu como una ***predisposición a actuar que los individuos aprenden en su proceso de socialización e interacción social***. Explica P. Bourdieu (2000) que el habitus es un sistema de disposiciones duraderas (esquemas de percepción, apreciación del entorno y de acción) que pueden ser enseñadas y aprendidas, producidas por un entorno social particular, y capacitadas para generar y estructurar las prácticas (comportamientos) concretas de los actores y sus representaciones.

El habitus emerge de las condiciones de vida. Es lo que permite a los miembros de un grupo dar respuesta a una necesidad objetiva mediante estrategias de acción ajustadas a la situación real que experimentan. Esa respuesta no es «racional» ni «instintiva» o natural. Está socialmente constituida porque, el habitus es la posición social hecha práctica (Alonso, 2009; 90).

Entender un habitus requiere estudiar la estructura social. Las disposiciones a la acción se adquieren en relación con la posición que se ocupa y la experiencia que se siguió hasta llegar a ella. Los agentes colocados en condiciones parecidas y sujetos a similares factores condicionantes en sus trayectorias vitales son empujados a asumir y desarrollar disposiciones e intereses semejantes; y, por ello, a producir similares prácticas e imágenes de ellos mismos y los demás.

Las prácticas son estrategias de acción concreta desarrolladas en una coyuntura. Toda ***práctica no es una simple actualización mecánica del habitus, sino el efecto de la relación entre un habitus y una situación definida por la coyuntura*** (Alonso, 2009; 90). Bourdieu lo explicó y lo estudió en relación con algunos habitus de consumo, de educación y hasta de modales desarrollados por las clases sociales de forma diferenciada. Entendía que los habitus eran desarrollados para el mantenimiento del orden social, para reproducir o representar las distancias objetivas que había entre unas clases y otras. La deferencia de trato por parte de las clases humildes, el apartamiento de unas clases y otras para el desarrollo de su ocio, o la diferenciación en los tipos de consumo eran fenómenos que ejemplificaban la incorporación de habitus en las clases sociales con los que se reforzaba la estructura social (Bourdieu, 2000). Pero, las prácticas concretas que se podían observar eran, no simplemente la prolongación de los habitus sino, estos concretizados en un espacio y tiempo determinado. De modo que las prácticas pueden variar más que los habitus en el tiempo pues se han de adaptar a la situación. (Figura I.3)

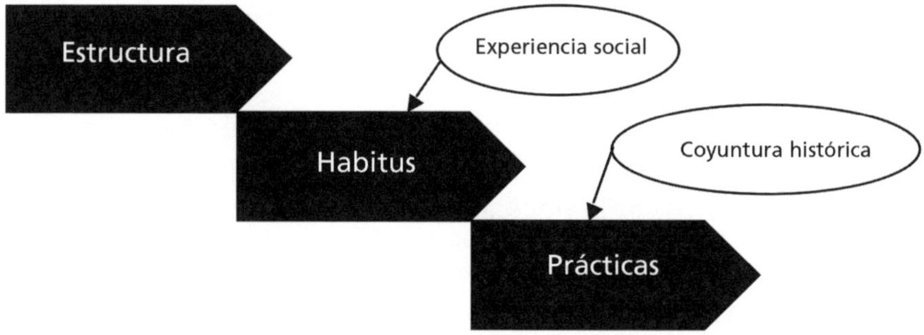

Figura I.3. Relación entre estructura, habitus y prácticas.

Así pues, una práctica es el resultado de: un habitus en una situación social determinada y coyuntural. Y un habitus deviene de una posición social en una estructura y una experiencia social. Una práctica sería un delito adoptado como estrategia (con un fin). La delincuencia sería el habitus.

Por tanto, *la delincuencia sería un conjunto de disposiciones duraderas producidas en un entorno particular, capaz de generar estrategias ilegales y estructurar las prácticas concretas de grupos y personas de una forma que no es natural, ni racional, sino socialmente constituida, y que no se atiene a la norma jurídica existente.*

Las disposiciones duraderas propias de la delincuencia son: esquemas de percepción, apreciación del entorno y de acción que producen que algunas personas, en ciertas circunstancias, actúen cometiendo un delito. Con este concepto nos referimos a esos esquemas mentales que desarrollamos sobre el entorno que impulsan a ver las cosas de una manera determinada y a actuar de cierta forma. Por ejemplo: los estereotipos raciales que sirven a un grupo social para segregar a otro, excluirle del acceso a ciertos lugares, áreas de la ciudad, o trabajos serían parte de un habitus que inclinaría a una población determinada a, por ejemplo, no aceptar que alguien de un color de piel diferente o de otra etnia viviese a su lado, a poner trabas a que pudiese comprar una vivienda en su mismo barrio, a que pudieran compartir despacho en el trabajo, etc.

Los habitus no son solo ideas sobre los demás. Son similares a los esquemas cognitivos de Piaget (estructuras mentales utilizadas para la interpretación y procesamiento de la información que recibimos sobre el entorno). Dirigen la atención selectivamente y nos inclinan a sentir de determinada manera en circunstancias concretas. Gracias ellos, procesamos la información y podemos tomar decisiones rápidamente. Pero, además, son colectivos y orientan la acción social. Es decir, son esquemas mentales, no sobre las cosas, sino sobre las relaciones entre las cosas y nosotros, de modo que en ellos queda indicado cómo se ha de actuar. Y, han sido creados colectivamente desde una posición social concreta. Por ello, sería parte del habitus racista tanto el estereotipo (la idea de la diferencia y la supremacía racial) como la actitud de rechazo a vivir en el mismo lugar o el acto de no vender la casa a una persona de ese color, dentro de una estructura social donde las personas distinguen su lugar o posición en relación con su color de la piel.

A modo de ejemplo, podríamos decir que hay habitus homicidas o que impulsan a robar, a traficar con drogas, etc. Por ejemplo: un grupo se percibe como pobre, excluido o marginado de una sociedad; considera que eso impide alcanzar a sus miembros un nivel de vida al que aspiran; perciben además que la ley está en su contra; piensan que ello les legitima para buscar caminos alternativos para alcanzar sus aspiraciones de forma individualizada; tienen una actitud hostil hacia los de fuera y atesoran ejemplos de personas que han trazado esos caminos matando, robando o traficando. Imaginemos que un chaval crece en ese ambiente y se ve señalado como miembro de ese grupo, ¿qué probabilidades hay de que cometa un delito?

¿Qué tipo de prácticas ilegales son producidas por los habitus delictivos? Depende del momento sociohistórico. Solo, dentro de dicho contexto los podemos definir ya que dependerá de lo que una sociedad determinada haya considerado delito.

¿Qué es lo que produce el habitus delictivo? Siguiendo la lógica que surge del concepto de habitus, será la estructura social y la experiencia social que lleva a una posición a unos actores, lo que explicará la estrategia que subyace al desarrollo de la delincuencia.

I.5. LA MEDICIÓN DE LA DELINCUENCIA

¿Cómo podemos medir la delincuencia? Solo se podrá medir de forma indirecta a través de las prácticas que genera. La principal variable que se utiliza para medir la delincuencia es el número de delitos que se comenten por número de habitantes. Ello es un buen indicador de si ésta aumenta o decrece. Pero, ello no nos dice mucho más sobre el fenómeno que estudiamos. Solo nos permite diferenciar grupos en los que se han desarrollado más habitus que generan delitos. Como mucho, los datos sobre delitos nos indican, además, qué tipo de prácticas delictivas se producen y su grado de violencia.

Para una investigación más en profundidad de la delincuencia, de los habitus delictivos en una sociedad concreta, será necesario atender a las prácticas concretas y observar las estrategias de los actores que las desarrollan contextualizadas socio-históricamente. Solo así, podremos comprender este fenómeno adecuadamente y desarrollar formas de intervención que prevengan su aparición.

El estudio de los niveles de delincuencia se realiza habitualmente a través de dos tipos de herramientas:

1. La recopilación de datos oficiales sobre los delitos cometidos.
2. La investigación mediante encuesta.

Ambos métodos tienden a ofrecer imágenes relativamente dispares de lo que ocurre en un lugar determinado. Es algo similar a lo que ocurre cuando medimos el desempleo mediante datos oficiales como el registro de desempleo en un país o a través de encuestas como la Encuesta de Población Activa en España.

I.5.1. Los datos oficiales

Los datos oficiales son datos de registros. Los datos de encuesta son datos de una muestra de la población seleccionada de forma aleatoria.

Para el registro de una acción es necesario que haya unos protocolos establecidos en una sociedad que permiten dicho registro en una base de datos común. En los datos de los registros policiales, es necesario que haya una denuncia previa para que un policía pueda registrar el hecho. Si alguien es víctima de un delito y no lo denuncia, ese delito no queda registrado, salvo que un policía lo descubra y lo registre, u otra persona lo denuncie.

Los datos oficiales que se emiten actualmente en sociedades como España suelen ser:

1. Estadísticas policiales sobre denuncias y detenciones.
2. Estadísticas fiscales sobre procesados y condenados.
3. Estadísticas penitenciarias sobre población preventiva o penada en prisión.

Los principales problemas de los registros oficiales son:

1. Solo recogen los delitos que son denunciados o descubiertos por la policía.
2. El proceso de registro y organización de los datos varía en el tiempo y el espacio en función de múltiples factores.

Como explica Serrano (2017), los resultados de este tipo de bases de datos dependen de variables externas a los propios hechos registrados como son: la motivación (interés, miedo, susceptibilidad, conocimiento) a denunciar un delito en la población; la ideología política de los que elaboran y gestionan el registro; la definición legal que se hace de cada delito; las demandas de la opinión pública; y los medios materiales y humanos con los que cuenta una sociedad. Todo ello puede afectar profundamente a la calidad, claridad y sistematicidad de las estadísticas a disposición del investigador.

A pesar de estos problemas detectados por los investigadores hace tiempo, las estadísticas oficiales se han convertido en una de las fuentes principales de información sobre la evolución de los delitos. Ello ha sido posible gracias a un enorme esfuerzo por parte de las instituciones políticas nacionales e internacionales por sistematizar el método de introducción y clasificación de los datos para aumentar su comparabilidad internacional y subnacional.

En la actualidad, se considera que, de todos los registros indicados, los que más claramente indican la evolución de la delincuencia son los datos policiales sobre denuncias. Esto es porque son los datos más próximos a los hechos y que menos están afectados por los procedimientos administrativos. Sin embargo, como señala Serrano (2017), estas estadísticas tienen dificultades para reflejar algunos tipos de infracciones penales como son los delitos de cuello blanco, delincuencia organizada, delitos societarios, delitos contra la Hacienda Pública, delitos contra los derechos de los trabajadores, y los delitos contra la Administración de Justicia.

Los delitos que mejor se reflejan en las estadísticas policiales son: homicidios, asesinatos, lesiones, violaciones, hurtos y robos. Todos ellos son hechos locales y físicos. Ocurren a personas o cosas concretas en lugares específicos. Por eso, entran más fácilmente en un sistema de registro (el policial) organizado territorialmente.

Actualmente, ya se cuenta en España con una herramienta estadística informatizada en web para el estudio de la evolución de los delitos. Los datos, sin embargo, sólo se pueden desglosar en esta herramienta a nivel regional, provincial y para municipios de más de 30.000 habitantes desde enero de 2018, así como para ciudades de más de 30.000 habitantes. Los datos anteriores accesibles se encuentran en la herramienta web: «Información Estadística en formato reutilizable».

Aparte de las herramientas anteriores, los Ayuntamientos y Comunidades Autónomas cuentan con documentos en distinto formato que desagregan la información. En el caso de Madrid, el Ayuntamiento pone a disposición de la ciudadanía esta información por distritos en su página sobre «Seguridad ciudadana». Hoy, la mayor parte de los Ayuntamientos no tienen todavía a disposición de la ciudadanía este tipo de información en Internet.

En numerosos lugares del mundo, mucha información sobre número y tipos de delitos sí está disponible vía internet en niveles de desagregación que llegan hasta el nivel de barrios. Algunos de ellos serán utilizados en este libro en los capítulos finales.

Ejercicio 1.3:

Acceda al portal estadístico de criminalidad del Ministerio de Interior y cree una tabla que sirva para comparar dos tipos de delitos en todas las provincias de Andalucía.

I.5.2. Las encuestas

La investigación mediante encuesta es la segunda vía principal para el estudio de los niveles de delincuencia en un territorio, tipologías de las víctimas, frecuencia de los tipos de delitos, lugares en que se producen los delitos, etc.

Las encuestas son útiles para recoger datos mediante un cuestionario cerrado o semicerrado sobre:

1. Datos sociodemográficos de los individuos que pertenecen a un universo determinado (sexo, edad, nacionalidad, grado de instrucción, ocupación...).
2. Datos relativos al ambiente que les rodea (vivienda, relaciones familiares, condiciones de trabajo...).
3. Datos sobre el comportamiento reconocido o aparente.
4. Opiniones.
5. Actitudes, motivaciones, sentimientos.
6. Y nivel de conocimiento sobre aspectos determinados.

La observación de un hecho mediante encuesta consiste en la obtención de datos de interés para la investigación mediante la interrogación a los miembros de un grupo humano. La metodología de la encuesta permite que: *a)* se observen los hechos a través de las manifestaciones realizadas por los propios interesados; *b)* se recojan únicamente los datos que se precisan de una forma estandarizada; *c)* se pueda aplicar, mediante sistemas de muestreo, a grandes grupos humanos (Sierra Bravo, 1993).

Las encuestas sobre delincuencia más importantes en la actualidad son las de víctimas o **encuestas de victimización.** Este tipo de encuesta tiene como objetivo recoger información periódica sobre las experiencias de primera mano de los ciudadanos con la delincuencia y la justicia criminal. Se muestra a través de ella quiénes están más en riesgo, cómo afecta la delincuencia en la vida diaria y la percepción pública sobre las cuestiones prioritarias en las zonas donde la gente vive.

Los datos que se recogen con este medio se utilizan con muy diversos objetivos entre los que destacan: evaluar el riesgo de victimización en una zona determinada o de un grupo social concreto; recoger datos sobre cómo ocurren los delitos según las víctimas; averiguar sobre las consecuencias de aquellos en la vida cotidiana de las víctimas (como pueden ser los cambios en sus costumbres y comportamientos habituales); o evaluar el nivel de miedo al delito en una zona.

Algunas de las fortalezas de la encuesta de victimización son:

1. Uso de un formato estándar y adaptado a los informantes.
2. Se requiere información con un nivel de detalle preciso.
3. Localización espacial del informante.
4. Representatividad de la muestra del conjunto de la población bien conocida por el observador.
5. Recoge información de las víctimas, de los próximos a ellas y de la población en general.
6. Recoge información sobre todo tipo de hechos delictivos e independientemente de si han sido denunciados.
7. Recoge información sobre la percepción del delito por los que los sufren y por el resto de la población, así como de la

percepción que tienen sobre las instituciones de justicia y policía.

8. Recoge información sobre cómo la población considera que podría intervenirse desde las instituciones públicas y privadas.

Los problemas de encuestas como ésta son tanto internos como externos. Hablamos de problemas internos cuando son los propios de este tipo de herramientas como, por ejemplo: *a)* la alta complejidad que tiene la creación de un buen cuestionario; *b)* la dificultad derivada de la selección muestral.

El problema de la selección muestral de estos estudios deviene, ya no tanto por el problema técnico que supone la realización de ésta como de cualquier otra encuesta sino, porque tienden a quedar fuera de este tipo de estudios precisamente la parte de la población más vulnerable y afectada por numerosos delitos. El proceso sistemático de selección tanto por vía telefónica como por vía cara a cara en los hogares restringe dicho proceso a las partes de la sociedad relativamente más integradas. Es necesario un esfuerzo enorme institucional para poder acceder a una base muestral representativa del conjunto de la población, en el que todas las clases y grupos sociales estén suficientemente representados. El problema del cuestionario es más técnico pero también implica la necesidad de su adaptación a todo ese conjunto de población diverso y desigual.

Los problemas externos de este tipo de herramientas para conocer el nivel real de delitos, principalmente, son:

1. Es la propia víctima la que identifica el delito y no siempre tiene conciencia y conocimiento correcto sobre lo que es delito legalmente.
2. La inexactitud de la memoria humana.
3. No se pueden reflejar en estos estudios los denominados «delitos sin víctima».

El cuestionario de una encuesta de victimización es altamente complejo por la sensibilidad del tema que trata. Por ello, el modo en que se redactan las preguntas es fundamental. Aunque hay cuestionarios estandarizados para ello en diversas instituciones internacionales cuyas preguntas se reproducen en otros estudios, es obligado ajustar cada pregunta a la población que se va a estudiar, a su lenguaje y forma de expresión al crear un cuestionario de este tipo.

Un buen ejemplo de un cuestionario de encuestas de victimización es el que aparece en el Anexo V, del estudio realizado por Díez Ripollés y García España (dir.) (2009), denominado «Encuesta a víctimas en España» realizado para el Observatorio de la delincuencia en Andalucía. (http://www.oda.uma.es/informes/2009.pdf)

Otro ejemplo, anterior, de cuestionario de una encuesta sobre victimización es el Estudio 2.284 que el CIS utilizó en abril de 1998 o el estudio 2702 de junio de 2007. Están disponibles en su página web.

También, puede resultar interesante el cuestionario extraordinariamente completo de la Encuesta de Victimización que utiliza el Departamento Administrativo Nacional de Estadística de la República de Colombia.

(https://www.dane.gov.co/files/investigaciones/victimizacion/formulario.pdf)

Otro modelo de cuestionario de encuestas de victimización es el utilizado por el Instituto Nacional de Estadística y Censos de Argentina.

https://www.indec.gov.ar/ftp/cuadros/sociedad/env_cuestionario_06_17.pdf

Finalmente, también resulta muy interesante el cuestionario utilizado por el Instituto Nacional de Estadísticas de Chile en la encuesta de seguridad ciudadana.

https://www.ine.cl/docs/default-source/sociales/seguridad-ciudadana/2017/metodolog%C3%ADa/cuestionario-xiv-enusc-2017.pdf?sfvrsn=2

Ejercicio 1.4:

Comparar los cuestionarios e indicar los módulos de preguntas que contiene.

Otro tipo de estudios similares para evaluar los niveles de delincuencia en un grupo social determinado son las encuestas de autoinforme. Se utilizan cuestionarios que son rellenados directamente por el respondiente de forma anónima y libre. Está orientada a autores o potenciales autores de conductas ilegales por lo que su uso es muy restringido al ser poblaciones muy específicas. Proporciona información detallada sobre comportamientos delictivos, sobre las características sociodemográficas y los estilos de vida de los delincuentes.

I.5.3. Otras técnicas no cuantitativas para el estudio de la delincuencia

La investigación sobre la delincuencia precisa de herramientas más complejas que los datos cuantitativos para ahondar en los habitus que se desarrollan en grupos sociales concretos capaces de dar lugar a prácticas delictivas.

La mayor parte de las técnicas que se utilizan para el estudio de los habitus vienen asociadas al método etnográfico. **La etnografía** es un proceso metodológico completo que fue desarrollado primeramente por la Antropología Social y después extendido a todas las áreas de las ciencias sociales. Dicho proceso tiene como elemento fundamental que vehicula todas sus fases la necesidad de realización de trabajo de campo para la creación del cuerpo primario de datos empíricos a través de diversas técnicas de recogida de datos como la observación participante, entrevistas focalizadas, y otras técnicas que son combinadas de forma original por el investigador mientras hace el estudio y que termina por generar un informe explicativo de dicho proceso. Fundamentalmente, se dirige a entender la cultura y los habitus de los seres humanos a través de ellos mismos concretamente, bien contextualizados y de forma holística (en todas sus dimensiones). Esta metodología asume la necesidad de que el investigador se involucre en lo investigado, e instrumentaliza las relaciones que desarrolla con el objetivo de adquirir el conocimiento. Por ello, se ha convertido en una metodología especialmente útil para aportar nuevas lecturas e interpretaciones a los problemas que se abordan (Velasco y Díaz de Rada, 2015).

Sin embargo, hay grandes peligros en el uso de este método. Entre ellos destacan:

1. La tentación ideológica: cuando la ideología del investigador (fuertemente implicado con su objeto de estudio) le lleva a realizar interpretaciones discordantes con las pruebas.

2. La tentación ocultadora: cuando el investigador sesga las pruebas y solo muestra aquellas que favorecen su hipótesis.

3. El empirismo exagerado: cuando el investigador recopila una enorme cantidad de información, pero se olvida de organizarlos bajo la luz de una teoría y contrastarlos con otros estudios.

4. El abandono de las estadísticas: el abandono sistemático de los datos cuantitativos a disposición del investigador que permitan contextualizar adecuadamente la información recogida.

5. Y el olvido de la historia que permita situar adecuadamente las estrategias de los actores que se estudian dentro de los procesos generales que acontecen.

Otra técnica no recogida hasta ahora muy diferente son los mapas perceptuales. Para el estudio de los significados de los espacios, la técnica utilizada es la de los **mapas perceptuales.** Esta técnica tiene como fin comprender cómo los sujetos individuales entienden su espacio, es decir, qué significados dan a los diferentes lugares de su entorno. Este tipo de estudios han sido muy interesantes para entender cuáles son los centros de las ciudades para los distintos grupos sociales, qué partes de la ciudad visualizan o sienten como más alejadas o más próximas, qué zonas están «desaparecidas» de la representación de la ciudad o cuales son en las que se desarrollan cierto tipo de prácticas ilegales o claramente delictivas.

I.6. EN RESUMEN

La delincuencia, desde la perspectiva estructural-constructivista, se define como habitus. Esto significa que, la delincuencia es un conjunto de disposiciones duraderas producidas en un entorno particular, capaz de generar estrategias ilegales y, estructurar las prácticas concretas de grupos y personas de una forma que no se atiene a la norma jurídica existente.

Su estudio exige el uso tanto de técnicas cuantitativas como cualitativas. Las técnicas cuantitativas sirven, especialmente, para la medición de los niveles de delincuencia en grupos y territorios mediante la medición del número de delitos que se producen. Las técnicas cualitativas son fundamentales para observar las estrategias que los actores desarrollan y que desvelan los esquemas de representación y acción aprendidos que orientan sus prácticas.

Ejercicio 1.5:

Escucha el Documento emitido por RNE – El Lute. Metamorfosis y fuga de Eleuterio Sánchez – 11/08/18

Y, visualiza uno de los dos siguientes vídeos:

1. Informe Semanal emitido por TVE – El hombre al que llamaron «El Lute». – 05/07/14

o

2. Crónicas emitido por TVE – Eleuterio, Merchero, Culto y Libre. – 08/05/14

¿Qué información encuentras en ellos que explique la vida delictiva de Eleuterio Sanchez?

¿Qué información echas en falta en estos documentos y donde la buscarías para llegar a entender bien su trayectoria delictiva?

¿Qué conocimiento se desprende, desde tu punto de vista, de la relación entre vulnerabilidad social y la delincuencia de esta historia?

Ejercicio:

Haz un resumen breve del tema:

¿Cuáles son las ideas principales?

¿Cuáles son los conceptos nuevos?

¿Qué idea es la que más me ha llamado la atención?

¿Qué dudas me surgen?

¿En qué aspecto no estoy de acuerdo con el autor?

BIBLIOGRAFÍA RECOMENDADA

Alonso, L.E. *Prácticas económicas y economía de las prácticas. Crítica del postmodernismo liberal*. Ed. Catarata.

Bourdieu, Pierre (2000) PODER, DERECHO Y CLASES SOCIALES, Ed. DESCLEE DE BROUWER, ISBN: 9788433014955

Sánchez, M.R. & Díaz, J.A. (2018) Desviación, delito y Control. Capítulo 7 del libro Díaz y Rodriguez (ed.). *Introducción a la Sociología*, Editorial UNED.

Serrano Tárraga, M. D. (2017) La medición del delito y la importancia de sus aportaciones para la criminología contemporánea, *Revista de Derecho* UNED, n.º 20

Shaw, C. R., & McKay, H. D. (1942). *Juvenile delinquency and urban areas*. Chicago, IL, US: University of Chicago Press.

Snodgrass, Jon (1976). Clifford R. Shaw and Henry McKay: Chicago Criminologists. *British Journal of Criminology, Delinquency and Deviant Social Behaviour*; Jan 1, 1976; 16, 1.

Velasco y Díaz de Rada (2015) *La lógica de la investigación etnográfica. Un modelo de trabajo para etnógrafos de escuela*. Editorial Trotta.

Villalón, J.J. (2018) Individuo y Sociedad. Capítulo 5 del libro de Díaz y Rodriguez (ed.). *Introducción a la Sociología*, Editorial UNED.

Wieviorka, M. (2003) *Violence and the Subject*, en Thesis Eleven, 73:42. DOI: 10.1177/0725513603073001003

Wieviorka, M. (2011) *Una Sociología para el siglo XXI*, UOC Ediciones.

CAPÍTULO II
ESTRUCTURA, EXPERIENCIA Y VULNERABILIDAD SOCIAL

INTRODUCCIÓN

Este capítulo explica los principales conceptos para poder explicar la delincuencia desde una perspectiva estructural-constructivista: la estructura social y la experiencia social. Se presenta el concepto de vulnerabilidad social. Y, el lector se aproxima a varias narraciones que cuentan en primera persona la biografía de algunas personas. Todas ellas eran personas consideradas por el entorno institucional como personas en riesgo de exclusión o excluidas.

Objetivos principales:

1. Profundizar en los conceptos de: posición social, clase social, campo social, capital social, cultura y experiencia social.
2. Estudiar la relación entre todos ellos.
3. Conocer en profundidad el concepto de vulnerabilidad social.
4. Aprender a trabajar con el concepto de vulnerabilidad social.
5. Conocer la técnica de recogida de datos mediante entrevistas biográficas para el estudio de la vulnerabilidad social.
6. Entender las situaciones de vulnerabilidad social que experimentan las personas desde una perspectiva dinámica.

La estructura de la sociedad es muy compleja. No se reduce a una división analítica definida por parámetros como la clase social o el género. Eso solo ocurre en una investigación científica, apremiada por la necesidad de simplificar su objeto para hacerlo aprehensible.

II.1. POSICIÓN Y CLASE SOCIAL

A veces se ha pensado que la actividad laboral, y su consecuente posición en la estructura económica, es la causa determinante de la posición social. Otras veces se define la posición de un individuo o un grupo por su edad, su género, su nacionalidad, sus capacidades físicas y mentales, sus estudios o sus orígenes. La mayor parte de esas veces, lo que hace el/la científico/a es simplificar el modelo de análisis a los parámetros que considera más adecuados o explicativos.

Empíricamente, la posición social se representa mejor si es conceptualizada como la interconexión entre todas las posiciones que ocupa un actor en sus relaciones sociales, analíticamente diferenciadas, en las que participa en la vida cotidiana. Aunque, todavía no hemos desarrollado técnicas de análisis lo suficientemente potentes como para articular esta definición matemáticamente, podríamos decir aquí como ejemplo que: si tenemos en cuenta cuatro campos de relaciones sociales (como pueda ser la familia, el trabajo, la ciudad y el mundo asociativo) para estudiar la estructura social de un grupo humano, la posición social de cada actor sería el resultado de la función de la posición ocupada en cada uno de esos campos (Figura II.1).

Desde la perspectiva de P. Bourdieu, L. Waquant y muchos otros autores, la estructura social que emerge en las sociedades industriales avanzadas y en las sociedades postindustriales es, fundamentalmente, una en la que el parámetro de clase se hace determinante de la posición social.

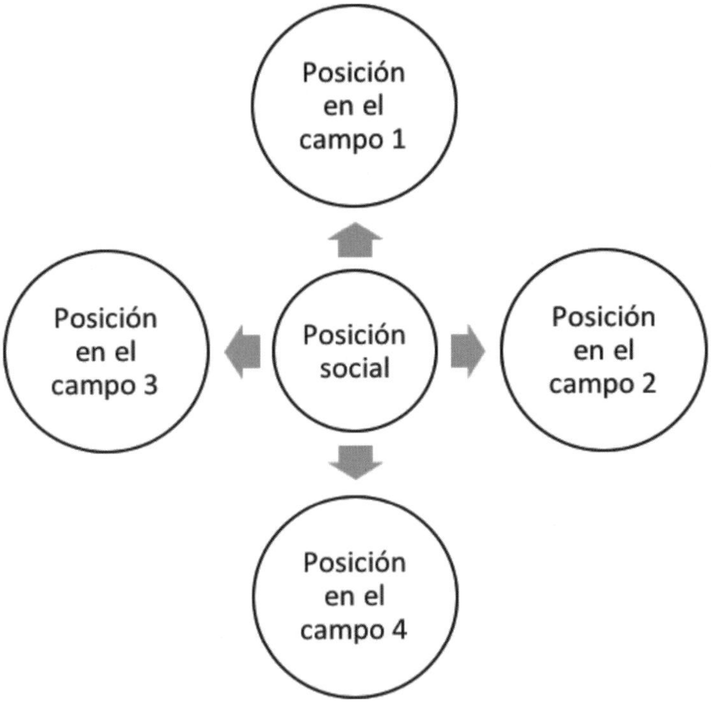

Figura II.1. La posición social.

Ahora bien, el concepto de clase que manejan estos autores no es como el de las teorías de la Sociología de la Estratificación Social (Requena y Salazar, 2013, capítulo 3). Aquellas, planteaban, desde una perspectiva relacional neoweberiana, que las clases eran conjunto de posiciones en la estructura ocupacional diferenciadas por criterios de competencia o cualificación y autoridad o control. Sin embargo, estos otros autores comprenden las clases como una realidad que existe objetivamente de carácter económico y social pero que es una construcción simbólica orientada por la búsqueda de intereses individuales y colectivos (de los que los propios analistas participan). De modo que, aquellas se hacen reales en la medida en que hay agentes que luchan por imponer dichas representaciones, en representación de otros (un grupo social al que podremos denominar clase).

Así, dirá P. Bourdieu (2000, 126): «*Diremos que una clase, sea social, sexual, étnica o cualquier otra, existe cuando hay agentes capaces de imponerse a sí mismos, como autorizados a hablar y actuar oficialmente en su lugar y en su nombre, sobre aquellos que, reconociéndose a ellos mismos como plenipotenciarios, reconociéndoles dotados de pleno poder para hablar y actuar en su nombre, se reconocen como miembros de la clase, y de esa forma, confieren sobre ella la única forma de existencia que puede poseer un grupo*».

Para situar adecuadamente las clases que pueda haber en una sociedad, lo más importante será construir epistemológicamente el espacio que nos permita explicar y predecir el mayor número posible de diferencias observadas en un determinado conjunto de individuos.

II.1.1. ¿Qué son los campos de relación social?

P. Bourdieu (2000, 105) explicaba que: *el mundo social que habitamos puede ser concebido como un espacio multidimensional que podríamos construir empíricamente para descubrir en él los principales factores de diferenciación que dan razón de las diferencias observadas en un determinado universo social* (sociedad).

Esto sería fácil si todas nuestras relaciones estuvieran perfectamente integradas. Entonces, destacaría el factor clave de diferenciación que determinaría las posiciones sociales. Pero la realidad es que cada actor se encuentra en relación con muchos grupos, redes o personas. Y éstos no están unos integrados en otros. Por ejemplo, ¿cuántas personas podrían afirmar hoy lo siguiente?:

«*El barrio en el que vivo, ya no es el de la gente que trabaja en mi empresa. Los que trabajan en mi misma oficina, se dispersan por la ciudad o por municipios cercanos (región urbana) cuando llega el atardecer. Y, no me vuelvo a encontrarme con ellos hasta el día siguiente en el trabajo. El vecino trabaja en algo que desconozco. Ni ha estudiado algo similar a lo que yo. Ni nació en un sitio parecido al mío. Ni conozco a su familia. Mi único vínculo es que vivo a su lado un tiempo de mi vida».*

La estructura social objetiva en la que se ubica cada individuo está formada por todo ese conjunto de campos de relación en los que se encuentra con otros y desarrolla su actividad habitual: *mi familia, mi trabajo, mi asociación, mi partido político, mi iglesia, mi grupo de amigos de la infancia, mi Facebook, mi Twitter, mis colegas de futbol, los padres y madres del parque de recreo, el vecindario, la comunidad de vecinos, etc.* Y, en cada campo de relación social, el individuo se encuentra inserto en una estructura social específica. Por tanto, el espacio en que se mueve la vida del individuo es multidimensional.

Si fuera necesario hacer la lista de campos de relación de cada individuo, al igual que desciframos su genoma, nos encontraríamos con una ardua tarea. En la actualidad, es imposible decir el número de dimensiones del espacio en que se mueven los individuos de una sociedad compleja como la nuestra. Una de las dimensiones prevalentes son las relaciones de trabajo. Otra es la familia. Otra, las asociaciones de pertenencia. Otra, la ciudad en que vive. Posiblemente no podemos acabar una lista de dimensiones. Siempre podemos encontrar un ámbito de relación más que podría ser necesario para ubicar al individuo en el espacio social.

Analíticamente, el investigador debe aspirar a encontrar un campo de relación social que sea relativamente autónomo. Es decir, que tenga sus propias normas, actores y capitales en competencia. En cada uno, cada actor se ha de encontrar dentro de un conflicto social del que forma parte y que le afecta. En unos domina, en otros le dominan. En unos, le explotan; en otros, él explota a otros. En unos consume, en otros ofrece. De ahí deriva que cada campo forma una estructura autónoma del resto. O, al menos analíticamente, podríamos estudiarlo así.

II.1.2. Los capitales

La vía principal para caracterizar un espacio social preciso de estudio es descubrir las formas de capital que están en juego en un grupo humano dado.

Los capitales son los recursos o propiedades que se negocian en un campo social. Los actores que actúan en ese campo desean apropiarse de ellos. Esas propiedades o capitales son capaces de otorgar fuerza, poder y provecho a sus poseedores.

La naturaleza de estos capitales puede ser: económica, cultural, social o simbólica. Los dos que se han convertido en los factores de diferenciación más importantes en las sociedades postindustriales son los dos primeros. Y se han convertido en la razón de numerosos conflictos sociales. Pero, todos son esenciales.

La estructura social en un espacio se articula en torno a cómo se produce la distribución de las «propiedades» que están activas en el conflicto institucionalizado que se produce entre los actores situados en dicho espacio. La estructura es el resultado de la aplicación de las reglas de distribución (lo que podríamos denominar las «reglas del juego») más las estrategias que los actores desarrollan.

No hay una única definición de cada uno de los tipos de recursos que producimos y negociamos los seres humanos. Básicamente, podríamos decir siguiendo a P. Bourdieu (2000) que en cualquier grupo se lucha por cuatro tipos de capitales:

1. ***El capital económico*** se refiere a los recursos materiales con los que cuenta un actor para gestionar, intercambiar y usar. El dinero, la renta, es una forma de capital económico. También lo es la vivienda, el automóvil, el ordenador personal, la comida, o todo aquello que consumimos y utilizamos que tiene un valor monetario.
2. ***El capital cultural*** se refiere a los conocimientos, creencias, ideas y tecnologías que el actor alcanza o consigue y

le sirven para distinguirse, prosperar y fortalecerse en cada uno de los campos sociales en que se mueve. Forma parte de éste el nivel de estudios, pero también, los valores que se han adquirido y el «saber hacer» aprendido o mejorado mediante la experiencia.

3. *El capital social* es el conjunto de vínculos que un actor mantiene de carácter comunitario o asociativo, en forma de redes sociales más o menos organizadas. Pero, no es simplemente un número de conexiones sino la calidad de esas conexiones lo relevante para definir este capital. El amor, la afectividad, las emociones que se producen en esas conexiones y que las fortalecen o limitan forman también parte de los aspectos a estudiar sobre el capital social.

4. *El capital simbólico* sería el prestigio o nivel de reconocimiento y legitimidad que alcanza. Tiende a derivar de cómo se gestionan los otros tres capitales.

Los capitales se transforman unos en otros en la biografía humana. Por ejemplo: el dinero de la familia se invierte en la educación de los hijos; la educación se convierte en trabajo, dinero y poder de consumo; el espacio físico de la vivienda y del barrio se transforma en relaciones afectivas a través del colegio, las asociaciones de vecinos y las relaciones más informales de amistad; el poder de compra se transforma en poder simbólico a través del gasto o consumo de bienes y servicios.

P. Bourdieu consideraba que, analíticamente, los capitales se sumaban entre sí. Pero, autores como Waquant consideran que eso es un error porque implicaría hacer un «inventario sociológico sin pies ni cabeza» sobre los capitales. Para Wacquant es necesario reforzar la idea de que los capitales han de ser «situados» adecuadamente para interpretarlos pues la posición que se tenga en la estructura de un campo ejerce una fuerza tal sobre el capital que lo puede hacer inoperante para un actor, mientras que para otro es totalmente operativo. Como ejemplo pondrá el «amor por la música clásica» que será parte del capital cultural de las clases medias y altas pero que no formará parte del capital a considerar en las clases obreras. Ello ocurre porque, las primeras son capaces de convertir dicho recurso en un medio para obtener capital social (relaciones sociales, conexiones), por ejemplo, pero de poco les sirve a las otras en su entorno social.

II.1.3. Para finalizar

En conclusión, los campos no son realidades precisas. Son metáforas de las relaciones sociales que permiten comprender que las relaciones sociales no sólo son el producto de unas estructuras sino también de actores individuales y colectivos que deciden y actúan dentro de un marco normativo y cultural, complejo y abierto, en lucha por los capitales.

De cada campo nos interesa conocer: *las estructuras, las mentalidades de los agentes y las estrategias recurrentes que desarrollan para recrear o reformar las estructuras observables.*

Por tanto, *un campo social es cada una de esas esferas de la vida en sociedad que tienden a formar microcosmos diferentes, con sus propias normas y su propia estructura. Es un campo de fuerza que impone sus condiciones a todos aquellos que ingresen en el mismo.*

En este tipo de análisis tiende a perder importancia el individuo como Actor y Sujeto. Sin embargo, se le recupera a través de la importancia que se da a las «prácticas» cotidianas de los actores como objeto preferencial de observación. Así lo hizo, por ejemplo, David Garland (2001) que enunciará el foco de análisis de su trabajo en el «campo del control de delito y la justicia penal» que incluye el estudio de: las prácticas estatales y no estatales, y, las formas de control del delito que son tanto preventivas como penales, junto a las prácticas, leyes, discursos y representaciones que constituyen el sistema penal oficial.

Ejercicio 2.1:
LISTADO DE CAMPOS DE RELACIÓN SOCIAL (nombra cinco y ordénalos en función de su importancia a la hora de definir la posición social de los individuos según tu experiencia)

II.2. LA EXPERIENCIA SOCIAL

Junto a la estructura social, el otro elemento central para entender un habitus es la experiencia social.

II.2.1. La posición social experimentada y sus implicaciones analíticas

Como explicaba Bourdieu (1993), la experiencia de la posición ocupada en el macrocosmos social está determinada, o al menos es modificada, por el efecto directamente experimentado de las interacciones sociales dentro de los microcosmos sociales en los que vivimos: la oficina, la empresa, el vecindario, el colegio o la familia. Esta idea se refuerza cuando se comprueba que todos esos microcosmos o campos sociales están realmente conectados a través de los individuos que producen un trasvase continuo de capitales entre unos y otros para influir sobre las relaciones que se establecen en cada campo. Así, los amigos de uno en su tiempo de ocio durante la juventud, o los conocidos de la familia, pueden llegar a ser fundamentales para encontrar un primer trabajo y trastocar así lo que podría ser una inserción laboral en función de los méritos puramente académicos. Los recursos económicos de la familia pueden invertirse en formación no formal para mejorar el currículum o para sostener un nivel de consumo más elevado que el que corresponde al sueldo de la ocupación alcanzada por un miembro joven de la familia. Por tanto, la posición social del actor que influye en su acción no es una en cada campo sino, además, una en todos los campos conectados a través de él mismo.

Las implicaciones analíticas de esta afirmación son varias:

1. Primero, no es que los capitales se sumen, sino que operan alimentándose entre sí. Es decir: se puede convertir un tipo de capital en otro a través de la acción social orientada a dicho objetivo en un espacio social.
2. Segundo, para definir una estructura social, es necesario centrar la atención en un campo social suficientemente amplio, que abarque los capitales que influyen decisivamente en la posición social.
3. Tercero, la estructura social y el posicionamiento del sujeto individual no pueden ser comprendidos como realidades externas al individuo sino como algo formado en la acción social.

¿Se derivaría de ello la inexistencia de estructuras rígidas y poderosas en las sociedades? No. La rigidez de las estructuras no deviene de la externalidad de su existencia respecto de los individuos en ellas insertos sino de la capacidad e interés de los actores de reproducirla en su acción social, de su convencimiento, de sus creencias, de sus herramientas y de sus objetivos. La conciencia social, la interpretación de la estructura y la posición, se convierte, así, en esencial para entender la propia existencia de la estructura de relaciones sociales. Y, la acción que parece derivar de ella, construirla o reconstruirla se convierte en el factor central de estructuración social. ¡Cuánto más el habitus que genera dicha práctica!

Ejercicio II.2:

Ponte en situación: ¿Qué ocurriría si todos los individuos de una sociedad, un año, dejan de pagar un impuesto al Estado? ¿Y, si las personas dejan de cumplir las normas de tráfico? ¿Qué le ocurre a la Iglesia Católica española conforme la gente ha dejado de ir a la misa dominical? Menos dramático, ¿qué ocurre cuando la gente deja de ir a un lugar de «toda la vida» o que «el año pasado estaba de moda»?

II.2.2. El concepto de experiencia social

En la visión de Bourdieu sobre la experiencia social, todavía dominaba una visión demasiado estructuralista que no permite acceder al sujeto individual completamente. Con el concepto de «experiencia social», él parece referirse o asumir en ciertos aspectos las teorías de la interacción social de un autor fundamental, E. Goffmann, según el cual, la negociación de las representaciones sociales se hace en la interacción social concreta. Pero apenas abordó su estudio en trabajos como La distinción de 1979. Aunque, en otros estudios como el de las Miserias del Mundo (1993) sí se centra en investigar junto a otros compañeros como Waquant esta perspectiva a través de la entrevista directa a personas en situaciones muy desventajadas que muestran sus itinerarios vitales y sus percepciones al respecto.

La investigación sobre la experiencia ha avanzado desde aquellas visiones desarrolladas en los años setenta. A día de hoy, podríamos decir que ya hay suficientes evidencias como para asumir que una perspectiva más constructivista es más adecuada para el estudio de la realidad social. Desde ella, el individuo se entiende como infiltrado en numerosos círculos de relaciones o redes que están más o menos interconectados e influyéndose entre sí, y que gravitan en su vida cambiando su relevancia en el tiempo y el espacio dando lugar a una experiencia social flexible y maleable (Gil Calvo, 2003) cuando no fluida. Y a esa experiencia es a la que apunta el concepto que aquí se discute.

En línea con esta última constatación, la experiencia social no es un conjunto de posiciones sino *el resultado continuamente alimentado de los procesos de interacción social que los individuos viven. Es decir, se forma a través de las actividades habituales de los individuos en su vida cotidiana.* Es en esa cotidianeidad donde el individuo se constituye y forma como sujeto. Y, por lo tanto, la experiencia se forma en su historia, en su biografía.

Los dos productos principales de la experiencia social son: la cultura y el modo en que el individuo se inserta en la estructura.

II.2.3. La cultura del actor

Desde ciertas perspectivas, que bien podríamos denominar culturalistas, lo que define a los grupos humanos son las culturas que desarrollan. Cada cultura sería diferente. Y, cada individuo pertenecería a una cultura. Las culturas, entonces, se podrían enfrentar entre sí. Pensemos en esa idea discutida a finales del siglo XX sobre el «choque de civilizaciones» para explicar la amenaza terrorista islámica desde la perspectiva occidental. Si bien, un problema está en determinar cuántas culturas hay: ¿Cinco? ¿Diez? ¿Miles? ¿Tantas como idiomas? ¿Tantas como naciones? ¿Tantas como grupos?

Desde las **Sociologías estructuralistas**, la cultura es un rasgo de la sociedad que se acompasa con la estructura. Es un depósito de herramientas inmateriales y materiales que sirven a la sociedad para desarrollar sus instituciones sociales. A veces se plantea como una forma de justificación de la estructura. Otras, es como un elemento en relación dialéctica con aquellas.

Cada individuo sería miembro de un grupo. Aprende la cultura de ese grupo y la plasma en sus hábitos y acciones. Los actores son entonces puramente racionales y actúan en función de su rol y su status aprendido. La reproducción social está asegurada.

En las propuestas estructuralistas más duras, el actor es un ser pasivo, receptor de un mensaje bien estructurado y homogéneo. El mensaje proporciona los valores y creencias bien ordenados. Las instituciones forman al individuo para que adquiera los hábitos adecuados y pueda desarrollar su labor tal y como está definido. El individuo es, casi, una pieza de un engranaje mucho mayor.

Desde una Sociología (**más constructivista**) que se pregunta por el actor individual, como Sujeto (Touraine, 2007) y por su experiencia social (Dubet, 2002), se puede considerar una tercera opción: el individuo posee una cultura. Cada individuo desarrolla su propia cultura alimentada de todos los grupos y redes con las que está en contacto en su experiencia social. Hay muchos rasgos comunes culturales que pueden ser compartidos por un numeroso conjunto de personas como su lengua o sus creencias religiosas. Sin embargo, en las sociedades extremadamente complejas de hoy, los individuos parecen nodos específicos y únicos de conexión entre numerosas redes sociales. En cada nodo, haces de relación social diferentes convergen para proporcionar un «depósito» específico y particular de creencias, tecnologías, conocimientos, valores, identidades y demás herramientas inmateriales y materiales. Cuanto más plural es una sociedad y compleja su estructura, más diversidad hay entre los depósitos culturales de los individuos que forman parte de ella.

El actor ya no es solo un miembro de un grupo en el que se socializa. El actor es, con este depósito heterogéneo y situado como punto de convergencia de multitud de relaciones diversas, **un ente activo**. Él es el que tiene que ordenar, priorizar y seleccionar todos esos elementos hasta crear sus propias jerarquías de valores y hacer una mejora creativa de lo que ha aprendido. Sigue siendo imprescindible que el actor aprenda, pero su papel no queda en eso. Va mucho más allá. Él toma decisiones. Él crea, ordena, gestiona y evalúa los valores, creencias, identidades y tecnologías sobre la base de lo aprendido en sus relaciones sociales complejas y plurales. Se convierte en un sujeto (con una subjetividad propia) capaz de actuar reflexivamente.

Cuando ese actor social individual se ubica en un mundo donde impera un programa moderno institucional fuerte, el proceso de socialización inscribe una cultura ordenada y clara en ese individuo al transformar valores y principios en formas pautadas de acción y en subjetividades organizadas. Cuando, el programa institucional se debilita —como Dubet explica que ocurre hoy (Dubet, 2002)—, el individuo entra en una dinámica extremadamente compleja donde las instituciones ya no son capaces de «protegerle».

El programa institucional de la Modernidad es una forma de nombrar al modo en que se organizaron las sociedades modernas con la intención de poder socializar a sus miembros para que asuman sus roles de una forma coherente y sin fisuras fundamentales. Para ello era necesario que se pensaran a ellos mismos en función de su rol, es decir: desarrollaran una subjetividad o imagen de si respecto de su entorno acorde a su rol-estatus. Para ello, se anulaban las contradicciones de valores y los jerarquizaban de una forma estable. Eso afectaba a la experiencia social de cada individuo, hasta la del profesional, que dentro de ese programa podía encontrar pautas claras para su trabajo.

El marco institucional se debilita debido a sus contradicciones internas (como la importancia dada tanto a la igualdad como al logro como criterios de estratificación social en una estructura eminentemente desigual). Cuando los actores se hacen conscientes de que los valores son irreconciliables, buscan una lógica propia, subjetiva. Y, ella se aleja de los roles aprendidos. La forma en que su acción social estaba pautada deja de tener sentido. Y, por ello, la subjetividad se aleja de la acción social aprendida y racionalizada en un proceso de distanciamiento que los hace irreconciliables como consecuencia de las contradicciones internas. Entonces, el actor social individualizado necesita trabajar sobre él mismo para constituirse como sujeto, necesita gestionar sus identidades y valores. Y, así, surge ese individuo cada día más presente hoy que es: multicultural, que vive simultáneamente en varios mundos, que utiliza diferentes estéticas en cada momento, que se muestra diferente en cada lugar (Dubet, 2002, 84).

Por consiguiente, **la cultura del individuo** es, más bien, un ***conglomerado de creencias, valores, conocimientos, herramientas inmateriales e instrumentos tecnológicos materiales que le sirven para ubicarse y actuar socialmente.*** Todos ellos han sido aprehendidos por el individuo en su interacción social, en su contacto con los otros, en sus encuentros cotidianos con los demás y él es el que los gestiona.

De este modo, podemos llegar a ponderar la posibilidad de que cada individuo desarrolla una cultura propia, reflejo de la de su entorno. Conforme su entorno es más plural, su cultura está formada por influencias más dispares. Y, él necesita ir ordenándolas y seleccionándolas hasta poder desarrollar sus hábitos en su trabajo, en su vida familiar, de ocio, en la política, de asociación, etc.

Desde esta perspectiva, la cultura se vuelve un elemento extraordinariamente dinámico. Cambia con el tiempo. Cambia a lo largo de la experiencia social. Y, además, lo hace porque está sometida a unas fuertes contradicciones internas que obligan al individuo a situarse una y otra vez.

Pero ¡cuidado! La capacidad de los más débiles para poder organizar las identidades y los valores, así como para poder jugar con ellas, es mucho menor que aquellos en posiciones fuertes y poderosas. Es más, una de las aportaciones más interesantes de Dubet (2006) se produce cuando estudia las consecuencias de la decadencia del programa institucional en una sociedad como la francesa en las distintas organizaciones dedicadas a la socialización (escuela, hospitales, iglesias, familia, servicios sociales de proximidad, policía, sistema penal, etc.). Entonces encuentra grandes problemas:

1. El profesional ha perdido su autoridad y ello llena de inseguridad y desconfianza al técnico y a la persona que atiende.

2. Al no existir un marco común de valores, desaparece la cohesión de la estructura de socialización y cada profesional tiende a actuar de forma independiente y sesgada, dirigida a una única dimensión de la persona y con su propia racionalidad. Esto fracciona a los individuos, da pie al vaciado de sentido de las acciones y puede dejar a los socializados inermes.

3. Los equipos y profesionales son obligados a tomar decisiones localmente entre normas contradictorias generando diferencias y desigualdades.

4. Y, las clases más populares quedan más desprotegidas e inseguras pues los individuos pasan, en el nuevo modelo, a comprometerse con contratos y proyectos específicos, obligados a participar en sistemas de oportunidades parcelados cuyos resultados de éxito tienden a ser muy reducidos. De modo que, observa en sus estudios que muchas veces, a lo que lleva la presión que ejerce sobre ellos el mundo no es a construirse como sujetos, sino que caen en la anomia y, aún peor, en la apatía.

Ante ello, Dubet (2006, 452) propondrá la necesidad de un giro institucional hacia el desarrollo de programas o cursos de acción organizativa que trabajen en escalas locales donde pueda desarrollarse, ya no programas institucionales armoniosos, sino actuaciones conjuntas de unos pocos actores en los que se reduzcan las contradicciones al ajustarse las acciones a la naturaleza concreta de los problemas tratados. Lo que propone es similar a lo que otros autores denominaron «instituciones intermedias» como P. Berger y N. Luckman.

Estos últimos autores consideraban que el individuo no puede construir sus representaciones sociales de la nada. Las sociedades necesitan desarrollar nuevas instituciones sociales cuando las existentes entran en crisis. Si no, el individuo está abocado a la experiencia de la incertidumbre y la inseguridad. Por ello, el riesgo asociado a la globalización y la sociedad postindustrial implica generar nuevas instituciones intermedias entre lo global y el individuo que regeneren los lazos sociales (Berger y Luckmann, 2000).

II.2.4. El modo de inserción en la estructura

El modo de inserción en la estructura por parte del individuo depende de dos variables: la interpretación que hace de la estructura y su posición; y el objetivo o proyecto que desarrolla.

La interpretación que el sujeto realiza de su situación en la estructura es compleja actualmente pues no responde a pautas tan fijas como podamos imaginar. En los estudios sobre la identidad social, se ha observado que los vínculos que las personas destacan como relevantes para describir su situación varían (Villalón, 2006). Si se pregunta cómo se describiría o con qué grupos se siente más identificado una persona, las respuestas cambian entre muy diversas formas de categorización: la edad, los gustos, las costumbres, la profesión, la clase social, la ideología, las ideas religiosas, el género, la orientación sexual, el lugar donde vive, la nacionalidad y otros. Si, además, se le pregunta por la relevancia relativa de cada una de esas formas de categorización para saber qué tipo de persona prefiere tener a su lado en distintos espacios de relación como su familia, su trabajo o su vecindario las respuestas también cambian. Es más, hay formas de verse a uno mismo que también se transforman a lo largo del tiempo, aunque la base sustantiva parezca permanecer igual al ojo del observador. Hasta la etnia de pertenencia puede llegar a variar para la persona en el tiempo.

Ejercicio II.3:
Responde a las siguientes preguntas:

¿Qué tipo de personas piensas que tienen tus mismos intereses?

¿Cómo te describirías a ti mismo?

¿Qué datos pedirías a otras personas para hacerte una idea de quiénes son antes de encontrarte con ellos?

Los factores que influyen en la interpretación del individuo sobre sus vínculos sociales es aún bastante desconocida. Está claro que va más allá de su posición de clase social, género, edad o etnia. Parece ser un conglomerado de factores asociados a esa cultura desarrollada en su experiencia social.

De la interpretación de la realidad surge el modo en que el individuo se inserta en la situación. Aunque, no siempre llegará a crear un proyecto. Muchas veces es la supervivencia pura la que impulsa la acción. Otras muchas es el deseo de mejorar o de encontrar un lugar donde desarrollar una vida mejor. Y habrá otras razones en otras ocasiones que surgen de esa compleja relación dialéctica que se produce entre la objetiva realidad estructurada y las herramientas culturales que se tienen para interpretarla.

Ejercicio II.4:
Describa brevemente quién podría hacer estas actividades y los posibles motivos que podría tener para realizarlas:

Acciones	Perfiles	Motivos
Ir al colegio.		
Ir a trabajar.		
Migrar a otra ciudad o país.		
Comprarse un coche de alta gama.		
Robar unas gafas de sol de marca.		
Quemar un contenedor de basura o varios automóviles.		
Asesinar a su pareja.		
Hacer de «mula» en un viaje trasatlántico con dos paquetes de droga introducidos en su cuerpo.		

II.2.5. Para finalizar

Por consiguiente, la experiencia social es un elemento analítico independiente para comprender el habitus respecto de la estructura social. Este factor tiene la capacidad de romper las similitudes inherentes a los grupos que objetivamente podamos pensar que hay en una sociedad pues introduce a la historia personal como factor que afecta a la relación entre posición y habitus. Cuando la experiencia es más diversa o pueden darse historias más fragmentadas, es más difícil un ajuste claro entre posición y habitus en un universo-población dado.

Finalmente, como podremos ver más adelante, para determinar cuál es la experiencia social es necesario la contrastación de biografías y datos objetivos. Ello es fundamental para situar la experiencia social adecuadamente.

II.3. LA VULNERABILIDAD SOCIAL

La vulnerabilidad es una característica común en nuestro tiempo para describir tanto la estructura social como las experiencias sociales. Tiene sentido tanto indicar que: «En las estructuras sociales hay posiciones sociales más o menos vulnerables» como «Muchos individuos están experimentando en su vida una gran vulnerabilidad a lo largo de su experiencia social».

Se puede también hablar de una vulnerabilidad física, como la que tiene aquel que no se puede valer por uno mismo para moverse, o la de un niño pequeño que depende para todo de su madre. Podríamos tratar sobre la vulnerabilidad psicológica de la persona con un problema mental, o con muy baja autoestima, o que ha sufrido un shock reciente. O, también podemos hablar de la vulnerabilidad del desempleado, del trabajador temporal, de una pareja rota, del perseguido por sus ideas políticas, su raza, su género, su edad, su piel, su enfermedad o su comportamiento. Estas últimas son vulnerabilidades construidas socialmente. Son vulnerabilidades sociales que emergen de la forma en que se estructuran nuestros grupos humanos.

II.3.1. El concepto de vulnerabilidad social

El estudio de la vulnerabilidad social representa un cambio sustantivo en la investigación sobre la estructura social. Amplía la visión clásica que divide las posiciones sociales en función de criterios de clase y estatus pues incluye una división que atiende a la **situación de los vínculos sociales.** Enfoca la mirada del investigador sobre tres aspectos fundamentalmente: el número de vínculos, los microcosmos o campos en que se establecen, y, especialmente, centra la atención en la fragilidad o fortaleza de dichos vínculos.

El concepto de situación social es antiguo, así como su aplicación al estudio de la estructura social. Hace referencia a la posición social de los actores, a su lugar en relación con los demás. Tiene dos dimensiones: objetiva y subjetiva. La situación puede ser identificada de forma objetiva puesto que es ajena a la voluntad del actor, pero puede cambiar como consecuencia de decisiones propias o ajenas. Por eso, la situación social necesita ser comprendida desde el punto de vista del actor también, es decir, cómo la percibe aquel que la experimenta para poder ser evaluada correctamente.

La vulnerabilidad social hace referencia a la fragilidad de los vínculos sociales que experimentan grupos sociales e individuos como consecuencia de la forma de organización de un grupo humano en un espacio social determinado. La persona (o un grupo social) socialmente vulnerable es aquel que se encuentra en una situación inestable porque los vínculos que mantiene parecen débiles y frágiles. Esta situación le hace depender cotidianamente del entorno, de los demás actores, para poder mantener una posición dada. Si se queda sola, sin ayuda, tenderá a quedar excluida. Todos tenemos un cierto nivel de dependencia de otros, pero la fortaleza de nuestras relaciones y vínculos sociales, que están institucionalmente regulados, dificulta enormemente que se desestabilice la situación experimentada. Aun así, ningún vínculo ni relación es absolutamente irrompible. En ello influyen diversos mecanismos y procesos sociales e históricos que son capaces de cambiar la fortaleza de cualquier vínculo social.

II.3.2. Los mecanismos, factores y procesos de exclusión

Para estudiar la vulnerabilidad social, lo primero es comprender qué son los mecanismos, los factores y los procesos de exclusión social.

Los mecanismos de exclusión *son las estrategias institucionalizadas de los miembros dominantes de un grupo*

para la expulsión de miembros o para impedir el acceso a ese grupo de ciertos individuos. Es decir, son estrategias que funcionan en las organizaciones sociales para regular cómo los individuos concretos pueden ser expulsados de familias, empresas, Estados, asociaciones, viviendas, barrios o ciudades o que se les pueda negar la entrada. Sirven para acotar quiénes forman parte de un grupo. Los podemos encontrar cuando: analizamos los procesos selectivos de las empresas; o, de elección y formación de amistades; o, de creación de nuevas familias; o, de captación de miembros para las asociaciones; o, de elección de representantes políticos. También funcionan en los procesos de expulsión como: los de jubilación, recorte de plantilla, o los de regulación del paso de personas por las fronteras de un Estado.

Los mecanismos de exclusión están formados por reglas explícitas e implícitas que, juntas, forman un modo de proceder más o menos impersonal a través del cual ciertas personas no podrán llegar a ser parte de esos grupos. A veces, esos mecanismos son reglas formales como las que rigen el derecho a la ciudadanía española o de cualquier país que hacen que no todo extranjero pueda conseguirla pero que hacen que sólo algunos (por su país de origen, su actividad laboral, o, por su familia) puedan obtenerla. Y, muchas otras, son reglas informales. Como, por ejemplo, cuando el chico presenta a una chica de clase social muy diferente a su madre y ésta le dice después: «esa chica no me gusta», «no creo que se adapte a la familia», «ten cuidado con ella», etc. O, también, cuando el seleccionador de una empresa decide que aquel chico de 25 años se adaptará mejor que aquella chica de 25 años: «Los dos tienen la misma carrera de ingeniería industrial, pero, es que va a tener que salir mucho, ir a las obras, tratar con los trabajadores. No es un buen ambiente para una chica tan joven».

La mayoría de nosotros hemos padecido exclusiones en nuestra vida. Sin embargo, no por ello estamos en una situación social excluida. La expulsión de un grupo no implica vivir una situación de exclusión social. La expulsión de un grupo se resuelve normalmente buscando y encontrando otro grupo en el que uno es aceptado. Sin embargo, hay personas que por diferentes motivos son expulsadas una y otra vez de muchos grupos. Cuando son expulsadas de todos, se encuentra en el extremo del proceso. Es lo que llamamos las situaciones de exclusión. Mientras las personas siguen encontrando grupos en los que participar (para trabajar, ganar dinero, reivindicar sus ideas, desarrollar su afectividad y mejorar sus capacidades culturales e intelectuales hasta cubrir sus necesidades humanas), éstas estarán integradas. Conforme vayan perdiendo la posibilidad de desarrollar lazos que le permitan cubrir sus necesidades, se encontrarán en esa situación de vulnerabilidad tan compleja y variada de la que hablamos aquí.

Cuando hablamos de **factores de riesgo de exclusión** se hace referencia a esas características comunes que permiten identificar a personas que es más improbable que sean seleccionadas para formar parte de algunos grupos sociales. Se ha comprobado que muchas de esas características funcionan como categorías de identificación que utilizan los seleccionadores para tomar la decisión de incluir o excluir a alguien. Son, lo que en las teorías relacionales de la estratificación se denominan «**parámetros**» (Salazar *et al.*, 2010). Y, en los estudios sobre la identidad social son aquellos **sistemas categoriales** que sirven a los individuos para describirse y describir a los demás como: la edad, el género, una discapacidad, la etnia, el color de la piel, la nacionalidad, la clase social, los gustos, las costumbres, las ideas religiosas, las ideas políticas, la profesión y el nivel de estudios entre otros (Villalón, 2006).

Finalmente, el fenómeno de la exclusión puede también ser estudiado en términos procesuales. **Los procesos** (biográficos o históricos) **que llevan a la exclusión social** son los itinerarios vitales que conducen a los individuos a una situación de exclusión social motivada por causas que pueden ser: de orden estructural como la evolución del mercado de trabajo, de orden cultural, político o personal (Tezanos, 2001). Otro término para este concepto es: la experiencia de exclusión.

II.3.3. ¿Cómo es la estructura social desde el punto de vista de la Vulnerabilidad social?

El esquema más conocido de la estructura social desde el aspecto de la vulnerabilidad social es el de R. Castel (1993). Éste representa la estructura social en cuatro círculos concéntricos. El de mayor nivel de integración se representa en el centro y el mayor nivel de exclusión en la periferia. Dicho esquema se utiliza para el análisis de la estructura en las «sociedades salariales» que se organizaron en Europa a partir de los años ochenta, cuando se produce la «metamorfosis» del Trabajo. Aquel esquema fue muy útil para representar las dos dimensiones o campos fundamentales que definían la situación social de los individuos: el Trabajo y el Estado. Establecía cuatro situaciones ideales diferentes: Integrado, Vulnerable, Asistido y Excluido. El factor principal era el Trabajo y el segundo el Estado. La acción del Estado permitía que personas en situaciones de riesgo de exclusión laboral no cayesen en la exclusión social gracias a las ayudas del Estado.

Simplificando el esquema de R. Castel, diremos que hay situaciones de integración, de vulnerabilidad y de exclusión. La forma de representar éstas más adecuada es como círculos concéntricos. Las capas de la sociedad se podrían distinguir por el tamaño de esos círculos. El espacio entre un círculo y otro representaría la proporción de personas que estarían en cada situación en ese grupo. Aunque, los límites entre cada uno de los círculos concéntricos sería siempre una cuestión que dependería de una decisión del investigador, similar a cuando se decide que un hogar es pobre cuando ingresa menos del 60% de la mediana de un universo-población en el que se incluye. (Figura II.2).

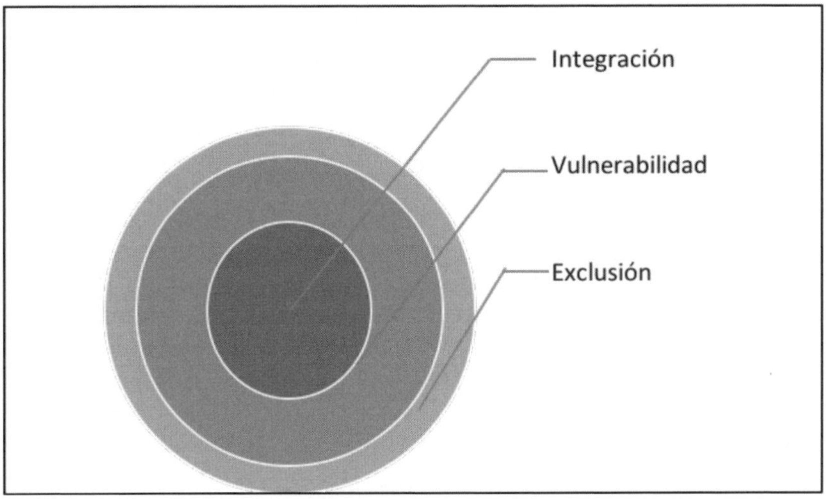

Figura II.2. Esquema de las Situaciones Sociales según los niveles de vulnerabilidad.

En numerosos estudios ya se ha ido construyendo un modelo más complejo que el de Castel atendiendo al conjunto de campos sociales en los que un individuo se relaciona y adquiere los capitales que necesita.

Si consideramos que la vulnerabilidad social de cada individuo depende de las relaciones que mantiene en los campos del trabajo, la Política, la Familia y la Ciudad, se podrían construir unos tipos ideales en los que se incluyese, al menos, la situación del actor en cada uno de estos campos.

Así, el excluido ideal sería aquel que:

1. No tiene trabajo ni posibilidad de conseguirlo.
2. No tiene familia ni posibilidad de pertenecer o crear una.
3. No es ciudadano de un Estado ni posibilidad de llegar a serlo.
4. El que reside en un lugar de la ciudad abandonado por el Estado, el Mercado y la sociedad civil.

La situación de exclusión es aquella en la que los individuos que la padecen se encuentran situados fuera de la **comunidad**, han dejado de pertenecer al mismo conjunto básico o esencial. Estas situaciones ocurren en sociedades en las que el trabajo ha desaparecido, los vínculos familiares se han deshecho, el Estado y demás instituciones sociales han dejado de prestar servicios básicos, el espacio físico en el que se vive está abandonado, desecho, no es fijo y no nos protege, y, los individuos ya no se sienten parte de grupos sociales.

La situación individualizada de exclusión casi no se produce en sociedades europeas. Lo más próximo son las personas sin hogar que viven en las calles de la ciudad o el inmigrante extranjero recién llegado, sin medios económicos, ni documentación oficial que lo reconozca, y que sobrevive como puede en los márgenes de la economía en las zonas de exclusión de la ciudad. El ejemplo más patente de que las situaciones de exclusión se producen en las ciudades de los países desarrollados son las personas sin hogar. Es uno de los extremos de la exclusión. Y, aun así, en cuanto que hay organizaciones del tercer sector y Servicios Sociales municipales que tratan de mantener un vínculo con ellos y transmitirles recursos, la exclusión no es completa.

Ejercicio II.5:
Nombra los que en tu opinión son tipos de personas que viven situaciones graves de exclusión en tu entorno:

La situación colectiva de exclusión por antonomasia fueron los guetos nazis de judíos en Polonia, Alemania y Austria. Pero sin llegar a esos extremos, hoy en día hay lugares urbanos que rozan situaciones extremadamente vulnerables, de abandono institucional, miseria, falta de expectativas, desempleo y extrema violencia. Son las zonas habitadas por los más pobres, los más marginados y los más desprotegidos de las ciudades.

Lo más alejado de la exclusión es la situación de aquel que:

1. Tiene trabajo y no hay posibilidad de que lo pierda.
2. Tiene familia y no hay posibilidad de que la pierda.
3. Es ciudadano de un Estado y no hay posibilidad de que deje de serlo.
4. Vive en los barrios mejor equipados pública y privadamente.

Estas son las situaciones de integración. Son justo lo contrario de las de exclusión. Son aquellas en las que el vínculo del actor con sus grupos laborales, familiares, políticos y vecinales es estable, firme y fuerte.

La fortaleza de un vínculo no depende simplemente de un contrato laboral, de un contrato matrimonial, de un contrato de alquiler, de una propiedad física o de una cuota asociativa. Ni siquiera depende solamente de la voluntad de las personas implicadas. Es algo asociado al entorno en que se viven esas relaciones. Depende de las normas jurídicas que permitan la ruptura de los vínculos, de las normas morales en la sociedad que animen, acepten o intenten impedir la ruptura de los vínculos, de los valores transmitidos a las personas en ese entorno, de los ejemplos que tienen a su alrededor, de las experiencias pasadas, así como de las posibilidades objetivas de existencia de los grupos.

Por ejemplo, en una guerra entre bandas, las posibilidades objetivas de mantener una empresa se reducen drásticamente. Si un distrito está siendo abandonado por la gente, o la policía no entra al barrio, los comercios tienden a cerrar. La gente que padece la guerra o el abandono están en una situación de vulnerabilidad mayor que aquellos que viven en otro lugar, bajo una situación de pleno empleo, en paz, sin drogas, sin desigualdades fuertes, sin armas y sin conflictos.

Están más integrados aquellos ciudadanos que viven en su país en paz, que mantiene un sistema democrático, donde hay poca desigualdad, hay trabajo estable y agradable para todos los que quieren tenerlo o lo necesitan, mantienen unas relaciones familiares, de amistad y de interés que desean, habitan en el lugar y en las condiciones que desean y los de su alrededor también pueden elegir sus relaciones, su participación, su espacio y su trabajo.

Ejercicio II.6:

Nombra, los que en tu opinión, son personas que experimentan situaciones más integradas en tu entorno:

Entre medias de ambos tipos ideales hay un continuo en el que podemos situar a cada individuo en posiciones diversas. ¿Cuál sería el tipo ideal vulnerable?

1. El que transita entre trabajo y desempleo.
2. El que transita entre familias.
3. El que transita o está a la espera del reconocimiento de su ciudadanía o su rechazo.
4. El que vive en los barrios parcialmente abandonados por el Estado y el Mercado.

En conclusión, en una estructura social podemos situar a cada individuo y grupo en tres situaciones que son: la situación de exclusión, la de integración y la de vulnerabilidad.

Las situaciones de vulnerabilidad se encuentran justo entre medias.

La situación de vulnerabilidad es una situación en la que los individuos y grupos que la experimentan tienen dificultades para mantener, al menos, alguna de sus relaciones de trabajo, familia, vecindad y ciudadanía (Estado). Tienen dificultades para poder apropiarse de los recursos necesarios para su desarrollo y supervivencia. Y, en competencia con el resto de grupos, tienden a salir perdiendo.

II.3.4. El estudio de las situaciones según su grado de vulnerabilidad social

Los objetivos básicos del estudio de la Vulnerabilidad Social son:

1. Descubrir los principales factores de riesgo de exclusión para poder describir adecuadamente la estructura social, reconocer los grupos sociales en conflicto y situar cada grupo en función de la fragilidad de sus vínculos.
2. Conocer los mecanismos de exclusión utilizados por los agentes dominantes para excluir o expulsar a los demás.
3. Y, analizar los procesos históricos e itinerarios vitales que llevan a la exclusión de grupos e individuos.

El objeto de investigación es: los vínculos sociales. Es decir: las relaciones sociales relativamente estables y duraderas entre los individuos y grupos sociales de un grupo humano, sociedad o universo poblacional dado.

La investigación trata de: *a)* identificar los microcosmos o campos en que se establecen los vínculos, *b)* medir la fragilidad o fortaleza de los vínculos, *c)* conocer su evolución histórica (orígenes, desarrollo y situación actual).

Las metodologías que se utilizan para alcanzar estos objetivos son dispares. Si bien, solo una metodología comprensiva y holística tiene la capacidad suficiente para poder alcanzar un conocimiento suficiente. La investigación mediante técnicas solo cuantitativas o solo cualitativas se quedan cortas.

La investigación cuantitativa es fundamental para poder describir adecuadamente y analizar el peso de los diferentes factores de riesgo de exclusión, por ejemplo. Los registros oficiales de datos y las encuestas son fuentes imprescindibles para poder identificar adecuadamente la forma de la estructura y su evolución en el tiempo, así como para estudiar algunas de las causas de cambio histórico básicas como la evolución de la economía y el mercado de trabajo.

Sin embargo, es insuficiente para los demás objetivos. El estudio de los mecanismos de exclusión exige el desarrollo de técnicas cualitativas de recogida de información para poder encontrar indicios suficientes de las estrategias que se utilizan. La observación participante, la entrevista en profundidad y otras técnicas similares, aún de tipo cuasi-experimental, sirven para hacer emerger información relevante sobre las estrategias de los agentes.

Finalmente, la investigación documental e historiográfica se hace imprescindible para el estudio de los procesos históricos e itinerarios vitales que terminan en la exclusión social. Ninguna investigación seria puede prescindir de los conocimientos previos y las huellas del pasado a nuestra disposición para poder aclarar cómo se produce cualquier realidad actual.

La descripción anterior de la relación entre objetivos y técnicas no es exhaustiva. Solo pretende orientar acerca de para qué objetivo es imprescindible cada tipo de técnica. En el proceso investigador, hay aspectos particulares de cada objetivo que necesita ser abordado con otras técnicas que aquí hemos incluido en otra categoría. El ajuste adecuado entre objetivos y técnicas siempre ha de producirse en el proyecto de investigación. Es una de las partes más delicadas de un proceso investigación y no se puede resolver aquí. Lo que ha de quedar claro es que la investigación de la vulnerabilidad social no se resuelve con simples estadísticas o estudios cualitativos. Su complejidad es extraordinaria pero abordable.

Por último, no he dado indicaciones sobre el potencial que hay en la investigación con bases de datos gigantes (*big-data*) y el desarrollo de algoritmos inteligentes para poder estudiar, fundamentalmente, los dos primeros objetivos. Ello se debe al infradesarrollo actual de este campo que está todavía en sus inicios.

En los capítulos siguientes, el lector se podrá aproximar a varias investigaciones que abordan alguno de los aspectos tratados aquí. A través de ellos aprenderá un poco más sobre los objetivos y las técnicas enunciadas.

La técnica que menos se verá reflejada en esos capítulos es la de la narración biográfica. Aunque, sin embargo, estará en la base de muchos estudios.

Las técnicas de la narración biográfica extraen la información de diversas fuentes que se dividen en: el propio actor entrevistado o fuentes externas. Para conocer bien la situación de un individuo y su experiencia no basta con lo que él cuenta. Se necesita contrastar esa narración y situarla adecuadamente en el entorno en que se produce.

Las dificultades de este tipo de trabajo y sus limitaciones son muchas. Para poder profundizar en ello, se recomienda al lector que se aproxime a tres trabajos diferentes:

— «FRAGILIDADES VECINAS. NARRACIONES BIOGRÁFICAS DE EXCLUSIÓN SOCIAL URBANA» del autor Joan Subirat Humet (dir.) (2006) Editorial

— Capítulo 6 «Historias de vida en jóvenes y prisión» escrito por Enrique Arnanz Villalta en la *Revista de Estudios de Juventud*, junio, 2005, n.° 69, págs. 89-106.

— Bourdieu, P. (1993) *La miseria del mundo*, AKAL Ediciones.

Las fuentes externas que se utilizan son muy variadas en estos trabajos: estadísticas, documentos, expertos, informadores del entorno y estudios previos. Todos ellos pueden ser precisos para comprender bien una narración biográfica puesto que su contextualización puede ser extremadamente compleja. Doy aquí unas breves indicaciones para la lectura de dos de esos textos.

Capítulo 6 «Historias de vida en jóvenes y prisión» escrito por Enrique Arnanz Villalta en la *Revista de Estudios de Juventud*, junio, 2005, n.º 69, págs. 89-106.

Este texto recoge tres historias de jóvenes que terminaron pasando por la prisión. Cada una de ellas permitirá al lector hacerse una idea de historias tipo. Si bien, todas ellas acaban relativamente bien.

Es interesante para el lector seguir unas ciertas pautas al leer estas historias. Recomiendo las siguientes de forma general:

1. Indicar el espacio y tiempo de cada historia.
2. Extraer las causas que suponen los actores que les llevaron a delinquir.
3. Enumerar los tipos de delitos cometidos.
4. Descubrir la relación entre los delitos que los actores suponen que existe.
5. Breve análisis del campo social de la cárcel con los datos que aportan las biografías y los conceptos aprendidos.
6. Breve análisis del capital social y cultural de cada uno de los protagonistas de los relatos y su evolución en el tiempo.
7. Descubrimiento de los acontecimientos más señeros en cada historia.
8. Establecimiento de etapas en la biografía relatada.
9. Relación de los actores que intervienen en cada una de las etapas narradas y descripción de su papel.

10. Descripción de las situaciones experimentadas por los protagonistas y clasificación que haría el estudiante de éstas.
11. Descripción de la interpretación de la situación que hace cada uno de los relatores.
12. Descripción de la cultura de cada uno de los protagonistas.
13. Enumeración de los objetivos o proyectos de los protagonistas de estas historias en cada una de las etapas.

«FRAGILIDADES VECINAS. NARRACIONES BIOGRÁFICAS DE EXCLUSIÓN SOCIAL URBANA» del autor Joan Subirat Humet (dir.) (2006).

En este libro hay siete historias que se narran describiendo las entrevistas que se realizaron a personas que habían vivido experiencias sociales dramáticas. En ellas se reflejan algunas de las problemáticas de nuestro tiempo: la violencia de género, la adolescencia de riesgo, los problemas agregados a la dependencia, la cronificación de la pobreza, los problemas que conlleva tener que migrar y ser mujer, los problemas agregados de la adicción y la enfermedad mental, y la cuestión del debilitamiento de las redes sociales. Son solamente siete ejemplos que son presentados de forma sencilla al lector. Se contextualiza la entrevista, y se analiza muy brevemente el tema del que trata.

El lector puede utilizarlas para ver cómo se puede hacer una sencilla aplicación de lo aprendido hasta ahora y situar a cada una de estas personas en función de la conciencia que tienen de su situación, cómo cada una de esas personas la perciben y es percibida por los entrevistadores.

Además, a través de la entrevista, el narrador y la persona entrevistada dan muchos datos sobre su situación social. El lector, puede extraer esa información y ordenarla.

Finalmente, recomiendo al lector que lea el capítulo metodológico donde explica cómo hicieron las entrevistas.

Ejercicio II.7:

Haz un resumen breve del tema:

¿Cuáles son las ideas principales?

¿Cuáles son los conceptos nuevos?

¿Qué idea es la que más me ha llamado la atención?

¿Qué dudas me surgen?

¿En qué aspecto no estoy de acuerdo con el autor?

BIBLIOGRAFÍA RECOMENDADA

Berger. P y Luckmann T. (1997) *Modernidad, pluralismo y crisis de sentido: La orientación del hombre moderno*. Editorial Paidos Ibérica.

Bourdieu, P. (1993) *La miseria del mundo*, AKAL Ediciones.

Bourdieu, Pierre (2000) PODER, DERECHO Y CLASES SOCIALES, Ed. DESCLEE DE BROUWER, ISBN: 9788433014955

Castel, R. (1995) *La metamorfosis de la cuestión social. Una crónica del salariado*. Paidos Ibérica; ISBN: 9789501254570

Dubet, F. (2002) *El declive de la institución. Profesiones, sujetos e individuos en la modernidad*. Editorial Gedisa

Gil Calvo, Enrique (2001) *Nacidos para cambiar*, Madrid, Taurus.

Garland, D. (2001) *The culture of Control-Crime and Social Order in Contemporary Society*. Oxford University Press.

Laparra, Miguel y Pérez, Begoña (ed.) (2008) *Exclusión social en España. Un espacio diverso y disperso en intensa transformación*. Ed. Fundación Fomento de Estudios Sociales y de Sociología Aplicada, FOESSA

Martucelli, D. (2007) *Lecciones de sociología del individuo*. Universidad Pontificia Católica del PERÚ (Departamento de Ciencias Sociales)

Requena, M. y Salazar, L. (2013) *Estratificación social*, Ed. Mc. Graw Hill.

Tezanos, J.F. (2001) *La sociedad dividida*. Editorial Biblioteca Nueva.

Vidal, F. y Renes, V. (ed.) (2007) *La agenda de investigación en exclusión y desarrollo social*. Colección Estudios, 20, Cáritas Española. ISBN: 978-84-8440-394-4

Villalón, J.J. (2006) *Identidades Sociales y Exclusión*. Ed. Foessa.

Wacquant, Loic J. D. (1996) The Rise of Advanced Marginality: Notes on its Nature and Implications. Acta Sociologica. Vol. 39, Issue 2, pp. 121-139; https://doi.org/10.1177/000169939603900201

Capítulo III
EL PROBLEMA DE LA VULNERABILIDAD SOCIAL EN LA CIUDAD DEL SIGLO XXI

INTRODUCCCIÓN

Este capítulo explica, primero, cómo es la ciudad postindustrial. Se aborda aquí el concepto de ciudad y los problemas que sus gobernantes y ciudadanos necesitan resolver. Además, se estudia cómo abordar la investigación del problema que aquí más nos preocupa que es la segregación urbana. Se explica el concepto de vulnerabilidad urbana. Y, se ofrece una panorámica sobre el estudio de la vulnerabilidad urbana en España.

Objetivos principales:

1. Conocer cómo tiende a ser la forma que adopta la ciudad postindustrial y globalizada.
2. Estudiar cuáles son los problemas urbanos actualmente.
3. Profundizar en el problema y concepto de la segregación urbana.
4. Explicar el concepto de Vulnerabilidad Urbana.
5. Conocer cómo se ha estudiado la Vulnerabilidad Urbana en España desde las entidades oficiales.
6. Saber cómo evolucionó entre 1991 y 2001.
7. Conocer las principales herramientas cuantitativas a disposición de los investigadores en España.
8. Reflexionar sobre las políticas de realojamiento practicadas en España y sus consecuencias sobre la exclusión de las clases pobres de la comunidad gitana.

El espacio en el que la vulnerabilidad social se encuentra con el problema de la delincuencia es la ciudad, y, concretamente, en ciertas áreas de las urbes postindustriales. ¿Cómo ocurre? ¿Cómo se crean esas zonas? ¿Cómo se estudian?

III.1. LA CIUDAD POSTINDUSTRIAL

Una ciudad es un asentamiento peculiar de los seres humanos que sólo es comprensible teniendo en cuenta sus dos dimensiones principales: su realidad física y su realidad social.

La realidad física de una ciudad es una aglomeración muy grande de personas que viven sobre un suelo edificado y organizado en unidades más pequeñas denominadas con términos como: distritos, barrios, vecindarios, suburbios, municipios, villas, calles, manzanas, urbanizaciones y edificios. Sus construcciones e infraestructuras forman el **paisaje urbano.** Éste está ordenado morfológicamente en función del contexto geográfico en que se ha materializado la ciudad y a numerosas variables asociadas a la población humana como los intereses de los habitantes, los estilos de vida, la imaginación o las creencias.

La realidad social de una ciudad es la manera en que la aglomeración humana que habita ese lugar organiza sus relaciones sociales. La ciudad está habitada por numerosas personas en continua interacción que forman parte de muchos grupos. Forman redes o mallas de relaciones estables unas, y efímeras otras, que se producen sobre el suelo y gracias a las infraestructuras y equipamientos de la ciudad. Si miramos cómo se relacionan, observamos que podemos distinguir en ella relaciones desigualitarias al igual que de cooperación y conflicto. En su seno, se pueden encontrar grupos distintos, con recursos materiales y culturales diferentes. Hay clases sociales, asociaciones, familias, empresas, grupos políticos, iglesias, bandas, mafias, organizaciones cívicas, etc. Y, existen unas reglas o lógicas que guían el modo en que se relacionan.

La ciudad es una realidad dinámica en ambas dimensiones. La historia de una ciudad es la de su transformación física relacionada con su transformación social. Los hechos que ocurren en una ciudad no se pueden explicar sin esa historia común. Los problemas de la ciudad y de sus pobladores no se pueden entender sin atender a esas dos dimensiones entrelazadas.

El actor principal en la historia de la ciudad es el ser humano. Todos los procesos de transformación urbana son producto de las acciones humanas. La acción social cotidiana produce y reproduce barreras, fronteras, puentes y vías. La ciudad surge en y de los hábitos de vida, trabajo, consumo, colaboración, enfrentamiento, negociación, diversión y movimiento de aquellos que viven en ella. Las decisiones políticas y de los agentes económicos, culturales y científicos influyen sobre su espacio. Al invertir en unos lugares o en otros, al visualizar las carencias u ocultarlas, al observar, al promover las distintas alternativas, o abandonarlas, la ciudad cambia. Su desarrollo es el producto de la acción de los actores individuales y colectivos que intervienen en su historia. Esos actores tienen intereses, valores, creencias, experiencias, tecnologías y recursos. Y, de la interacción histórica de todo ello surge la vida urbana y la ciudad que se puede visualizar.

La ciudad no es una máquina ni un organismo. Es el espacio (físico y social) de encuentro, relación y conflicto entre los numerosos actores que conviven o llegan a ella. En ese espacio, hay competencia entre grupos y clases que compiten por los recursos físicos, simbólicos, económicos, sociales y culturales que en ella se producen o existen. Y, por ello, en ella surgen continuamente problemas que necesitan ser gestionados.

Ejercicio III.1:

Describe brevemente la ciudad más próxima e indica cuáles son sus principales divisiones internas y problemas.

III.1.1. Regiones urbanas

En la era de la Globalización, la ciudad ha dado un salto evolutivo. En la era industrial, una ciudad era un centro urbano que se expandía hacia la periferia. En la era postindustrial, el espacio urbano es una red intermunicipal multicéntrica (con varias ciudades que atraen trabajo, población y prestan servicios a otros municipios y áreas urbanas). Tiende a dejar de haber metrópolis puras o áreas dormitorio estrictas. La ciudad se extiende a la región más próxima. Se alcanzan espacios lejanos anudados por increíbles redes de vías y carreteras kilométricas. Incluye varios municipios (unidades político-administrativas locales) que están fuertemente entrelazados económicamente siendo para el mundo un único nodo en la red global y, para sus habitantes, una diversidad de espacios físicos entre los que han de transitar cotidianamente para trabajar, educarse, salir de compras, realizar sus aficiones o encontrarse con los amigos y los compañeros.

En los nuevos asentamientos que ocupa el urbanita, los tamaños son, muy a menudo, menores que en una ciudad cualquiera pero la vida es muy urbana. Se depende profundamente del coche y el transporte público para la vida cotidiana. Las relaciones son muy impersonales en los nuevos barrios. No hay tradiciones, ni fuertes vínculos afectivos entre los habitantes. Es una asociación interesada, instrumental.

La heterogeneidad marca más que nunca la definición del espacio urbano. Y, llega en las nuevas regiones urbanas a su expresión más clara. En la región urbana hay estilos de vida más ecológicos, más clasistas, más étnicos, más individualistas, más comunitarios, más cívicos, más religiosos, más laicos, más extremistas, más liberales, más consumistas, más localistas, más cosmopolitas, más internacionales, más flexibles, más transitorios, más aislados, más... Hay de todo. Todos esos estilos dan soluciones particulares a problemas comunes: conciliación entre trabajo y familia, tipo de vivienda, uso del automóvil, acceso al ocio, tipo de ocupación, acceso a estudios, socialización de los miembros jóvenes, cuidado de los mayores, relación con el medio ambiente, cuidado del entorno físico, uso de las tecnologías de la comunicación y la información, selección de los amigos y la pareja, estabilidad de las relaciones íntimas, desarrollo de la personalidad, inquietudes relacionales, movilidad diaria, etc. Pero cada uno escoge su solución o la inventa.

De forma resumida, la actual ciudad que emerge de la globalización tiene unas nuevas características que le asemejan a lo que Indovina (2006:28) llama: «Archipiélago Metropolitano». Según este autor, las formas de organización urbana hasta el momento actual tienden a confluir en el desarrollo de una nueva manera de ciudad. La ciudad metropolitana, la ciudad difusa y el territorio urbanizado, que eran formas de ciudad que venían desarrollándose sobre el plano urbano durante la segunda mitad del siglo xx, parecen estar convirtiéndose, todas, en: Archipiélagos Metropolitanos.

Los Archipiélagos Metropolitanos son concebidos como (Indovina, 2006):

1. Un territorio que es amplio y constituido por distintos asentamientos.
2. Una estructura de población que en el conjunto del archipiélago es diferente de la que tiene cada asentamiento por edad y actividad.
3. Está provisto de una malla de infraestructuras de comunicación rica que conecta entre sí los asentamientos.
4. Con una estructura productiva articulada y compleja con empresas de distintos sectores, tamaños, tecnologías y productos.
5. Contiene una demanda de trabajo ampliamente satisfecha por la oferta interna mediante desplazamientos de los trabajadores dentro del archipiélago.
6. Presenta una jerarquía territorial débil debido a una localización difusa de las distintas funciones en el territorio

que lleva a la formación de relaciones funcionales entre los polos independientes entre sí.

7. Tiene una oferta de servicios a las personas y a las empresas que por dimensiones y calidad se presentan con carácter metropolitano, para todo el territorio y de alto nivel.

8. Dispone de unos servicios y algunas producciones con carácter de excelencia extraterritorial.

9. Se produce una continua movilidad obligatoria por trabajo y estudios en el interior del archipiélago y en todas direcciones.

10. La movilidad por ocio o familia también es multidireccional, causada por elecciones individuales en función de la oferta difusa del territorio.

11. La red de transporte colectivo estructura los flujos obligatorios, los medios de transporte individual solucionan las necesidades particulares.

12. Dentro de los asentamientos hay gran diferenciación social pero una reducida polarización.

13. Se desarrolla todo un conjunto de espacios públicos tradicionales, metropolitanos y privados relativamente articulados.

Ejercicio III.2:

Dibuja de forma esquemática tu ciudad más próxima y representa los aspectos 1, 3, 9, 10 y 11.

El cambio que lleva a este tipo de ciudad es la Globalización económica. Las ciudades se adaptan a la nueva situación histórica transformando sus economías, su tamaño, su población y su estructura. Una vez en el proceso de globalización de su economía, necesitan desarrollar un nuevo modelo de mercado que las haga competitivas en las redes globalizadas. Ello implica un nuevo tamaño geográfico del mercado interno, una población con nuevas capacidades, y una estructura urbana adaptada a la nueva economía de la Información. Por ello, estas nuevas formas urbanas son, eminentemente, abiertas.

Ejercicio III.3:

Indica las seis principales diferencias entre la ciudad industrial y la ciudad postindustrial desde tu perspectiva.

La forma rápida de adaptarse a la nueva economía implica una fuerte inmigración. Ello sigue la estela de lo aprendido en las ciudades modernas industriales cuando fue necesario atraer al campesinado y a los terratenientes para el desarrollo de la sociedad industrial. Y, por ello mismo, la fisonomía de la población urbana cambia. Es más, al ser las nuevas redes de tipo global, la inmigración ya no está acotada por el territorio periférico sino que abarca a todo el mundo. La inmigración desde el extranjero se facilita y aumenta. Ya no es un éxodo rural solamente. Ahora es un flujo global cada vez más constante.

III.1.2. Los problemas urbanos

Los problemas de las ciudades hoy día son muchos. Enumerarlos siempre implica dejar fuera algunos de ellos. Si bien, es fundamental hacer el esfuerzo de, al menos, enunciar algunos de los más importantes. De la lectura del **Informe de Naciones Unidas** (2016) sobre el mundo urbano se desprenden, al menos, los siguientes problemas:

1. La expansión urbana imparable.
2. La desigualdad económica.
3. El hacinamiento de las familias o la imposibilidad del acceso de todos a una vivienda digna.
4. El crecimiento de asentamientos precarios en torno a las ciudades.
5. El desempleo de gran parte de la población o las faltas de oportunidades de empleo.
6. Las dificultades crecientes de transporte dentro de las ciudades y entre ciudades próximas.
7. El acceso al agua.
8. Los problemas de alcantarillado.
9. La eliminación de basura y reciclaje de residuos sólidos urbanos.
10. La polución del aire urbano.
11. Y, la delincuencia e inseguridad física en la vida urbana.

Pero hay más. Los trabajos de investigación sociológica nos traen información sobre problemas de violencia urbana, de agresiones racistas, segregación residencial, falta de integración de los extranjeros, falta de confianza, contaminación acústica, limpieza urbana, falta de espacios públicos, expulsión de las clases bajas y grupos sociales excluidos en los procesos de remodelación urbana, destrucción de la vida de los barrios populares, etc.

Y junto a éstos, las ciudades experimentan otro conjunto de problemas derivados de la heterogeneidad de corrientes culturales, la pluralidad de tradiciones y las desigualdades persistentes en su seno más allá de las derivadas de su estructura ocupacional, entre los cuales destaca por sus gravísimas consecuencias: la segregación urbana creciente y la delincuencia en áreas concretas de la ciudad.

El control de las ciudades sobre la mayor parte de sus problemas suele ser bastante reducido debido a su subordinación a entidades superiores como los Estados Nacionales. Los principales problemas de las ciudades son, precisamente, problemas que se podrían considerar, y se consideran a día de hoy, en muchas sociedades como temas de índole regional o nacional. En un encuesta realizada en setenta y nueve ciudades europeas en 2013 sobre la calidad de vida en las ciudades, se pidió a los encuestados que identificaran los tres temas más importantes para su ciudad de una lista de diez que incluían: seguridad, polución del aire, ruido, transporte público, servicios de salud, servicios sociales, educación y formación para el trabajo, desempleo, vivienda e infraestructuras de carreteras. Y, en general, las cuestiones que más se destacaron fueron: los servicios de salud, el desempleo y la educación. Todos ellos son cuestiones gestionadas total o parcialmente por instancias administrativas superiores habitualmente. Sin embargo, forman parte de la vida cotidiana y central de las personas de modo que las entienden como un problema de su ciudad. (EU, 2013).

De forma resumida, podríamos decir que **los problemas organizativos** de las ciudades asociados a su expansión se forman en torno a las siguientes dimensiones:

1. La distribución del espacio y la población.
2. La distribución del trabajo.
3. La distribución del agua y los demás servicios.
4. La gestión de los residuos sólidos, líquidos y gaseosos.

La desigualdad derivada de las soluciones dadas a las anteriores dimensiones termina por generar el problema más grave: la segregación territorial dentro de la ciudad que será la base del conflicto y de la aparición de las zonas más vulnerables.

III.2. LA SEGREGACIÓN URBANA

La forma en que se tienden a resolver los problemas organizativos de las regiones urbanas tiende a generar la división de los espacios en unas zonas para ricos y otras para pobres. De una forma muy simplificada, podríamos decir que esto ocurre por la acción de dos actores: los ayuntamientos y el mercado urbano regional.

Los municipios compiten entre sí por atraer a los mejores habitantes mientras colaboran para facilitar el flujo y estar dentro de las redes internas del nodo globalizado que es la Región Urbana. Dentro de cada municipio, se crean nuevos espacios para habitantes nuevos y para otros que, al prosperar o empobrecerse, necesitan cambiar de vivienda dentro de la zona urbana. Al mismo tiempo, se abandonan viejos barrios empobrecidos, o zonas que siempre fueron marginales, o se modifican los equipamientos para atraer nuevos vecinos ricos que terminan por expulsar a los de antes.

Mientras, en el conjunto del nodo urbano, se sigue con el urbanismo moderno que creaba áreas funcionales: turísticas, de negocios, de ocio, administrativas, dormitorio o «urbanizaciones cerradas» para las clases altas y media. Llega a haber hasta municipios-dormitorio casi completos que se asocian a clases determinadas, a etnias concretas, a generaciones específicas.

Esto ya ocurría antes en las ciudades industriales, en las modernas preindustriales, en los burgos medievales y en las ciudades antiguas. Sin embargo, el problema ahora se agudiza porque, por alguna razón, se está llegando en algunas de esas zonas más deprimidas a desarrollar unas formas de organización social propias. Se han convertido en campos sociales separados, con dinámicas, reglas de juego, actores y estrategias diferentes ubicadas geográficamente en áreas específicas de la región urbana. Es decir, si la ciudad es un campo social con sus normas, su estructura y sus lógicas, el fenómeno de la segregación urbana produce que se formen **espacios urbanos** dentro de la ciudad en los que se llegan a generar también campos sociales específicos.

En esos lugares, se entra en una dinámica que genera una transformación del campo social. Se implantan normas y actores que no rigen en el conjunto de la ciudad sino solo en esos espacios. En muchas ocasiones, estos lugares aparecen porque se produce la degradación del entorno y el aumento de la vulnerabilidad social ante la desaparición de las redes comunitarias y asociativas preexistentes. Pero otras, son lugares que nacieron así y se vieron obligados a evolucionar de ese modo.

Debido a ello, al conducir por una región urbana, nos encontraremos a veces en zonas donde las normas que rigen y las estructuras sociales son diferentes. En este libro se estudian algunas de esas zonas. Vamos a fijar nuestra atención en aquellas que son las más vulnerables. Son entornos parcialmente abandonados por las organizaciones sociales con más recursos: Ayuntamiento, Estado, Empresas y Familias con recursos.

Bajo una fuerte presión desde el exterior de estas zonas por parte de políticos y actores mercantiles también se está produciendo importantes procesos de gentrificación, es decir, de expulsión de los habitantes en peores condiciones y su sustitución por clases medias modernas y creativas que favorecen la revitalización y reinversión del área desfavorecida. Pero, ¿es esa una buena solución? ¿A quiénes favorece? ¿A quiénes perjudica?

III.2.1. Conceptos básicos para el estudio de la segregación urbana: marginalidad *vs* vulnerabilidad

Para abordar el estudio del fenómeno de la segregación urbana (y la vulnerabilidad social que se le asocia) hay dos conceptos que se manejan habitualmente: marginalidad urbana y vulnerabilidad urbana.

El concepto de **Vulnerabilidad Urbana ha sido** definido como: aquel proceso de malestar que se produce en ciertas zonas de las ciudades como consecuencia de la combinación de múltiples dimensiones de desventaja en muchos de sus habitantes, que reduce en la mayoría toda esperanza de movilidad social ascendente o de superación de la condición social de exclusión. Y, a la vez, aumenta la percepción de inseguridad y miedo ante la posibilidad de una movilidad social descendente, de empeoramiento de sus actuales condiciones de vida. Este proceso se experimenta en toda la ciudad, pero en niveles diferentes. Así, este concepto tiene la capacidad de hacernos entender que todas las zonas de la ciudad se encuentran dentro de un proceso histórico de degradación-regeneración que implica cuidarlas en alguna medida. Nos introduce en una imagen donde hay un continuo, fácilmente operativo, entre aquellas zonas más vulnerables y aquellas más integradas.

Por su parte, el concepto de **marginalidad urbana** centra su atención en los mecanismos y lógicas que generan una situación de estigmatización territorial en la que se levantan unas fuertes barreras entre las poblaciones que viven en una ciudad, una de ellas mayoritaria y otra minoritaria y excluida. De ello surge una imagen dicotómica de la estructura social muy fácil de visualizar. Y, permite considerar la posibilidad de que hay una relación de competencia entre unas zonas y otras, de modo que la degradación de una está asociada a la fortaleza del otro.

En ambas líneas de trabajo, saltarán las preocupaciones por: la polarización de la jerarquía social; la segmentación de los territorios; y, la segregación espacial de las zonas que quedan fuera del sistema urbano normalizado. Es más, en ambas se reconoce que existen dos tipos de **dimensiones en el problema de la segregación espacial**:

1. Una dimensión objetiva de carácter estructural que implica desventaja, inseguridad y desconfianza.
2. Una dimensión subjetiva de carácter cultural que implica el desarrollo de percepciones negativas de la situación, de malestar.

Pero hay **diferencias conceptuales muy importantes** que influyen en los aspectos o matices del problema social que observan, así como de las soluciones que pueden llegar a proponer.

Una de las principales diferencias es cómo entienden el espacio urbano. La perspectiva de la marginalidad avanzada plantea el espacio urbano, especialmente, como un espacio social donde se mantienen unas condiciones determinadas de vida en una población que tiene sus propias reglas, lógicas de acción, instituciones sociales y sobre todo un capital propio por el que hay un conflicto entre actores sociales (internos y externos). Este sentido se diluye en el estudio de la Vulnerabilidad Urbana. Desde esta perspectiva, se observa el espacio urbano sobre todo como espacio físico. Y, se hace más hincapié en la condición de riesgo, fragilidad y desventaja individuales que pueden hacer que una zona determinada de la ciudad entre en una situación crítica de carencia de apoyos, o exclusión. Con lo que, en dicho concepto, se diluye la importancia del sentido de comunidad como parte de la experiencia de segregación urbana.

Otro aspecto que los diferencia es que el concepto de marginalidad urbana da cuenta especialmente del fenómeno de segregación espacial como resultado de unas barreras físicas o sociales que separan los espacios en dos categorías mutuamente excluyentes (integradas / excluidas). Con lo cual se obvian los matices. Mientras, el concepto de vulnerabilidad urbana ayuda a pensar toda la ciudad como un espacio en continuado cambio en el que la mayoría de las zonas que podemos señalar se ubican no tanto en un extremo sino en posiciones intermedias. Y, por tanto, este concepto ayuda a fijar la atención en esos espacios que tienden a... sin ser todavía.

Finalmente, es necesario destacar aquí como tercer aspecto que diferencia ambas perspectivas, el acento que ponen en las causas de tipo estructural y agencial. En la primera, el concepto de marginalidad urbana centra mucho su atención en los actores que construyen las relaciones. En el concepto de vulnerabilidad urbana, el fenómeno contemplado es producido, esencialmente, como combinación de parámetros que determinan las posiciones en las diversas dimensiones sociales. Los actores sociales se diluyen. La estructura se impone a los actores. Y, se sobredimensiona su capacidad explicativa.

Por todo ello, podríamos decir que ambos conceptos son necesarios que se conozcan pero sabiendo que: el concepto de Vulnerabilidad Urbana tiene un potencial descriptivo y categorizador muy potente; mientras que el concepto de marginalidad urbana lo que tiene es un fuerte potencial analítico.

Vamos a aproximarnos ahora al concepto de vulnerabilidad urbana y, después, desarrollaremos en el siguiente capítulo el de marginalidad urbana.

III.2.2. Las causas y consecuencias estructurales de la vulnerabilidad urbana

Las dos **causas teóricas** explicativas principales que desencadenan el proceso que lleva a una situación de vulnerabilidad a una zona de la ciudad son: la exclusión social y la exclusión residencial. Ambas, combinadas, producen la concentración de problemas sociales y espaciales en unas zonas determinadas de la ciudad que tiende a ser segregada. (Alguacil y Camacho, 2013)

Al concentrarse los problemas en una zona determinada de una ciudad, se produce un proceso circular que va a fortalecer la tendencia al deterioro de la zona. El **proceso circular** no tiene un comienzo y un final. Simplemente, una vez que ha comenzado el deterioro de una zona, si no lo remedia una acción concertada y planificada que lo cambie, tiende a deteriorarse más. ¿Por qué?

Comencemos por pensar que una zona ha comenzado a deteriorarse porque en la crisis económica mucha gente ha terminado en el desempleo, el dinero recaudado ha sido menor, los comercios han empezado a cerrar, a trasladarse las inversiones a lugares con más rentas y algunas familias con más recursos han decidido marcharse a buscar un empleo en otro lugar o porque teniéndolo, han preferido irse a una zona próxima donde tengan los mismos servicios que antes. Estamos pues, en una fase de deterioro económico y urbanístico al menos. Al trasladarse la gente también hace que las redes sociales queden disminuidas, que iniciativas que ellos llevaban se diluyan y que algunas personas puedan quedar en una situación de cierto aislamiento. Crece el deterioro social. Con ello al reducirse redes y servicios, aumenta las necesidades insatisfechas con los servicios que quedan (públicos y privados). Ello aumenta la tendencia a la ruptura de las redes sociales, reduce la organización y comienza a fortalecerse el estigma negativo hacia el lugar. Aumenta así el número de familias con recursos que se marchan, y los espacios vacíos tienden a ser ocupados por familias que vienen con menores rentas y recursos. Lo cual, refuerza aún más el deterioro económico, cambia el paisaje humano hacia una situación nueva en el que la gente se conoce menos y ello fortalece más la salida de familias con más renta.

Ejercicio III.4:

Haz un cuadro que sintetice el proceso de deterioro urbano de forma coherente en un esquema de cuatro fases interconectadas.

III.2.3. La operacionalización del concepto de vulnerabilidad urbana

La operacionalización del concepto de Vulnerabilidad Urbana que se ha desarrollado en investigaciones de varios países europeos, entre ellos España, sigue pautas comunes. Aquí, explicamos el utilizado en España en los primeros años del siglo XXI. Éste no se ajustó a todos los matices que aparecían en el concepto teórico debido a las limitaciones de los datos con los que trabajaban que eran, básicamente, los del Censo. (Hernández et al., 2006)

Siguiendo el trabajo que se había hecho antes por los investigadores que habían trabajado en ello desde 1996, se planteó que la vulnerabilidad de una zona urbana era el resultado operativo de lo que ocurría en cuatro **dimensiones**:

1. **La dimensión sociodemográfica**:

   En ésta incluyeron tres aspectos, e indicaban que cuando los desequilibrios son grandes, implican desigualdad entre unas zonas y otras. Todos ellos daban indicios de cómo eran las relaciones sociales y las problemáticas potenciales que podían preverse gracias al conocimiento previo adquirido por los investigadores. Estos son:

   a) El nivel de envejecimiento demográfico de cada zona.

   b) Los tipos de hogares existentes. Especialmente, se referían a: hogares unipersonales DE MAYORES DE 64 AÑOS y monoparentales.

   c) El porcentaje de inmigrantes de origen extranjero de países en desarrollo y el porcentaje de población extranjera infantil.

2. **La dimensión socio-económica**:

   En ésta se incluían tres elementos básicos y ya clásicos en la investigación sobre la exclusión social y la vulnerabilidad desde Castel y que permitía tener indicios de las jerarquías y la integración en el campo laboral. Estos elementos eran:

a) El nivel de desempleo y de desempleo juvenil.

b) El tipo de precariedad laboral: ocupados eventuales.

c) Las cualificaciones de los trabajadores y la población en general: ocupados no cualificados y población sin estudios.

3. **La dimensión residencial**

Con esta dimensión se buscaba complementar los indicadores sociodemográficos a la hora de reflejar la realidad relacional de los habitantes y también la socioeconómica. Por ello se recogieron indicadores de infravivienda por: Condiciones de conservación de los edificios, superficie por residente y equipamiento básico.

4. **La dimensión subjetiva**

La dimensión subjetiva se entendía que reflejaba cómo percibe la gente su entorno. Su intención era poder evaluar su sentimiento de malestar que podía estar asociado a los anteriores indicadores, o reflejar problemas que no se podían captar con los indicadores objetivos. Estudiaron en qué grado la gente consideraba que su vivienda tenía problemas de: ruidos exteriores, contaminación, comunicaciones, zonas verdes y delincuencia.

¿Qué se consigue con estos datos?, un trabajo pormenorizado sobre el territorio que permite señalar los vecindarios con potenciales problemas en función de los indicadores utilizados. Es, fundamentalmente, un concepto con una fuerte capacidad descriptiva y clasificatoria.

III.3. EL ESTUDIO DE LA VULNERABILIDAD URBANA EN ESPAÑA

La investigación sobre espacios urbanos vulnerables ha estado vinculada durante casi tres décadas al Ministerio de Fomento en España. El trabajo desarrollado adopta un enfoque urbanista preocupado por la desigualdad social y sus efectos sobre la segregación espacial. Así, el análisis urbanístico de barrios vulnerables se plantea como objetivo la detección y análisis de las áreas urbanas que se encontraran en una situación crítica, de modo que, de no actuar sobre ella, ésta tendería a entrar en crisis produciéndose una degradación funcional y social que termine por generar su marginación.

El primer trabajo de este tipo, realizado en 1996 bajo la dirección de A. Hernandez (1997), indicaba en su resumen que lo que se había conseguido era: «determinar dónde se concentran los distintos problemas..., dónde y cómo se dan los procesos de deterioro urbano y social, un primer paso en la búsqueda de alternativas y vías que permitan revertir esa vulnerabilidad antes de que se convierta en una situación irrecuperable.» (pág. 4).

III.3.1. Metodología

Se han realizado tres grandes estudios de este tipo con los datos de tres censos: 1991, 2001 y 2011 más una Adenda en 2006 con datos de padrón sobre número de inmigrantes. La metodología que se sigue para la detección de estas áreas sigue dos criterios:

A) Parte de tres indicadores que en 2006 se convierten en cuatro:

1. Tasa de paro. (Vulnerable: aquella zona con un paro de un 50% superior a la media nacional.)
2. Porcentaje de población sin estudios. (Vulnerable: zonas con un 50% de la población sin estudios.)
3. Carencias en las viviendas. (Vulnerable: aquella zona donde la media de carencia de uno de los servicios básicos es una proporción de más del doble de la media nacional.). Las carencias tenidas en cuenta eran: agua corriente, sin retrete en el interior, sin baño o ducha en el interior.

4. Tasa de inmigración (a partir del padrón del 2006).

B) Las áreas a localizar han de tener un tamaño entre 3.500 y 15.000 habitantes siendo relativamente continuas en el terreno y homogéneas en la población.

III.3.2. El comienzo de las investigaciones institucionales: años noventa

El trabajo de 1996 se limitó al estudio de las ciudades de más de 50.000 habitantes y a las capitales de provincia. El trabajo se desarrolló en cinco **fases**:

1. Análisis del estudio sociodemográfico.
2. Determinación de las áreas urbanas sobre el plano de secciones censales más actualizado posible.
3. Entrevistas con la administración municipal. Aporta la información complementaria necesaria para evaluar áreas que no son percibidas así con los datos, pero sí con la experiencia del Ayuntamiento. Además, se recogía aquí información sobre los programas de intervención en desarrollo, su grado de vulnerabilidad en otros aspectos y se podía evaluar la delimitación más precisa de los límites del barrio.
4. Trabajo de campo. Además de para reforzar las actuaciones en las tareas anteriores, en esta fase se hacía una visita al área para verificar la información que se tenía.
5. Revisión estadística de las delimitaciones propuestas.

Con dicho trabajo, se procedía a crear una base de datos que permitía hacer una ficha por ciudad y otra por cada barrio vulnerable. En dicha **ficha** se introducían los datos sobre:

1. Delimitación del área homogénea (área que se reconoce por parte de sus habitantes).
2. Forma de crecimiento.
3. Origen y antigüedad del ámbito.
4. Planeamiento coincidente con el área.

5. Otras actuaciones y proyectos.

6. Descripción general y localización.

7. Problemas del área: Accesibilidad. Infraestructuras. Calidad de la edificación. Calidad del espacio público. Percepción socioeconómica. Medio ambiente urbano. Identidad. Equipamientos.

8. Oportunidades del área: Existencia de grupos sociales activos. Demandas estructuradas. Proyectos ciudadanos. Suelos públicos vacantes. Espacios próximos de calidad medio ambiental. Valores arquitectónicos del ámbito.

III.3.3. El Observatorio de Vulnerabilidad Urbana

A lo largo de dos décadas, la investigación realizada sobre este tema a impulsos del Ministerio de Fomento y varias Universidades que se implicaron en ello, ha permitido ir puliendo el trabajo. Y, se ha creado ya un **Observatorio de Vulnerabilidad Urbana** dependiente del Ministerio en el área de Vivienda.

Este Observatorio da cabida a los estudios que se hacen en esta área y contiene en su web, entre otras cosas: el Atlas de Vulnerabilidad Urbana, el Mapa de vivienda y Comunidad Gitana en España 2007, y un Visor del Catálogo de Barrios Vulnerables.

Uno de los textos más interesantes para conocer en profundidad este proyecto y sus resultados es el artículo de Alguacil, Camacho y Hernández (2014) publicado en la *Revista Empiria* titulado: «La vulnerabilidad urbana en España. Identificación y evolución de los barrios vulnerables».

III.3.4. Principales resultados de la investigación sobre Vulnerabilidad Urbana en el año 2001

En el año 2004, se comenzó un trabajo de comparación entre el censo del año 2001 y el del año 1991. En dicho estudio, se pudo comprobar las principales tendencias de los espacios vulnerables en las ciudades españolas de más de 50.000 habitantes. Estos resultados se relacionan brevemente aquí:

Dónde se sitúan las áreas urbanas vulnerables en España:

1. El 80% de la población vulnerable se encuentra en las Comunidades Autónomas de Andalucía, Cataluña, Madrid y Valencia.
2. Las ciudades que destacan por el tamaño absoluto de sus barrios vulnerables y su población vulnerable son: Madrid y Barcelona seguido de lejos por Sevilla, Málaga, Córdoba y Las Palmas de Gran Canarias.
3. El mayor crecimiento relativo de población en barrios vulnerables se había producido en Madrid y Cataluña.
4. Las ciudades con mayor porcentaje de población vulnerable son: San Fernando de Cádiz (83%) y San Lucas de Barrameda (87%). Son dos ciudades pequeñas.

Dónde se sitúan las áreas vulnerables dentro de la ciudad:

5. Las zonas urbanas donde más ha aumentado la vulnerabilidad son: los barrios periféricos, especialmente los construidos entre 1960 y 1975 para albergar a las que fueron las masas de clase obrera que llegaron a las grandes ciudades en los años previos.
6. Habían desparecido gran parte de las áreas o bolsas de infraviviendas y los Casos históricos habían mejorado considerablemente.
7. El número de barrios vulnerables había aumentado entre 1991 y 2001, aunque los índices promedio habían mejorado en general. Es decir, la vulnerabilidad se había extendido pero las peores situaciones habían casi desaparecido.

8. Había más barrios y población en situación crítica ante una potencial crisis en el 2001 que en 1991.

Relación con la desigualdad:

9. Aumentó la vulnerabilidad urbana en general al tiempo que aumentaba la desigualdad.

Tipología cultural y étnica:

10. La población de estos barrios es heterogénea culturalmente. Destaca respecto a la mayor parte de los territorios, la proporción de personas de etnia gitana y de inmigrantes que viven en ellos.

III.3.5. Herramientas para la investigación cuantitativa sobre la vulnerabilidad urbana y la criminalidad en España en la actualidad

En la actualidad, las principales herramientas de trabajo cuantitativa sobre vulnerabilidad y delincuencia que el Estado español pone a disposición de los investigadores y la ciudadanía en general son tres:

III.3.5.1. Atlas de vulnerabilidad urbana (Ministerio de Fomento)

En el año 2015, el Ministerio de Fomento publica el *Atlas de vulnerabilidad urbana en España* 2001 y 2011. En él explica la metodología y contenidos de esta aplicación informática que se puede consultar en la Web. Como el censo del 2011 siguió una metodología diferente y se terminaba basándose en una encuesta, algunos indicadores no son tan precisos como en 2001.

Los cambios más importantes fueron metodológicos. Se asumieron los indicadores e índices desarrollados en la fase anterior y se aumentó su número; y se desarrollaron unas herramientas tecnológicas extraordinarias que han hecho posible su disposición al público en general, y a los investigadores en particular, de los datos de estos estudios de una forma muy accesible.

El atlas actual es una herramienta que contiene 112 mapas temáticos organizados en cuatro dominios:

1. Indicadores de vulnerabilidad urbana.
2. Análisis contextual de los indicadores de vulnerabilidad urbana.
3. Índices de desigualdad urbana.
4. Índices sintéticos de vulnerabilidad urbana.

En cada dominio hay un número importante de mapas referidos a indicadores concretos. El primero, es el más sencillo porque muestra los mapas para un indicador determinado de los ya conocidos. El segundo, muestra la posibilidad de comparar los indicadores en cada sección censal con el contexto municipal, regional o nacional. El tercero y el cuarto son más complejos.

El tercero muestra los índices de desigualdad urbana que se elaboraron en los estudios anteriores. Hay dos: Índice de desigualdad socioeconómica, Índice de desigualdad urbana. Estos surgen de los indicadores básicos de vulnerabilidad urbana. Para cada sección censal, el valor estandarizado de cada Indicador Básico de Vulnerabilidad Urbana (IBVU) se calcula como el cociente entre el cuadrado de la diferencia del valor del IBVU en la sección censal menos el valor del IBVU en el municipio, la Comunidad Autónoma o España, dividido por el valor del IBVU en el municipio, la Comunidad Autónoma o España. A estos valores estandarizados se les aplica posteriormente una transformación logarítmica para ajustar su distribución, para ello se calcula su logaritmo en base 10. Ello permite que pueda comprenderse mejor las asociaciones entre variables. El uso de este tipo de transformaciones es habitual en ciencias sociales porque ayuda a que las distancias absolutas no influyan sobremanera en el estudio de las correlaciones entre las variables.

El IDS, **Índice de Desigualdad Socioeconómica,** se obtiene sumando los Indicadores Básicos de Vulnerabilidad Urbana (IBVU) «Porcentaje de población en paro» y «Porcentaje de población sin estudios» una vez estandarizados.

El IDU, **Índice de Desigualdad Urbana**, se obtiene sumando los 3 Indicadores Básicos de Vulnerabilidad Urbana (IBVU): «Porcentaje de población en paro», «Porcentaje de población sin estudios» y «Porcentaje de población en viviendas sin servicio o aseo» (en el caso de 2001) o «Porcentaje de viviendas en edificios en estado de conservación ruinoso, malo o deficiente» (en el caso de 2011) una vez estandarizados.

Por último, el cuarto permite acceder a los índices sintéticos de vulnerabilidad urbana que se han desarrollado. En ella se combinan los indicadores previos de las cuatro dimensiones estudiadas. Los mapas de este dominio representan la posición de cada sección censal clasificada según las cinco posibles clasificaciones multicriterio que se pueden hacer. La más importante es la Clasificación Global. Esta incluye un índice sintético de vulnerabilidad urbana que utiliza 20 indicadores. Cada indicador tiene de rango dos opciones 0 (menos vulnerable) y 1 (más vulnerable). Con lo que su valor más alto significa que es el más vulnerable y el más bajo que es el menos vulnerable.

Ejercicio III.5:
Elaboración de un Mapa con el Atlas de Vulnerabilidad Urbana que represente alguno de los indicadores del IDU en una de las ciudades españolas de más de 100.000 habitantes.

III.3.5.2. PORTAL DEL CENSO 2011 (Instituto Nacional de Estadística)

Además de esta herramienta, el INE ha puesto a disposición de la población el Censo de 2011 en una herramienta de explotación online extraordinariamente útil que permite avanzar en estos y muchos más indicadores. Esta herramienta contiene tanto la posibilidad de crear tablas como mapas a niveles nacionales, regionales, municipales e inframunicipales.

Si bien, el Censo 2011 ha seguido una metodología que no es la tradicional de esta herramienta; y ha recogido menos datos que el Censo 2001. Debido a ello, varios de los indicadores, especialmente los relacionados con la vulnerabilidad subjetiva, han dejado de poder utilizarse.

Ejercicio III.6:
Elaboración de una tabla que compare los promedios o los porcentajes de cinco indicadores del Censo de Población del año 2011 para los distritos de alguno de los barrios peligrosos que se relacionan en la tabla al comienzo de este libro (Figura 0.2).

III.3.5.3. Bases de Datos locales

Aparte de las herramientas anteriores, los Ayuntamientos y Comunidades Autónomas cuentan con documentos en distinto formato que desagregan la información. En el caso de Madrid, el Ayuntamiento pone a disposición de la ciudadanía esta información por distritos en su página sobre «Seguridad ciudadana». Hoy, la mayor parte de los Ayuntamientos no tienen todavía a disposición de la ciudadanía este tipo de información en Internet.

III.3.6. Para finalizar

En resumen, la investigación sobre la vulnerabilidad urbana en España ha estado profundamente vinculada al estudio descriptivo que permita identificar las zonas más vulnerables objetivamente. Sin embargo, el esfuerzo realizado, no ha estado acompañado de un trabajo similar en otros aspectos del estudio de la vulnerabilidad social como pueda ser el de los mecanismos y estrategias de los actores que favorecen el desarrollo de estos lugares.

La causa principal es que se ha partido de un concepto de la vulnerabilidad social mucho más descriptivo que analítico. No ha habido en él referencia alguna al conflicto del que deriva dicha vulnerabilidad.

Si se busca ahondar en otros aspectos, y ver otras metodologías utilizadas en España para la investigación de este problema es necesario acudir a estudios más vinculados a la investigación de nuestro grupo social más marginado que es definido por su etnia: las comunidades gitanas. Es ahí donde será más fácil encontrar trabajos que proporcionen una visión más completa del problema de la vulnerabilidad social urbana.

III.4. EL CASO DE LAS COMUNIDADES GITANAS

Una parte muy importante de la población marginal española en las ciudades es de origen gitano. Ello tiene una explicación histórica clara que es necesario conocer para entender su especial problemática.

Para estudiar este apartado, el lector debe aproximarse al texto de referencia que se indica y trabajarlo siguiendo las indicaciones se dan más adelante.

El texto de referencia es de *Manuel Río Ruiz, (2014) «Políticas de realojo, comunidad gitana y conflictos urbanos en España (1980-2000)»* **Revista Quid,** *16.*

Este artículo examina las políticas de realojo de población gitana en España entre 1980 y 2000. En esas dos décadas se multiplican las intervenciones sobre esta población excluida de las políticas de vivienda durante el anterior régimen franquista. En primer lugar, se explica la evolución desde realojos que mantenían la marca étnica —dominantes en la década de los ochenta— hacia otras fórmulas basadas en dispersar a las familias realojadas entre los vecindarios mayoritarios. En segundo lugar, se analizan los efectos conflictivos de estas políticas en las relaciones interétnicas: las nuevas interdependencias competitivas y resistencias vecinales a la inclusión étnica que se dan en los escenarios de realojo, donde proliferan nuevas lógicas de exclusión imbricadas con los tradicionales prejuicios hacia la comunidad gitana. Además de la expansión de antagonismos étnicos, se identifican otras dos sombras de estas políticas: las conexiones recurrentes entre planes de realojo e intereses urbanísticos, y el carácter clasista de estas políticas, desigualmente aplicadas en los diferentes espacios urbanos que habitan las clases sociales. Los resultados provienen de la explotación de diversas fuentes secundarias (monografías, censos no oficiales y estudios e informes de entidades sociales y administraciones, prensa local y nacional). En ellas se recoge información sobre los orígenes, características, consecuencias y evoluciones de políticas de realojo.

El estudiante debe centrar su estudio en este apartado en los siguientes aspectos:

1. Conocer la tesis del autor que explica las dinámicas de estigmatización y exclusión experimentadas por muchas familias gitanas entre 1980 y el año 2000.

2. Conocer la teoría del cierre social y de la competencia étnica y su aplicación al papel del Estado y a los grupos o clases en el poder en el proceso histórico de exclusión colectiva.

3. Identificar las diversas fases que definen la intervención estatal aplicada sobre la cuestión étnica gitana.
4. Entender cómo se produjo el proceso de etnificación del chabolismo en España.
5. ¿A qué se denomina «Racismo Institucional»?
6. ¿Qué es el realojo re-segregativo?
7. ¿Qué son las cuotas de solidaridad interétnica?
8. ¿Cuál ha sido el resultado efectivo y objetivo de los realojos a nivel de cambio de tipo de residencias?
9. Identificar los principales problemas (sombras) surgidos en las formas de intervención desarrolladas.
10. Identificar la relación entre las diferentes formas de realojo que se desarrollan y las formas de relación interétnicas que se observan.
11. Identificar los tres elementos tradicionales del prejuicio hacia las minorías que se manifiestas en los procesos de realojo.
12. Consecuencias observadas del realojo por dispersión.

Para una ampliación del conocimiento sobre la situación de los gitanos, puede consultar la bibliografía recomendada. Especialmente, resulta muy interesante el texto:

Parra, I., Alvarez-Roldan, A. & Gamella, J.F. (2017) Un conflicto silenciado: Procesos de segregación, retraso curricular y abandono escolar de los adolescentes gitanos. *Revista de Paz y Conflictos*, vol. 10, n.º 1, pp. 35-60.

Ejercicio III.7:
Haz un resumen breve del tema:

¿Cuáles son las ideas principales?

¿Cuáles son los conceptos nuevos?

¿Qué idea es la que más me ha llamado la atención?

¿Qué dudas me surgen?

¿En qué aspecto no estoy de acuerdo con el autor?

BIBLIOGRAFÍA RECOMENDADA

Alguacil Gómez, J. y Camacho Gutiérrez, J. (2013). La vulnerabilidad urbana en España. Identificación y evolución de los barrios vulnerables / The urban vulnerability in Spain. Identification and evolution of the vulnerable neighborhoods EMPIRIA. *Revista de Metodología de Ciencias Sociales*. N. 27, enero-abril, 2014, pp. 73-94. ISSN: 1139-5737 DOI 10.5944 / empiria.27.10863

Capel, H. (2016) La forma urbana en la ciudad postcapitalista Biblio3W. REVISTA BIBLIOGRÁFICA DE GEOGRAFÍA Y CIENCIAS SOCIALES Universidad de Barcelona. ISSN: 1138-9796. Vol. XXI, núm. 1.177.

Eurostat (2013) Focus on cities and metro regions en Eurostat Regional Yearbook, 2013

Eurostat (2013) Quality of life in cities EU perceptions survey.

Parra, I., Alvarez-Roldan, A. & Gamella, J.F. (2017) Un conflicto silenciado: Procesos de segregación, retraso curricular y abandono escolar de los adolescentes gitanos. *Revista de Paz y Conflictos*, Vol. 10, N.º1, pp. 35-60.

Hernandez Aja, A., Matesanz Parellada, Á., & García Madruga, (2006) C. *Atlas de barrios vulnerables de España. 12 ciudades* 1991/2001/2006, DUyOT. IJH

Hernández, A. (1997). *Análisis urbanístico de barrios desfavorecidos: catálogo de áreas vulnerables españolas. Cuadernos de Investigación Urbanística*. ETSAM

Indovina, F. (2006) Transformaciones de la ciudad y el territorio a principios del siglo XXI: El archipiélago metropolitano en *La ciudad fragmentada. Nuevas formas de hábitat*. Ed. Universidad de Alicante, Publicaciones.

María, J., & Gervás, A. (2006). Veinte hitos sobre la «otra» historia de España Spanish 1978 Constitution : twenty landmarks in the « other » history of Spain. *Revista Interuniversitaria de Formación del Profesorado, 20*(1), 141–161.

Martínez-Dhier, A. (2007). La condición social y jurídica de los gitanos en la legislación histórica española (A partir de la Pragmática de los Reyes Católicos de 1499. Tesis doctoral. Editorial de la Universidad de Granada. ISBN: 978-84-338-4438-5

Ministerio de Fomento (2006) *Análisis urbanístico de Barrios Vulnerables en España*. Síntesis Metodológica y Créditos. Adenda, 2006. Ministerio de Fomento.

Ministerio de Fomento. (2015). *Atlas de la Vulnerabilidad Urbana en España 2001 y 2011. Metodología, contenidos y créditos,* Ministerio de Fomento.

Peñafiel, R. (2009). Los gitanos en España y Región de Murcia: Seis siglos de marginación. *Anales de Historia Contemporánea, 25*(2009), 37–56.

Río, M., & Ruiz. (2014). Políticas de realojo, comunidad gitana y conflictos urbanos en España (1980-2000). *Quid, 16*(4), 34–61.

Salmerón, J. (2009). Orígenes, vicisitudes, realidad actual y retos del pueblo gitano en España y Region de Murcia. *Director Territorial de La Fundación Secretariado Gitano de La Región de Murcia, 25*(2009), 115–132.

Soja, E.W. (1998) Six discourses on the Metropolis. Urban. *Revista del Departamento de Urbanística y Ordenación del Territorio,* Universidad Politécnica de Madrid, N.º 2

World Report 2016-Urbanization and development: Emerging future, NN.UU.

CAPÍTULO IV
EL RÉGIMEN DE MARGINALIDAD URBANA AVANZADO

INTRODUCCIÓN

En este capítulo se estudian las propiedades, dimensiones y lógicas que rigen el régimen de marginalidad urbana avanzada en las ciudades postindustriales. Se detallan brevemente estos aspectos fundamentales para describir las reglas que rigen el espacio urbano que genera estructuralmente los espacios de exclusión. Además, explica las seis características del nuevo régimen de marginalidad urbana que sintetiza Waquant (2007). Intenta ayudar a explicar cómo dentro de la ciudad se han llegado a formar unos espacios o áreas especialmente degradadas y deterioradas. Estas áreas llegan a ser reconocibles por las consecuencias de este régimen que son dos: la exclusión de estos espacios de las dinámicas económicas y políticas propias de la ciudad, y, la estigmatización territorial de sus habitantes.

Objetivos principales:

1. Conocer qué es y cómo funciona el Régimen de Marginalidad Avanzada.
2. Aprender las más importantes tendencias o lógicas históricas que lo producen.
3. Entender cómo de dicho proceso surgen lugares degradados en las ciudades que terminan por convertirse en «peligrosos».
4. Reconocer los espacios urbanos excluidos o marginales.
5. Conocer los indicadores útiles para reconocer su exclusión objetiva.

6. Conocer y comprender en profundidad el concepto de Estigmatización territorial.

7. Poder reconocer las consecuencias de la estigmatización territorial sobre sus habitantes y sus relaciones sociales.

En la nueva ciudad, los principales y más poderosos actores sociales organizan un régimen de ordenación de los grupos sociales según mecanismos y reglas adaptadas a las necesidades y retos con los que se encuentran. Ello va a generar una estructura social en la que se podrá observar un modo propio de relegación socio-espacial de algunos grupos que habitan la ciudad y un sistema que cierra las posibilidades de pertenencia a grupos y de uso de espacio a los individuos.

Waquant (2007) ha dado un nombre a dicho régimen como «**Régimen de Marginalidad Urbana Avanzada**». Explica cómo ese nuevo régimen se forma en la interacción entre tres elementos analíticos fundamentales: la Clase, el Estado y el Espacio. Éstos no funcionan siempre igual, ni la interacción entre ellos sigue unas pautas inequívocas. Por ello, no espera encontrar una confluencia entre los diferentes lugares en los que ya se puede detectar este nuevo régimen de organización de la vida social en el territorio urbano.

Sin embargo, su producto estrella es siempre el mismo: **espacios de relegación urbana**. Las metrópolis o ciudades se forman de modo que aparecen unos espacios físicos, barrios, distritos o pequeñas ciudades dormitorio, caracterizados por la violencia, la indigencia y la división de sus habitantes dentro de ellas. En esas zonas no hay comunidades ni guetos tradicionales. Son espacios, que no «lugares», habitados por personas que viven en un entorno condicionado y transformado por los procesos o tendencias históricos de precarización, desproletarización, segregación social y erosión del Estado Social que forman parte de las tendencias generales de cambio de las economías en globalización. Y, que han terminado por crear en esas partes de la ciudad una atmósfera apagada, de aburrimiento y desesperación. La ciudad postindustrial queda dualizada, y, sus espacios segregados a través de una violencia estructural de separación entre espacios estigmatizados y no estigmatizados.

Ejercicio IV.1:

Enumera las tendencias o procesos históricos generales que tienden a generar los espacios de exclusión en las ciudades postindustriales.

Clasifícalas según qué campos de relación social transforma:

Trabajo

Política

Ciudad

IV.1. PROPIEDADES DISTINTIVAS DEL NUEVO RÉGIMEN DE MARGINALIDAD URBANA

Seis **propiedades** distinguen a este régimen de marginación social de los anteriores existentes en las sociedades urbanas según Waquant (2007). Estas seis características son el resultado del cambio del trabajo, el espacio urbano y la clase social que ocurre en las zonas de la ciudad en que se implanta este régimen: la zona marginal. Las seis características son:

En primer lugar, *el trabajo en esas zonas es convertido en un factor de inestabilidad en la vida de las personas*. Se tiende a organizar de modo que divide a las personas ya no en grupos de ocupaciones sino en situaciones más estables / más inestables, que, además, cambian a lo largo de la vida y no en una única dirección o sentido. Como resultado, la experiencia social individual se convierte en una trayectoria particular y diferenciada de las del resto de personas. Esta situación afecta sobre todo a los que se han incorporado al mercado de trabajo más tarde: jóvenes, mujeres e inmigrantes. Los trabajos que encuentran los sitúan en posiciones inestables, sin horizonte profesional, ni carreras laborales. La relación laboral es débil.

En segundo lugar, *el tipo de trabajo al que puede acceder quien vive en esta parte de la ciudad es un bien escaso.* En la nueva economía, los agentes económicos consiguen aumentar la riqueza sin que sea necesario trabajar más en ciertos sectores y niveles ocupacionales. El actor que desea hacer crecer su riqueza, no necesita obligadamente hacer que él mismo u otros trabajen más para conseguirlo. Hay modos, abundantes, de conseguir un mayor rendimiento del capital económico sin que ello implique emplear más personas. Por eso, descienden las horas trabajadas en los tipos de tareas que suelen emplearse los que viven en estas zonas.

En tercer lugar, *en la ciudad, surgen imágenes de que esos barrios son espacios degradados y peligrosos* donde se envilecen las relaciones sociales. Esto hace que aumente la desconfianza hacia el vecino y el sentimiento de inseguridad física, aún de forma independiente al verdadero nivel de degradación del barrio. Y, mientras, los actores económicos tradicionales tienden a migrar y los servidores públicos tienden a separarse de aquellos a los que deberían servir.

En cuarto lugar, ***el espacio público queda envuelto en las luchas entre cuatro tipos de actores***: los vigilantes del orden (cada vez más solos), los depredadores ilegales (mafias, traficantes, delincuentes), los demás habitantes y asociaciones, y, los depredadores externos institucionales como las inmobiliarias y constructores que buscan nuevos espacios para expandir sus negocios. Y, mientras, debido a la degradación y la estigmatización sufrida, el espacio público vivido se reduce dentro de esos barrios porque las comunidades y redes se debilitan y las personas se refugian en sus hogares reforzando la sensación de inseguridad.

En quinto lugar, el debilitamiento de las relaciones sociales en estos espacios físicos termina por hacer ***desaparecer las bases de la vida comunitaria***. Éstas eran las que producían las relaciones de intercambio y de ayudas internas, como las familiares y entre amigos, centrales para la superación o supervivencia en las crisis institucionales públicas o en las crisis económicas. Y, se produce de forma determinante y masiva un fenómeno marginal en las sociedades anteriores: la exclusión individualizada, la expulsión de las personas de las redes de organización social, la soledad absoluta en los márgenes de la vida urbana.

Finalmente, ***las clases trabajadoras que viven o vivían en estos lugares***, nacidas de la forma de organización del trabajo industrial, y fortalecidas en las luchas por la expansión de los derechos y privilegios durante los dos siglos anteriores en un marco de Modernidad organizada en torno a una economía muy regulada y garantista, ***se descomponen***. La metamorfosis que se ha producido en el trabajo socava las bases de formación de las clases. Por mucho que se busquen nuevas formas de ver esas clases, éstas quedan relegadas a un concepto más puramente económico que social que hace referencia a unas formas de clasificación que sólo tienen un sentido analítico. ¿Puede existir un «precariado» que adopte el papel de la clase obrera? La pregunta queda en el aire, pero implica una realidad nueva, que parece fragmentada, dividida, y que agrupa a gentes que viven situaciones temporales e inestables, por lo que su posición parece casi coyuntural.

Ejercicio IV.2:

Enumera las seis propiedades del Régimen de Marginalidad Urbana Avanzada. Indica qué dimensiones sistémicas y campos sociales están afectados por cada una.

IV.2. LAS LÓGICAS DE LA POLARIZACIÓN URBANA POR ABAJO

Las dinámicas históricas de cambio de las estructuras sociales que han dado lugar a que se produzca el régimen de marginalidad urbana pueden ser entendidas como procesos históricos o lógicas de acción que, combinados, han impulsado la polarización social de los de abajo y los de arriba. Waquant (2007) sintetiza en cuatro las dinámicas históricas que han terminado por generar la polarización de los de abajo. Las dos primeras son de naturaleza económico-política. La tercera de naturaleza político-social y la cuarta de naturaleza urbanística. Las dos primeras transforman el mundo del trabajo y la estructura de clases. La segunda y la tercera transforman la relación del Estado con el ciudadano. Y, la cuarta fortalece la tendencia histórica de la ciudad hacia la segregación urbana.

Todas ellas son dinámicas que solo son comprensibles si tenemos en cuenta que son realizadas por agentes que actúan en la arena política, que luchan por el poder de nombrar y decidir en un entorno estructural afectado por cambios estructurales y culturales que posibilitan el actuar en estas direcciones pero no lo determinan. Las tendencias son el resultado de la imposición de unos actores sobre otros en la lucha por el poder.

Dimensiones	Dinámicas / lógicas de acción
Económico política	Dualización socioprofesional Fragmentación del salariado
Político-social	Relocalización de la política Social
Urbanística	Segregación Urbana

Figura IV.1. Dinámicas de Polarización y sus dimensiones

IV.2.1. Dualización socio-profesional

La dualización socio-profesional es la segmentación del mercado de trabajo en dos espacios donde normas diferentes rigen los vínculos que se establecen entre las empresas y los trabajadores. Esto significa que los proyectos empresariales van a seguir pautas y establecer vínculos diferentes entre la organización y sus trabajadores en función de algún principio divisor de estos últimos. Ese criterio de división será la ocupación/profesión del trabajador.

La dualización socio-profesional implica un cambio profundo en el mundo del trabajo. Fue una tendencia que se fortaleció con el desarrollo de las economías postfordistas globalizadas que surgen a partir de los años ochenta (Mingione, 1991).

Las economías postfordistas nacen impulsadas, entre otros factores, por las expectativas de los actores empresariales y políticos en el contexto de la crisis económica mundial comenzada en los años setenta y por un cambio tecnológico extraordinario que se expandió a todas las actividades económicas. La crisis del modelo de dominación política y económica internacional creado tras la II Guerra Mundial propulsó que los actores más poderosos pudieran impulsar un nuevo modelo de organización del trabajo.

La nueva forma de proyecto empresarial se modeló como una entidad en globalización constante, reticular, flexible y deslocalizada. La legitimidad emergía, principalmente, del principio de competitividad (simbolizado en el prestigio de las marcas), por encima del de la tradición, la democracia o la responsabilidad cívica. Se fortalecía a una nueva clase tecnocientífico- capitalista «propietaria» del saber y los medios de poder financiero. El mercado de referencia se convertía en «global», es decir, sin límites previos establecidos políticamente. Y, la empresa era llamada a deslocalizar sus actividades y rediseñarse de modo que pudiera externalizar las tareas menos específicas de su proyecto empresarial. Emergía la **empresa en red**. Y, creaba un modelo territorial nuevo de redes urbanas en globalización donde aparecían nodos centrales de gestión y periféricos de producción y consumo que funcionaban en diferentes niveles territoriales (global, continental, nacional, regional, local).

El cambio organizativo se produjo al tiempo que se implementaban unas nuevas tecnologías que venían desarrollándose desde tiempo atrás. **La aplicación masiva de** la robótica, la microelectrónica y la informática al proceso productivo permitió el abandono de la forma de trabajo taylorista y el desarrollo de un modo de organización caracterizado por: primero, aumentar del uso de las máquinas, segundo, mantener un uso intensivo de la fuerza de trabajo, y tercero, flexibilizar las programaciones de las máquinas para poder adaptarse a la demanda.

El fortalecimiento de la empresa red informatizada tuvo unas consecuencias directas sobre: el puesto de trabajo y la empresa que son las que terminan por generar la dualización del mercado de trabajo.

El puesto de trabajo fue redefinido. En vez de que los puestos estén muy especializados en tareas muy específicas, la mayoría han pasado a ser polivalentes, gracias a la asistencia de las nuevas herramientas puestas al alcance del trabajador.

Mientras, **la empresa** (que ha aumentado la productividad incorporando conocimiento y tecnología, sin necesidad de aumentar plantilla) ha aprendido a especializarse productivamente y a trabajar con otras complementarias para desarrollar proyectos empresariales conjuntos, sin asumir riegos en campos que desconoce o cuyos costes son más baratos si se externalizan. Así, las empresas dominantes centran su atención en una parte de los trabajadores del proyecto (los que más plusvalía generan) y se despreocupa del resto. Ese resto, conforme desciende su nivel de cualificación, quedan a expensas de empresas con niveles de productividad menores pues se especializan en las tareas del proyecto empresarial con menos rendimiento. Como consecuencia, sus salarios son menores y la posibilidad de sustituir a las empresas y a los trabajadores mayores.

Al establecer este modelo empresarial, se promovió **la división del mercado de trabajo en dos**. El desarrollo del modelo empresarial en redes informatizadas significó: primero, la necesidad general de incrementar los trabajadores altamente cualificados que mantienen relaciones de servicio principalmente con sus empleadores y que son imprescindibles para generar el conocimiento que permite a las máquinas rendir adecuadamente (primer mercado). Segundo, aumento relativo de puestos no cualificados (segundo mercado). Y tercero: la eliminación de millones de empleos de trabajadores de base e intermedios que pueden aumentar la base de los potenciales trabajadores del segundo mercado si no se reciclan y mejoran sus capacidades (Sassen, 2014).

De forma muy simplificada, se puede explicar que la dualización de la estructura del mercado laboral surge de una sencilla lógica: Conforme el trabajo manual productivo es sustituido por máquinas controladas por sus diseñadores se produce un efecto de concentración de la renta del trabajo en el que será el «primer mercado». La concentración de la renta en las clases directivas y las clases medias creativas (bien adaptadas a la nueva economía) promueve el gasto en nuevos servicios personales de carácter doméstico, poco cualificado y que figuran en un sector donde los puestos asumen tareas muy particularizadas y adaptadas a sus consumidores. Esto amplía el número de trabajos informales o difícilmente estandarizados que ya se iba forjando en las empresas dedicadas a los servicios menos cualificados dentro de los proyectos empresariales nuevos. Y todos ellos formarán el segundo mercado.

Este segundo mercado provee de servicios a empresas y personas. Funciona de un modo similar a lo que se ha denominado «Economía long-tail» o de la abundancia propia de negocios como Amazon o Balloo. En ellos, los servicios o productos son «infinitos». Lo importante es que haya una buena herramienta de búsqueda y distribución que permita poner en contacto el consumidor con el productor que ofrece lo que ese consumidor específico necesita. ¿Cómo regular estos mercados? ¿Qué efectos tiene ser restrictivos? Son preguntas difíciles que no tienen una respuesta clara todavía.

Con esta estructura laboral, la división de la sociedad se desvincula de lo que ocurra en la Economía. Si la economía crece, lo que podrá haber será una redistribución en la que el montante de todos los grupos sea mayor. Pero, las distancias no habrán de decrecer estructuralmente entre las posiciones extremas porque el aumento de la riqueza y del porcentaje de gente que produce esa riqueza trabajando han dejado de ser variables que están indefectiblemente vinculadas en los sectores de mayor plusvalía de la economía mundial. A partir de ahora, la forma de la estructura laboral varía de forma casi independiente de lo que ocurra con las tendencias macroeconómicas dentro de este modelo postindustrial.

La última consecuencia de la implantación de este modelo empresarial es la alteración del equilibrio de **poder entre el**

Estado y el Mercado. Con la dualización del mercado, se ha fortalecido el papel de las empresas como reguladoras de la distribución de las tareas productivas y los derechos de los colectivos que trabajan. Por eso, se entiende que el postfordismo solo es posible en un contexto donde la ciudadanía ha dejado de ser el eje básico de articulación de la vida de los individuos. Se tienen que haber quebrado los presupuestos universalistas modernos y fortalecido la concepción particularista de los recursos, tanto de las tareas como de los derechos para que sea posible este nuevo modelo. Con lo cual, la observación del proceso de dualización de las ocupaciones indica que el Estado se ha comenzado a diluir y se ha puesto en entredicho (Alonso, 1999).

IV.2.2. Fragmentación del salariado

Otro signo de lo que le ha ocurrido al Estado es la lógica que ha producido la fragmentación del salariado. Este fenómeno significa que el **conglomerado de trabajadores con un salario** se ha convertido, en la nueva economía, en un conjunto o conglomerado de individuos mucho más heterogéneo que en las economías fordistas. Ello se debe a que las condiciones o derechos que un puesto proporciona a quien lo ocupa —como son: las condiciones de seguridad del empleo, la remuneración y la protección social— ya no tienden a ser similares entre los puestos de trabajo, ni siquiera en el mismo rango ocupacional que analíticamente podemos identificar. Y, es que, en el proceso de globalización, una de las tendencias claves ha sido la fuerte desregulación de los mercados laborales nacionales que se ha producido en las economías más prósperas.

El desempleo, en este modelo de relación salarial pasa a formar parte de la historia laboral de la mayor parte de los trabajadores poco o nada cualificados. Son prescindibles. Y, hasta pueden ser expulsados de forma duradera para ser sustituidos rápidamente por máquinas más eficientes. Y **el salario** ya no es una protección contra la pobreza. Muchos de los nuevos tipos de empleos se conciben como actividades a tiempo parcial, rotativas, temporales, para proyectos específicos, interinos, o en general «flexibles».

En resumen, se fomenta la fragmentación de las situaciones laborales y la precariedad se eterniza. Y, se crea una nueva base de asalariados que tienen orígenes, historias y perspectivas muy diferentes. Con lo cual, resulta muy difícil que se puedan aglutinar en una categoría reconocible socialmente.

IV.2.3. Relocalización de la política social o la reconfiguración del Estado social hacia la responsabilidad local

La dinámica política que ha acompañado estos cambios y los ha impulsado también ha sido fundamental en determinar quién se queda relegado, cómo, dónde y durante cuánto tiempo. La forma en que han evolucionado las normas que regulan el acceso a la educación, el cuidado de la salud, al mercado laboral y al consumo han sido determinantes. Los Estados han sido los actores principales que han tenido capacidad de actuar sobre dichos aspectos de la vida social y delimitar la capacidad de acción de los demás actores.

Al producirse una **retracción y desarticulación de las políticas de bienestar** (en Europa del Estado del Bienestar) a nivel estatal, las zonas de exclusión se han encontrado sin capacidad de reacción ante los actores económicos más depredadores y sus movimientos para aumentar la eficiencia de sus inversiones. ¿Cómo ha ocurrido esto? Ha habido un profundo cambio en el régimen de ciudadanía.

El régimen de ciudadanía se refiere a las normas instituidas que rigen el acceso a los derechos y obligaciones de los miembros de un Estado de Derecho. El Estado garantiza el acceso de sus pobladores reconocidos a esos privilegios y se los niega a otros. Establece una frontera. Así, legitima el orden que ha establecido y defiende dicho Estado de fronteras, privilegios y deberes.

Cuando queda en entredicho la capacidad del Estado para mantener un régimen determinado de ciudadanía, lo que está entre paréntesis es el propio Estado de Derecho. Dicha situación puede ser explicada como el resultado de la lucha por la definición del eje básico que articula la estructura social y sitúa a los individuos en relación con los demás.

Podríamos decir que, metafóricamente hablando, las dos más poderosas instituciones básicas que organizaron la vida social en la Modernidad (el Estado y el Mercado) se enfrentaron y se enfrentan para ver cómo sitúan a los individuos en la sociedad. Las normas que rigen las relaciones sociales en cada uno de esos espacios dan lugar a una estructura social. Al no ser las mismas reglas en una y en otra, los grupos o clases de posiciones que surgen en ellas son diferentes. ¿Son complementarias ambas estructuras o se producen desajustes entre ellas que son la base de conflictos fundamentales para la sociedad?

El largo siglo XX europeo mostró que lo habitual es que se produzcan desajustes fuertes entre ambas estructuras. El siglo XX fue un tiempo de revoluciones en las que la ciudadanía (teórica) fue ampliándose en dos sentidos: Por un lado, la población considerada como ciudadana aumentó gracias a la lucha de los movimientos sociales por el reconocimiento de derechos a colectivos concretos como las mujeres o los obreros. Por otro lado, se incrementaron los derechos de los ciudadanos desde sólo los derechos políticos a los derechos cívicos, sociales y económicos. Aunque, en realidad, nunca se llegó a un régimen de ciudadanía plena.

En la actualidad, la lógica histórica que se sigue en los países más desarrollados ha producido un cambio sustantivo en la concepción de los derechos y las obligaciones de los ciudadanos. Se ha pasado de considerar que el ciudadano tenía unos derechos cívicos, políticos y sociales, a incidir en la obligación que tiene de trabajar como previa condición para la adquisición de casi cualquier derecho. Y, así, ha recaído en las comunidades locales la necesidad de ayudar a los más desfavorecidos. Éstos ya no son una preocupación del Estado. Sin normas estatales, lo que se produce es una tendencia en la organización política hacia la fragmentación territorial de las condiciones de las ayudas sociales y cívicas a los desfavorecidos, puesto que los problemas están ahí y el que los experimenta más próximamente está necesitado de afrontarlo. Lo cual, aumenta la división territorial de esta parte de la población.

IV.2.4. Dinámica Urbana: concentración, estigmatización y abandono

Finalmente, se ha mantenido una tendencia secular a la **concentración de la población pobre en zonas desfavorecidas de las ciudades.** En muchos lugares, las políticas urbanas, preocupadas por las necesidades del centro de la ciudad o de las zonas de clases medias y de negocios, abandonaron una y otra vez las zonas de relegación social a su suerte. Fomentaron con ello la concentración de los pobres a impulsos de un mercado inmobiliario desregulado y feroz que prefería una relación con estas poblaciones que los mantuviesen en situaciones precarias para poder expulsarlos cuando fuera de su interés, como ya ocurría anteriormente.

La estigmatización de muchos de estos espacios urbanos ha hecho el resto del trabajo. Ha impedido la construcción de actores colectivos cívicos que luchen por los intereses de estos grupos y ha roto los existentes. Y ha impulsado el desarrollo de estrategias de fuga de familias e individuos de estos lugares cuando mejoraban sus condiciones de existencia particulares.

Este régimen especial produce, según Waquant (2007), una asociación básica que convierte a los lugares degradados en lugares peligrosos. Según la hipótesis que desarrolló en su trabajo en dos grandes ciudades occidentales (París y Chicago), ***la falta de redes de vinculación social estaba asociada claramente al nivel de delincuencia que se vivía en una zona de la ciudad***. Ello se explicaba como consecuencia de que la diversidad y densidad de las organizaciones que vertebran un área urbana determinada está asociada a la violencia que en ella se produce. **El abandono del espacio público** por las redes sociales organizadas según unas normas culturales determinadas implica que dichos espacios son ocupados por otras redes que ejercen nuevas formas de violencia para imponer las normas que han de regir a partir de entonces esas relaciones. En los lugares peligrosos, esas redes son ilegales y delictivas.

Este autor no presenta el abandono del espacio público como un problema único del Estado o las administraciones locales. Que el Estado se retire es un gravísimo problema, pero, el peor es que desaparecen las comunidades de vida que se desarrollaban entre los ciudadanos de estas áreas. La desaparición de todos los actores fundamentales que orientan y regulan la vida social según unos modos determinados que protegen a los individuos e imponen el respeto a todos, es el escenario cruel y perfecto para que la vulnerabilidad experimentada produzca, entre otras cosas, acciones delictivas.

Ejercicio IV.3:
Dinámica Urbana (rellena el esquema)

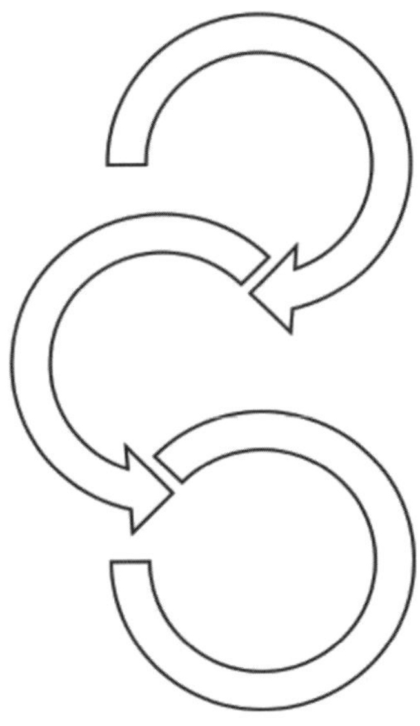

IV.3. LOS ESPACIOS DE EXCLUSIÓN SEGÚN WAQUANT

Waquant (2007) elaboró el modelo teórico del «régimen de marginalidad avanzada» durante su investigación comparativa sobre las similitudes y diferencias entre dos zonas de exclusión que había en Chicago y París.

Se desprendía de su propuesta teórica que el régimen de la marginalidad urbana tiene dos claras consecuencias sobre el terreno de las ciudades postindustriales. Estas son: En primer lugar, la exclusión de unas zonas de la ciudad del régimen normal de vida que se desarrolla en ella; En segundo lugar, la estigmatización de esas zonas excluidas.

La cuestión que se planteaba era ¿cómo podremos reconocer estos espacios?; ¿qué los caracteriza y los diferencia? y, si tienden a desarrollar las mismas problemáticas en cualquier lugar.

Waquant, seleccionó sus lugares de estudio porque compartían algunos rasgos en común y que él consideraba a priori importantes:

1. Una población disminuye en número (fundamentalmente por el abandonado de las clases medias).
2. Con una estructura de clases ocupacionales en las que predominan los trabajadores manuales y los empleados en puestos poco cualificados del sector servicios.
3. Una estructura de edades con una alta tasa de jóvenes.
4. Tasas de desempleo anormalmente altas.

Además, por investigaciones previas, sabía que eran espacios sobre los que hay la sospecha de que eran lugares peligrosos. Así aparecen en la prensa, en la opinión pública, en el discurso de los que viven allí y en las otras partes de la ciudad.

Waquant estudiaba los espacios de exclusión de las grandes ciudades occidentales postindustriales que se encontraban en un claro proceso de expansión geográfica y de globalización de sus economías, sufriendo todavía las consecuencias de la deslocalización industrial y el auge de los modelos de Estado neoliberales fortalecidos tras los años setenta.

En este contexto, los indicadores utilizados por Waquant son sólo una de las formas en que se pueden operativizar el concepto de «espacios de exclusión» en una investigación científica. Con ello, no se acota el conjunto de matices a tener en cuenta. Y, si nos atenemos a ellos, solo servirán para la investigación en ciudades como París y Chicago.

En la investigación de Waquant, quedaba patente que para poder conocer cuáles son esos lugares es necesario estudiar cómo dichos espacios se forman, y comprender la relación dialéctica que se produce entre las estructuras sociales y las estructuras mentales de la población afectada, tal y como intentó hacer Waquant en su estudio. Las formas objetivas de desigualdad están en el centro de la explicación de cómo surgen estas áreas urbanas o llegan a convertirse en lo que podemos observar. Pero, no son suficientes para explicar las situaciones de vulnerabilidad que experimentan sus habitantes. Para poder comprenderlas bien, es necesario adentrarse en las representaciones sociales de las diferencias, en las formas en que construyen las identidades sociales básicas. La identificación científica de estos lugares necesita obtener datos sobre ambas dimensiones constitutivas de estos espacios socialmente construidos.

Además, los espacios de exclusión en las ciudades necesitan ser estudiadas como *realidades dinámicas*. Esos espacios no llegan al final de un camino cuando los podemos ubicar como «espacios de exclusión» porque, todo espacio físico es maleable a las fuerzas de la sociedad. Y, por eso, la acción de los actores institucionales colectivos como la administración pública, los medios de comunicación, los agentes del mercado (inmobiliario y demás inversores) y los actores cívicos (asociaciones cívicas y políticas y organizaciones no gubernamentales sin ánimo de lucro) pueden llegar a transformar esos espacios y convertirlos en otro tipo de lugares de la ciudad. Así, hay todo un proceso histórico a través del cual aparecen y desaparecen los espacios de exclusión en un lugar determinado de las ciudades postindustriales. Es un matiz fundamental en su investigación y localización.

IV.4. LOS INDICADORES OBJETIVOS DE LOS ESPACIOS DE EXCLUSIÓN

¿Cuándo una zona urbana es un espacio de exclusión? La tendencia a la concentración de la población en peores condiciones sociales en los mismos espacios físicos ha sido investigada por incontables estudiosos. Es tan importante dicha perspectiva que en el año 2016 daba lugar a un capítulo específico (capítulo cuarto) en el Informe de las ciudades del mundo del programa de Naciones Unidas para las zonas urbanas (UN-Habitat). En dicho capítulo, los autores advierten de tres **hechos fundamentales** que nos interesa aprender aquí:

1. El mundo es actualmente más desigual que hace veinte años: el 75% de las ciudades del mundo tienen niveles más altos de desigualdad de ingresos que hace dos décadas.
2. Demasiadas ciudades fallan en crear espacios sostenibles para todos, no solo físicamente, sino también cívica, socioeconómica y culturalmente.
3. La concentración espacial de los trabajadores no cualificados de bajos ingresos en áreas urbanas residenciales segregadas actúa como una trampa de pobreza que los «atrapa» en una espiral de severas restricciones laborales, altos ratios de desigualdad de género, condiciones deterioradas de vida, exclusión y marginalización social, y, altos índices de delincuencia.

En el tercer apartado encontramos una segunda **relación de los indicadores**/dimensiones que permiten localizar estos lugares de la ciudad:

— Las ocupaciones,

— los ingresos,

— las condiciones laborales,

— las relaciones instituidas entre géneros,

— las condiciones de vida

— y los niveles de delincuencia.

Como podemos observar, en esta lista desaparecen las de tipo demográfico que fueron muy importantes para Waquant al comienzo de su investigación, se refuerza la cuestión laboral y se añade la cuestión de la delincuencia. Esta transformación puede explicarse en función de que la tipología de UN-Habitat pretende abarcar un concepto aplicable a cualquier ciudad del mundo y no sólo al mundo occidental. Por tanto, piensa el problema proponiendo que la cuestión de la composición de la pirámide de edad no es tan relevante para comprender cómo surgen estos lugares. Y, se acentúa la relevancia de la desigualdad como el factor central que genera estos espacios junto a la delincuencia.

Los tipos y niveles de delincuencia, para Waquant, son una consecuencia de la vulnerabilidad que termina por convertir estos lugares en peligrosos y no solo en lugares de exclusión. De modo que, el incremento de la vulnerabilidad, más el debilitamiento de la organización social en el lugar, más el aumento de la violencia en las calles, termina por producir verdaderos espacios de delincuencia. Esta hipótesis no ha sido todavía completamente aceptada y se discute todavía hoy. Por ello, posiblemente, el informe de UN-Habitat (2016) adopta una posición intermedia en la que asume que existe una relación entre ambos elementos (desigualdad y delincuencia) pero los ve ambos como características correlativas de los espacios de exclusión.

Las desigualdades más estudiadas que diferencian las zonas de exclusión de las zonas de prosperidad en las ciudades en globalización son: socioeconómicas, cívicas y culturales.

Ejercicio IV.4:
De la Vulnerabilidad Urbana al desarrollo de Espacios de Delincuencia. Esquema de la hipótesis de L. Waquant (Hazlo en forma de proceso)

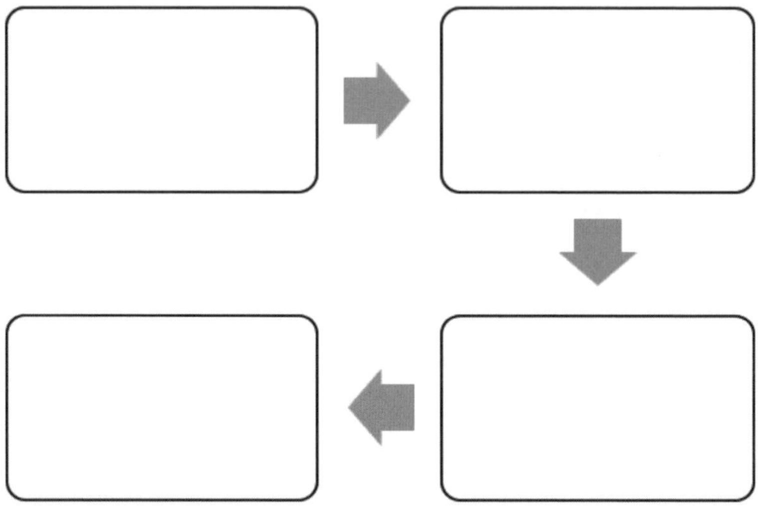

IV.4.1. Desigualdades socioeconómicas

A la hora de entender cómo se producen los espacios de exclusión desde la dimensión socioeconómica es interesante, al menos empíricamente todavía, diferenciar entre lo que ocurre en los países «desarrollados» y en los países «en desarrollo». Las dinámicas son todavía claramente diferentes.

En los países desarrollados, donde los salarios se mantienen bajos como consecuencia de la competición global, y, la especulación de la propiedad local y extranjera lleva al aumento de los precios de la vivienda, se impulsa a las categorías trabajadoras hacia la periferia periurbana. Hasta las plantillas de servicios básicos como la policía, los hospitales y el transporte público tienden a abandonar los centros urbanos. De modo que, estos entran a ser terrenos en competencia entre las clases más vulnerables que no tienen opción de abandonar sus hogares y las nuevas clases de profesionales y gestores que son atraídos a estas zonas por un Mercado especulador y una Administración que busca renovar los barrios céntricos para un uso económico con mayor rendimiento en procesos que han venido a denominarse: Gentrificación y Turistificación entre otros. Así, en el tránsito hacia un nuevo tipo de barrio, algunos tienden a ser abandonados a su suerte hasta que llega el momento en que empiezan a ser «viables» económicamente.

En los países en desarrollo y emergentes, donde la necesidad de la proximidad física sigue siendo fundamental para la formación de capital y por tanto no pueden fácilmente trasladarse, poco se hace para reconocer la urbanización de los terrenos y garantizar los derechos efectivos sobre la tierra y las viviendas de millones de residentes. Ahí se crean las favelas y suburbios de las grandes ciudades de América Latina, Asia y África donde la economía que se desarrolla, sin inversión de las clases locales dominantes, es una industria doméstica muy básica que convierte al empleo local en una estrategia de supervivencia colectiva de poco capital, baja productividad, bajos salarios y enclaves de trabajo sin derechos. Son lugares donde la empresa, familiar y pequeña, produce bienes en espacios de trabajo improvisados o en la misma calle.

Ejercicio IV.5:
Diferencias entre los espacios de exclusión en las ciudades de los países más desarrollados y los que están en desarrollo. (Señala las tres principales diferencias)

Sin embargo, la categorización de las ciudades en función de la economía de su país es problemática. La evolución de la economía global está transformando las áreas de desarrollo avanzado y de infradesarrollo. Y, las ciudades tienden a seguir su propio curso en el proceso de globalización. Así, la turistificación y la gentrificación son procesos que hoy se pueden empezar a considerar que se producen en todo tipo de ciudades al actuar sobre ellas actores externos globales (como los fondos de inversión internacionales) que siguen pautas similares de comportamiento en unos y otros lugares.

IV.4.2. Las desigualdades culturales

Las desigualdades culturales en las ciudades son reflejo de las que existen en los países habitualmente, pero, tienen su particularidad al diferenciar a sus poblaciones tanto en los lugares en que habitan como en la movilidad que pueden tener. Los recursos socioculturales en la ciudad son: la educación, el arte en todas sus formas y los medios de comunicación. Estos recursos no se distribuyen de forma homogénea, sino que tienden a concentrarse en zonas determinadas y en edificios concretos que no son accesibles para todos.

El acceso a estos recursos depende, por supuesto, de los ingresos que se obtienen por el trabajo, pero también dependen de otros factores externos al mundo laboral que denominamos de tipo cultural. Estos son relevantes porque su uso se debe a que en la mayoría de las sociedades heterogéneas se tiende a discriminar a una parte minoritaria o sin poder de la población en función de algunas características físicas o prácticas concretas que han adquirido un significado que diferencia a quienes se les atribuyen esos rasgos o realizan esas prácticas concretas en su vida cotidiana.

La discriminación puede ser legal, ilegal o «alegal»; es decir, puede haber normas legales que sancionan dicha situación de forma total como el sistema de apartheid que hubo en Sudáfrica hasta finales del siglo XX, o de forma parcial, como el que se mantuvo con los gitanos durante siglos en España desde los tiempos del rey Carlos III hasta los años setenta. Puede también haber normas legales de no discriminación pero que esta siga produciéndose por costumbre como ocurre en España y cuyo resultado es, por ejemplo, la brecha salarial que se mantiene en España entre hombres y mujeres. O puede haber situaciones no legisladas como son aquellas en las que se permiten prácticas discriminatorias como el derecho de admisión a los establecimientos privados y que es utilizada por los propietarios de forma muy variopinta.

Las razones de discriminación cultural más relevantes en las ciudades de hoy son: las prácticas sexuales, el género, las creencias religiosas, la etnia, el idioma y la nacionalidad. Pero, cada una de ellas tiene un peso diferente como factor que influye en la distribución de los recursos materiales, económicos y culturales.

IV.4.3. Desigualdades cívicas

El tercer grupo de desigualdades urbanas incluyen las políticas, civiles y sociales. ¿Quién tiene derecho a participar en un espacio cívico y político, a ser representado, a votar, a ser representante, a decidir? ¿Quién tiene el reconocimiento de ciudadano para ser igual que cualquier otro ante la ley y el reconocimiento de los derechos necesarios para el ejercicio de la libertad individual? Y, ¿quién tiene derecho a un bienestar social y económico básico?

El informe de Naciones Unidas sobre las ciudades en 2016 exponía que la presión que ejerce la globalización económica de la ciudad representada por los emigrantes e inversores que cruzan las fronteras ha obligado a las naciones y a las ciudades a tomar nuevas decisiones al respecto de esta cuestión pues con las normas existentes hasta ahora se excluye de los procesos democráticos de decisión a muchas personas, especialmente: los migrantes. ¿Es eso justo, necesario o útil? ¿Para quién?

La inmigración y el papel de los inmigrantes se han convertido en cuestiones políticas cruciales que generan situaciones muy diferentes en unas ciudades y otras, afectadas profundamente por los países en las que se sitúan. **En Europa**, es una preocupación para las poblaciones que ya están asentadas y, además, es un problema su gestión porque están surgiendo actitudes xenófobas y de baja tolerancia a la diversidad, así como discursos en la opinión pública que sitúan una barrera clara entre la gente local y los de «fuera». Es más, hay gobiernos nacionales que niegan el voto a los inmigrantes, aún en las elecciones locales, así como se debate el acceso a derechos de asistencia y educación. **En América del Norte**, un gran número de trabajadores indocumentados encaran las formas de discriminación política, económica y social más severas que han soportado en mucho tiempo por su estatus de indocumentados. Y, por ello, por ejemplo, varias ciudades como Chicago y New York comenzaron hace unos años a crear un carnet de identificación para las personas indocumentadas distanciándose así de la política nacional o están empezando a implantar sistemas locales de rentas mínimas. **En los países de la Unión de Estados Árabes** el flujo de inmigración ha llegado a suponer el 95% de la población trabajadora sin reconocimiento de muchos de los derechos laborales. En los países del Golfo, según el informen de ONU-Habitat (2016), muchos trabajadores migrantes están sujetos a las más altas violaciones de derechos humanos hasta la segregación y exclusión en campamentos de trabajo sin posibilidades de huida.

IV.5. LA ESTIGMATIZACIÓN TERRITORIAL

El otro elemento fundamental para señala un espacio urbano como un lugar peligroso es que haya desarrollado un estigma territorial. De forma sencilla diríamos que el estigma territorial es aquel por el que un lugar es reconocido por los actores sociales y sus habitantes como un lugar negativo, malo, inseguro.

IV.5.1. Orígenes teóricos

De forma más académica, debemos adentrarnos en los orígenes del concepto para aclararlo. La estigmatización territorial fue un término elaborado por Waquant. Dicho concepto fue la aplicación del concepto de estigma de Erving Goffman en su teoría sobre la «identidad deteriorada» y de la teoría de Pierre Bourdieu sobre el «poder simbólico» (Waquant, Slater y Borges, 2014) al estudio ecológico de la ciudad.

La perspectiva de Erving Goffman está dentro de lo que se denomina el Interaccionismo Simbólico que plantea que la realidad social se puede comprender realmente estudiando cómo los individuos interactúan entre sí en una situación claramente definida. En ella, la identidad individual surge de la relación dialéctica entre cada individuo y los demás, emerge de la relación entre la autoimagen y la imagen pública. Si bien, en la interacción concreta, los actores pueden gestionar ciertos elementos para producir una impresión determinada que haga surgir una forma de identificación.

Estos elementos, como la forma en que uno se viste o los gestos, tienen la capacidad para expresar un estilo y asociarse a un rol o un estatus. Todo se aprende y se convierte en rutina. Se incorporan a la comunicación no verbal que acompaña la interacción social.

Dentro de esta perspectiva, Goffman consideró posible que surjan identidades estigmatizadas en las que el individuo es reconocido por los demás y se reconoce a él mismo como, por ejemplo: un enfermo, un criminal o un miembro de una minoría étnica. Esa identidad será «virtual» y no corresponde con la identidad real del sujeto que siempre es mucho más rica y compleja. El estigma es el salto o distancia entre una y otra. De modo que, la estigmatización es una cuestión de grado. Todos estamos en alguna medida estigmatizados en nuestras relaciones cotidianas. El problema está cuando la diferenciación que se utiliza para identificar al otro está basada en el desprestigio.

Ejercicio IV.6:

Escribe algunas palabras o categorías que han adquirido en tu ambiente cultural un sentido negativo o de desprestigio con las que identificamos a personas de nuestro entorno y las distinguimos de los demás.

Pierre Bourdieu planteó que la producción de los grupos y clases sociales era resultado de procesos conflictivos por la definición de las fronteras entre grupos. Distintos agentes sociales luchan por imponer unas representaciones o imágenes que crean las propias cosas representadas, haciéndolas existir públicamente. Así, la realidad del mundo social se define por la inexistencia de límites o brechas absolutas que vayan más allá de lo físico. La construcción de grupos se nutre de dicha ambigüedad de los objetos del mundo real, pues en función de ella, los agentes sociales (expertos, políticos, o cualquiera a la búsqueda de unos intereses individuales o colectivos de los que son portavoces) pueden construir una identidad a través de la lucha por el poder simbólico que le permita imponer una visión legítima del mundo social y sus divisiones. Y, así, pueden hacer grupos e instituirlos haciendo explícito lo que había implícito en el magma social.

Desde esta perspectiva la «clase» tiene una existencia objetiva que es construida por los agentes sociales. Éstos, en su lucha por el poder simbólico, llegan a imponerse. Se consideran autorizados a hablar y actuar en nombre de una colectividad específica que les reconoce, y de la que se reconocen como parte ellos mismos, como miembros de esa clase. Es, entonces, cuando un grupo que ya existía en potencia llega a existir de hecho. Si bien, la capacidad de ejercer este poder no lo tienen todos los grupos y clases sociales. Para Bourdieu la lucha por el poder simbólico se produce fundamentalmente entre los grupos de la clase dominante. Ellos luchan por la definición de la cultura legítima, para imponer la definición de las apuestas y armas legítimas de las luchas sociales o, más concretamente, para lograr la definición del principio de dominación legítima: el capital económico, el capital educativo o el capital social. Y, al imponerse unos sobre otros, imponen dicha visión al resto de las clases y grupos sociales dominados.

Ejercicio IV.7:
Esquema de los pasos para la construcción social de una clase.

¿Podrías dibujar un proceso con las fases principales para la construcción de una clase según P. Bourdieu?

IV.5.2. El concepto de estigmatización territorial de L. Waquant

Waquant (2008) aplicará el concepto de Estigmatización al espacio yendo más allá del planteamiento goffmaniano. Planteará que los lugares pueden ser anclajes de deslegitimación social para aquellos que viven o pasan por allí. Lo cual, en el contexto de las teorías de P. Bourdieu sobre la lucha por el poder simbólico lleva a la comprensión de que hay procesos y actores capaces de imponer una visión negativa de otros por el lugar en el que viven dentro de la ciudad.

En principio, Waquant aplicó dicho concepto a los barrios desfavorecidos y estigmatizados de las ciudades occidentales europeas y norteamericanas. Hizo un estudio comparativo entre los casos de Chicago y París durante los años noventa. Y, desarrolló el concepto para aplicarlo a estas realidades del

Cinturón Negro de Chicago y el cinturón Rojo de París explorando sus coincidencias y sus diferencias.

Ante ello, surge la duda sobre si la estigmatización territorial hace referencia a una realidad trans-histórica que acompaña a las ciudades desde mucho tiempo atrás o es algo solo de hoy. La existencia de lugares en las ciudades industriales similares en el siglo XIX quedó constatada en muchas obras. Sin embargo, varios investigadores, en el debate sobre este concepto y su aplicabilidad, han constatado que la estigmatización territorial urbana de hoy es un fenómeno que difiere de cualquier otra realidad anterior, al menos, en cinco aspectos (Wacquant, Slater y Borges, 2013; 12):

1. Guarda una estrecha relación con los conceptos de: pobreza, subordinación étnica, viviendas degradadas, moralidades impuestas y delincuencia callejera que, en conjunto, son propias de las ciudades de hoy.

2. Es un fenómeno que se ha hecho nacional y democrático en cuanto que un pequeño grupo de barrios se vuelve universalmente conocido y atacado por todos los agentes sociales que los consideran refugio de la indigencia y la decadencia. Hasta los propios vecinos del lugar y los que han sido desterrados de ellos, los piensan así.

3. Se consideran a estos barrios como lugares y vectores de desintegración social. Son, esencialmente, considerados como lugares disolutos e irremediablemente desorganizados.

4. Se consideran barrios cuyas diferencias culturales son exageradas y convertidas en fuente de divergencias irresolubles respecto a la norma nacional, ocultando su posición social más vulnerable para comprender su situación.

5. Se hace referencia a una realidad que suscita una gran cantidad de emociones negativas y reacciones severas correctivas que promueve: 1. la glorificación del Estado Penal como forma de castigar este tipo de marginación urbana; 2. el abandono de sus calles por las clases acomodadas; y 3. un continuo discurso correctivo desde el poder.

Por consiguiente, la estigmatización territorial se suma a los estigmas tradicionales asociados a la pobreza, la etnia, la nacionalidad o el género. Y, este estigma actúa con tal fuerza que es capaz de producir consecuencias más allá de la realidad del territorio y terminar por convertirlo realmente en aquello que era imaginado. Esto ocurre, por ejemplo, cuando se activa el mecanismo de distanciamiento mutuo entre los habitantes del lugar al transferir el estigma a los «otros» con los que convive.

Y, así, el concepto de estigmatización territorial viene a ocuparse de un tema fundamental que surge en el estudio de la relación que se produce entre el espacio simbólico, el espacio social y el espacio físico. Permite dar un nombre a un fenómeno peculiar de nuestro tiempo histórico: la producción de lugares en los que los residentes son marginados por el lugar en el que viven dentro de su propia ciudad, sin que ello esté vinculado a ningún otro elemento discriminatorio por completo como la clase social, la raza, la edad, la nacionalidad o la religión que profesen.

IV.5.3. Las consecuencias de la estigmatización territorial

La estigmatización territorial se ha hecho relevante porque tiene consecuencias importantes en las ciudades y en la estructura social. La estigmatización de un espacio urbano tiene consecuencias sobre la vida de todos los actores que lo habitan y que actúan en él. Waquant aclara que es un tipo de estigma parecido, especialmente, al que se produce por raza, nacionalidad y religión ya que se transmite, en cierta medida por la vía del linaje o la familia. Aunque tiene la salvedad de que puede ser más fácilmente disimulado o atenuado por medio de la movilidad geográfica.

Aun así, las estrategias que surgen de vivir o trabajar en un barrio estigmatizado responden a muy diversas lógicas y no siempre es la ocultación, ya que el individuo es capaz de negar su identificación con ello al ser una característica relativamente más externa que las otras a él mismo. Por ello, esta forma de estigmatización es un instrumento más poderoso que los otros estigmas para el mantenimiento de un orden social desequilibrado al tener una enorme capacidad para romper las solidaridades internas de los grupos en desventaja social a pesar de concentrar los problemas en un territorio físico específico.

Concretamente, tiene efectos sobre cuatro actores:

a. **Los residentes** de los barrios degradados pues corroe su identidad personal, dificulta sus relaciones sociales, y, debilita su capacidad de acción colectiva. Y, a la vez, fomenta que otros habitantes y comerciantes desarrollen prácticas de evitación entre vecinos y de ocultamiento en el trabajo.

c. **Los servicios públicos** de bienestar, salud y protección policial que se resienten y se distancian, al menos emocionalmente, de estos lugares.

d. El trabajo de **los especialistas en producción simbólica** (periodistas, académicos, analistas y funcionarios políticos) que parten de dichos prejuicios en su trabajo y los reproducen.

e. **La clase política y funcionarial** que da forma a las políticas públicas a través de las creencias, visiones y decisiones de los funcionarios públicos que, en combinación con el mercado y otras fuerzas sociales determinan y distribuyen la marginalidad y sus consecuencias.

Pero, las consecuencias van más allá: Fijación y estigmatización territorial; enajenación espacial y disolución del lugar; la pérdida de un «terreno de apoyo»; y la fragmentación social.

IV.5.3.1. Fijación y estigmatización territorial

En primer lugar, la estigmatización de un área de la ciudad genera estrategias en los residentes y en los actores urbanos privados y públicos.

El proceso de estigmatización de un territorio conlleva el reforzamiento de la situación de degradación que lo produjo: 1. porque provoca la destrucción de las comunidades desde dentro; 2. porque justifica el abandono institucional de sus habitantes.

La destrucción interna de las comunidades se produce porque los habitantes de las zonas degradadas y estigmatizadas se ven impelidos a desarrollar estrategias ante la experiencia que viven. Y, entre ellas, destacan: la tendencia a no presentarse como de ese lugar, y, a pensarse en términos de *estar* y no de *ser* de un lugar. Ello conlleva la ruptura con el entorno social y, por tanto, la desestructuración de las comunidades locales. También, tienden los habitantes a transferir el estigma a los demás, al vecino, pero el rostro estigmatizado lo generalizan para poder separarse de él, para distanciarse. De modo que lo que se corroe en las entrañas del espacio urbano degradado son las comunidades, las redes sociales básicas que podrían actuar frente al estigma.

Por otro lado, la estigmatización territorial permite a las autoridades, y las impulsa, a justificar medidas especial que derogan derechos y usos para restaurar el orden social. Aunque, en muchas ocasiones, lo que producen es precisamente la desestabilización y marginación mayor de sus habitantes al someterlos a las imposiciones de los depredadores externos, impulsarlos al mercado desregulado o expulsarlos del espacio en lucha. De modo que, con tiempo, si se recupera el espacio físico para el orden de la ciudad, se hace a costa de abandonar a sus antiguos habitantes, que son expulsados a nuevos territorios. Se recupera el espacio (con un valor económico, simbólico, cultural), pero negando los derechos de ciudadanía a sus habitantes.

IV.5.3.2. Enajenación espacial y disolución del «lugar»

En segundo lugar, produce la disolución de los «lugares» como espacios de encuentro, relación y humanización fundamentales para los grupos humanos.

La estigmatización territorial implica la conversión del lugar habitado por comunidades de vida, de redes vecinales y locales en espacios degradados de los que quien puede huye. Al desaparecer la confianza entre los vecinos y dar miedo el salir a la calle, al recluirse cada uno en su hogar y fortalecerse el sentimiento de vulnerabilidad, entonces, se produce un debilitamiento generalizado de los colectivos sociales. La identidad social de clase o de vecindario o de una iglesia local o de cualquier tipo de grupo arraigado en el espacio se diluye.

IV.5.3.3. La pérdida de un «terreno de apoyo»

En tercer lugar, tiende a hacer desaparecer las redes tradicionales de apoyo mutuo locales, o las economías de trueque basadas en la confianza durante las épocas de crisis.

Ante el desempleo generalizado, ya no se puede buscar una solución temporal en el apoyo colectivo informal que se tendía a producir en las viejas redes de apoyo local. En las grandes ciudades de hoy, en los barrios degradados donde las comunidades desaparecen, no hay alternativas colectivas. Todo queda en recurrir a estrategias individuales donde el individuo queda en manos de los espacios de la clandestinidad, la delincuencia, la informalidad y la ilegalidad.

IV.5.3.4. Fragmentación social e implosión simbólica, o la génesis inacabada del «precariado»

Y, en cuarto lugar, fortalece la tendencia estructural a la fragmentación de las clases sociales más desfavorecidas: el «precariado».

La estigmatización territorial también tiende a la división de la población que vive en esos territorios porque no existe todavía un concepto común que designe a todos esos que en el lenguaje académico se tiende a llamar precariado, excluidos o infraclases. Ni sindicatos, ni partidos políticos llegan a poder asumir y defender este concepto todavía de un modo eficaz para construir una alternativa a la diluida clase obrera. Y, es que, la marginalidad avanzada se produce en un contexto de descomposición de clase que no hace sino impedir el desarrollo de una identidad común.

En este aspecto, podríamos ir más lejos a la hora de señalar las enormes dificultades que en nuestro tiempo hay para la formación de una concepción de las personas en situación precaria como un colectivo uniforme. Las cuales están asociadas, entre otras cosas, al fenómeno de la individualización institucionalizada en contexto de crisis expresiva.

La observación de estas tendencias exige una visión de la persona que no solo acentúe su realidad como miembro de grupos o clases sociales. La fragmentación y multiplicación de las representaciones de uno mismo que se ha producido, la diversidad de los focos de identificación actual, o la maleabilidad de nuestro cuerpo y nuestros compromisos adquiridos en la vida pública y privada son hechos sociales que muestran que cada individuo no es únicamente un miembro de un grupo, ni actúa sólo como tal. Cada individuo es un sujeto reflexivo que tiene que tomar decisiones por él mismo, pero que diferentes elementos estructurales y culturales orientan. Dichos elementos son fundamentalmente organizaciones sociales que marcan los límites de los sentidos posibles. Sin embargo, cada persona pertenece a varias organizaciones sociales a un tiempo. Y, en cuanto las organizaciones sociales no están organizadas entre sí, los significados o sentidos que propone la experiencia en cada una de ellas compiten por ser los más significativos. Debido a ello, si la sociedad inserta a los individuos en grupos ordenados de mayor a menor, cuyos miembros del grupo menor estén incorporados en bloque en el grupo mayor, las personas actuarán homogéneamente. Si la sociedad liga a los individuos como unidades en el seno de unas estructuras sociales complejas y desarrolla diversas representaciones, que no están organizadas entre sí, entonces, el sujeto individual actúa teniendo que ordenar ese magma. De modo que, el sujeto individual no es una unidad sino una pluralidad siempre, formada socialmente. Y, esa pluralidad de imágenes de uno mismo y los demás (sus identidades sociales) puede estar estructuralmente muy ordenada o, en tiempos de crisis institucional, completamente desordenada. Tanto en un caso como en otro, el individuo es un sujeto estructurado capaz de reflexionar sobre uno mismo y su entorno. Y, por tanto, es capaz de ordenar sus identidades sociales. Él no las crea individualmente, sino que le son dadas. Pero colectivamente, en el proceso de interacción con otros, puede transformar sus significados y la definición concreta de las barreras que le separan.

Por ello, el proceso que lleva de la vulnerabilidad y la estigmatización a la producción de los lugares malditos en las ciudades no es unilineal. Los actores sociales son fundamentales en su desarrollo y tienen la capacidad de transformación de las tendencias, de aprendizaje de los errores y de actuar frente a los peligros de la estigmatización.

Tal es así, que se ha podido observar en Francia cómo en esos espacios de exclusión se desarrollan estrategias dispares que parten, de algún modo, del reconocimiento de la diversidad. Esto impide a todos compartir un sistema de normas y valores específico. Unos huyen del lugar. Otros se quedan y se refugian en la familia y el hogar abandonando las calles. Otros, de origen inmigrante, fortalecen sus redes comunitarias internas de solidaridad, reforzando aquellos aspectos que les pueden unir como la lengua o la religión, y lo hacen compatible con el fomento de la actividad económica. Mientras, aquellos más vulnerables tienden a refugiarse en el consumo como estrategia de integración social o de adaptación que imita a las clases medias. De ese modo, desarrollan un estilo de vida en el que viven sus problemas y su situación social de forma personal, tal y como exige el guion de la sociedad dominante. (Urteaga, 2012).

IV.6. ¿Y EL ESTADO?

En resumen, como hemos visto, el régimen de marginalidad avanzada se constituye como resultado de la transformación histórica de: las clases, el Estado y la ciudad. Las cuatro lógicas históricas que propician su cambio tienen una alta capacidad explicativa del surgimiento de los espacios urbanos de exclusión fuertemente estigmatizados. La dualización socio-profesional y la fragmentación del salariado, especialmente de los que están más abajo en la escala social, ha impactado sobre la estructura de clases industrial hasta dificultar enormemente la formación de clases sociales trabajadoras. Mientras, el Estado se ha replegado en su papel director en favor de las entidades más pequeñas. Y la ciudad ha seguido avanzando en su proceso de concentración de los grupos marginados, su estigmatización y abandono de los espacios urbanos en los que sobreviven. Es decir, el escenario que se perfila con las tendencias actuales se caracteriza por: la descomposición de las clases, en un economía en el que el trabajo ha dejado de ser un bien accesible para una gran parte de la población de forma permanente, con gobiernos relativamente incapacitados para orientar la vida económica hacia el bienestar de toda la ciudadanía debido a: la necesidad de competir globalmente y la falta de apoyo suficiente de sus ciudadanos, y, unas ciudades que mantienen o acrecientan la segregación de parte de su población con menos recursos.

¿Cómo son las políticas que los países están desplegando ante esta realidad tan problemática en el seno de sus grandes ciudades? ¿Cómo se ha producido su repliegue institucional? ¿Ha desarrollado tras ese repliegue nuevas estrategias para afrontar el problema? ¿En qué dirección se camina en Europa actualmente? Respondemos a estas preguntas en el capítulo V.

Desde la perspectiva de algunos autores, la mejor opción que hoy se plantea es la extensión de una ayuda económica a todo el mundo (renta básica). El desarrollo de una renta básica ayudaría a las ciudades a que sus habitantes, todos, pudieran estar integrados en uno de los espacios de diferenciación social principales: el consumo. Tendrían cubiertas sus necesidades básicas. La actividad laboral quedaría separada de la necesidad de unos ingresos para subsistir. Además, todos los ciudadanos podrían desarrollar un rol central en las sociedades actuales: el de «consumidores». Y ello permitiría que pudiesen construir sus identidades de diferenciación y vinculación social en ese campo como sustituto del que en la Modernidad se construyó como: «trabajadores» y «ciudadanos», y, en épocas premodernas como «súbditos», o, miembros de «tribus», «clanes» o «familias».

La renta básica parece una buena solución. Está siendo implantada en algunas ciudades. Pero, surgen algunas dudas sobre las estrategias vitales que este cambio tan sustantivo del sistema social puede producir. El conflicto político institucionalizado y principal podría trasladarse definitivamente desde el terreno laboral al terreno del consumo. En él, los «productores y consumidores» se enfrentarían a los «sólo consumidores» o «principalmente consumidores» por establecer cuál sería la Renta Básica. Esta situación parece similar a cómo hoy se enfrentan los pensionistas a los trabajadores por la subida de las pensiones/cotizaciones/impuestos. Pero, estos colectivos no están tan segregados como podrían estar los divididos por el sistema de la Renta básica ya que muchos pensionistas tienen una historia laboral, y, la gran mayoría de los trabajadores llegarán a ser pensionistas. Los «consumidores» van a ser los desheredados del sistema, esos que ya están segregados territorialmente. Realmente, la situación de conflicto no es la misma.

IV.7. LUGARES PELIGROSOS DE LA CIUDAD EN EL MUNDO

A día de hoy, profundizar en el problema de la vulnerabilidad y la delincuencia que lleva a la formación de estos lugares peligrosos necesita dar un salto más allá de un modelo exclusivamente occidental del problema y probar hasta qué punto puede ser útil o en qué aspectos conviene modificar el del Régimen de Marginalidad Urbana Avanzada.

Avanzar hacia un modelo comprensivo global puede ayudar además a entender lo que ocurre en cualquiera de nuestras propias zonas peligrosas porque, en unas ciudades crecientemente globalizadas, la mezcla de prácticas y lógicas que generan dichos espacios está ya ocurriendo. Si conocemos cómo se generaron, tal vez podamos encontrarle soluciones. Me refiero, por ejemplo, al fenómeno de las bandas juveniles o del narcotráfico, así como la expansión de modelos urbanísticos segregacionistas o de control policial que se han extendido rápidamente de ciudad en ciudad por todo el mundo sin que formen parte de una lógica cultural local.

A lo largo de todo este capítulo, el lector se ha aproximado a los conceptos fundamentales y el marco conceptual más interesante para el estudio de los lugares peligrosos de las ciudades y para comprender la asociación existente entre delincuencia y vulnerabilidad en el mundo Occidental. Falta la aproximación a fenómenos empíricos concretos y a conocer las reacciones institucionales ante esta problemática. Los últimos seis capítulos se dedican a estas cuestiones pero abarcarán otro tipo de ciudades.

En los seis capítulos, se reflexiona cómo han surgido históricamente lugares peligrosos en seis ciudades del mundo. Se hace a través de la exposición de varios trabajos empíricos realizados por diversos autores y con datos de varios organismos institucionales.

Las seis grandes ciudades a las que pertenecen esos lugares son: Chicago, París, Saint Louis, Cancún, Santiago de Chile y Nairobi.

El lector necesita hacer un ejercicio de reflexión sobre las historias de cada una de estas ciudades. Cada una de ellas se ha expuesto para que pueda encontrar las pistas sobre cómo se producen estos lugares y su relación con la delincuencia.

El primer capítulo expone, primero, el estudio de Wacquant. Después, centra la atención en la relación más específica que hay entre delincuencia y vulnerabilidad en las zonas urbanas de Estados Unidos. Y, se estudia cómo ambos fenómenos influyen de forma independiente sobre el abandono de estos barrios por parte de las familias que consiguen prosperar. Esta dinámica será fundamental en la concentración de la pobreza junto con la delincuencia. Se basa esta parte en estudios diferentes de los de Wacquant, con una metodología más cuantitativa que vincula delincuencia y evolución demográfica. Sin embargo, el lector podrá encontrar que dichos trabajos ayudan a depurar el problema de estudio y entender las dinámicas que han formado estos lugares en las grandes ciudades estadounidenses.

El segundo capítulo, centrado en las denominadas por el Estado francés como «**zonas urbanas sensibles**» de París, contextualizará el estudio de Waquant sobre estas zonas y profundizará en ciertos aspectos sociohistóricos que son importantes para entender cómo se formaron estos espacios de exclusión. Asimismo, se actualiza parcialmente la información sobre la banlieue La Courneuve para que el lector aprenda a manejar directamente los datos sobre exclusión y delincuencia tal y cómo se utilizan en muchos países de la Unión Europea.

El tercer capítulo es sobre el centro de otra ciudad de Estados Unidos (Saint Louis). Ésta es parte de lo que llegó a ser el Centro de la Economía Industrial Mundial durante el siglo XX. Hoy en día, su futuro sigue vinculado al alto desarrollo tecnológico industrial cuyo producto principal tiene un muy alto valor añadido. En este capítulo podremos adentrarnos en algunos de los aspectos estudiados en el capítulo sobre Chicago más novedosos, como es la formación histórica del sistema nacional de segregación racial urbana en Norteamérica y su evolución hasta la formación de los sistemas de segregación espacial actual que combina clase y raza. La perspectiva histórica que nos ofrece este capítulo resulta sumamente interesante.

En el sistema económico postindustrial, existen otras vías de acceso a la riqueza global. Cada una de ellas tiene sus consecuencias particulares. Aunque, como veremos, todas las que vamos a estudiar comparten una lógica común de organización social que afecta al territorio urbano: la segregación espacial. Ésta aparece una y otra vez asociada a los males detectados en las ciudades de Estados Unidos y Europa por Waquant: Marginación, delincuencia, vulnerabilidad, exclusión, pobreza, precariedad y desempleo. Juntos dan forma a eso que Waquant llamó un *nuevo régimen de marginalidad urbana avanzada*. Pero, como decía, el camino histórico que lleva a su formación es diferente en unas ciudades y otras. Esto lo vamos a comprobar en el resto de los capítulos.

Los dos capítulos siguientes nos aproximan a la realidad de las ciudades de América Latina. Sus procesos históricos están vinculados a la posición de los países en el Sistema Mundial en la Era Industrial, pero también a la forma en que las ciudades se están globalizando.

El primer caso latinoamericano que vamos a estudiar es el de una ciudad aún más reciente que las estadounidenses desarrollada en la economía postindustrial en globalización: la ciudad de Cancún (México) nacida para el turismo internacional. En este caso, la segregación espacial es consecuencia de un modelo de desarrollo que volcó toda su atención en crear un producto de consumo atrayente y se olvidó por completo de la gente que necesitaba para hacerlo posible. Ello creó tres ciudades paralelas y una de ellas salió perdiendo en el reparto. Llamemos a esto el efecto «Mercado».

El segundo caso será la gran ciudad de Santiago de Chile. Éste último caso servirá para adentrarnos en una parte del problema: en el corazón de muchas ciudades, algunos jóvenes aprenden a delinquir y a ver normal los actos delictivos. Asimismo, con ella profundizaremos en el «**efecto Barrio**» y en la técnica de los «**mapas percepctuales**». Si bien, para conceptualizar bien la problemática de estos jóvenes, situaremos su barrio históricamente y descubriremos la fuerza que tiene para crear este tipo de espacios excluidos un Estado cuando el gobierno ha sido autoritario.

El último lugar de exclusión que vamos a estudiar se sitúa en Nairobi (Kenya). Desde los años noventa, se ha avanzado mucho en la investigación y localización de los espacios de pobreza, marginación y exclusión en el mundo. Naciones Unidas ha trabajado denodadamente por el desarrollo de este conocimiento alertada por las peculiaridades de los procesos de urbanización que estaban ocurriendo en todo el mundo y la brecha desigualitaria que estaba creándose. Y, muchas instituciones se han volcado a estudiar y aportar datos y conocimientos sobre esta problemática. Para comprender estos procesos y lo que son los denominados «**asentamientos urbanos informales**» de las grandes urbes de los países en desarrollo nos aproximaremos al caso de una de las más grandes ciudades africanas: Nairobi, sede actual de «Programa de Naciones Unidas para los asentamientos» (UN-Habitat).

Ejercicio IV.8:

Haz un resumen breve del tema:

¿Cuáles son las ideas principales?

¿Cuáles son los conceptos nuevos?

¿Qué idea es la que más me ha llamado la atención?

¿Qué dudas me surgen?

¿En qué aspecto no estoy de acuerdo con el autor?

BIBLIOGRAFÍA RECOMENDADA

Alonso, L.E. (1999) *Trabajo y ciudadanía: Estudios sobre la crisis de la sociedad salarial*. Ed. Trotta. ISBN: 9788481643022.

Castells, M. (1998) *La sociedad Red*. Alianza Editorial.

Goffman, Erving (1998) *Estigma: la identidad deteriorada*, Ed. Amorrortu.

Sassen, S. (2001) *The global city: New York, London, Tokyo*. Princenton University Press

Tezanos, J. F. (2001) *La sociedad dividida*. Biblioteca Nueva.

Un- Habitat (2016) *The World Cities Report*. Chapter 04. The Widening Urban Divide. UU.NN.

Urteaga Eguzki (2012) SEGREGACIÓN Y ESTIGMATIZACIÓN DE LOS BARRIOS DESFAVORECIDOS EN FRANCIA

Wacquant, L. (2004) «Las dos caras de un gueto La construcción de un concepto sociológico». En *Renglones*, revista del ITESO, núm.56. Tlaquepaque, Jalisco: ITESO.

Wacquant, L. (2009) «La estigmatización territorial en la edad de la marginalidad avanzada». En *Renglones*, revista arbitrada en ciencias sociales y humanidades, núm. 60. Tlaquepaque, Jalisco: ITESO.

Wacquant, L. (2014). Marginality, ethnicity and penality in the neoliberal city : an analytic cartography. *Ethnic and Racial Studies*, *37*(10), 1687-1711.

Wacquant, Loïc; Slater, Tom; Borges Pereira, Virgilio (2014) ESTIGMATIZACIÓN TERRITORIAL EN ACCIÓN Revista INVI N.° 82 / November, 2014 / Volume N.° 29: 219-240

Waquant. (1996). Banlieues francesas y guetto negro americano: de la amalgama a la comparación. FERMENTUM Mérida – Venezuela, n.° 16 y 17, mayo-diciembre

Capítulo V
EL ABANDONO DEL ESTADO, EL CASO DEL REINO UNIDO Y LAS TENDENCIAS POLÍTICAS EN LA UNIÓN EUROPEA

INTRODUCCIÓN

En este capítulo, el lector se aproxima a conocer cómo los Estados europeos han tendido a reaccionar ante la problemática que supone la existencia de zonas de exclusión en las grandes ciudades. Primero, se aproximará al estudio realizado por Waquant y su comparación del Estado norteamericano y francés. Seguidamente, nos introduciremos en el estudio de la evolución de las políticas seguidas por el Estado británico en lo que se denominan las Iniciativas Basadas en Áreas. Y, finalmente, se reflexionará sobre las tendencias de las políticas de regeneración urbana en algunos países europeos y que muestran hacia donde se tiende en la actualidad en el conjunto de la Unión Europea.

Objetivos principales:

1. Conocer el papel del Estado en el desarrollo de las áreas de exclusión urbana.
2. Conocer el tipo de políticas desarrolladas por Estados Unidos y Europa que produjeron la depauperación del cinturón negro de Chicago y el cinturón rojo de París en los años setenta y ochenta.
3. Estudiar los tres tipos de respuestas de los Estados a este tipo de problemáticas según Waquant.
4. Conocer qué ha ocurrido en el Reino Unido sobre las políticas de intervención en estas zonas depauperadas de las ciudades.

5. Conocer qué son las políticas de regeneración urbana y su evolución en los principales países de la Unión Europea.

El papel del Estado en el proceso de formación de las áreas de exclusión urbana es fundamental. Desde los años ochenta se han ido dando distinto tipos de respuesta a estas realidades. Y, así, hoy en día contamos con experiencias diversas que es necesario aprender y discutir.

La importancia del Estado como agente estructurante de la sociedad es tal que es necesario comprender su forma de actuación para poder explicar cómo evolucionan las zonas de exclusión. Es más, como veremos, el modelo de Estado que se desarrolla y el tipo de políticas que produce para intervenir en los lugares de exclusión forman uno de los ejes principales explicativos de las distancias entre unos y otros países.

V.1. EL PAPEL DEL ESTADO EN EL DESARROLLO DE LOS LUGARES DE EXCLUSIÓN SEGÚN WAQUANT

Waquant abordó en su investigación sobre el South Side de Chicago y las banlieue parisinas cuál tendía a ser el papel del Estado y las administraciones públicas locales y regionales cuando se enfrentaban al desarrollo de zonas urbanas de pobreza persistente y exclusión.

En su modelo teórico, el papel del Estado era clave para entender cómo ambas realidades habían evolucionado de forma muy diferente. Es más, este tipo de espacios eran entendidos como realidades de grupos humanos construidos y gestionados por las instituciones políticas. Éstas lo hacían a través de acciones que tenían una historia concreta. En dicha historia, se podía descubrir cómo se iba formando la ciudad en función de numerosas decisiones que eran tomadas por los actores políticos o por los que dominaban la esfera política. Los cuales buscaban seguir unos criterios racionales que tenían como objetivo, a veces, separar y, otras, reagrupar a los seres humanos de una manera concreta.

V.1.1. Dos modelos antinómicos: El Estado de Bienestar (Francia) frente al Estado Penal (Estados Unidos de América)

Waquant (2007) resaltaba como grandes diferencias entre ambos lugares: las políticas urbanas de vivienda y edificios, de infraestructuras públicas, de actividades de animación sociocultural y de redistribución de ingresos.

En el gueto norteamericano de finales de los ochenta había miles de edificios abandonados, derrumbados, almacenes quemados, fábricas oxidadas e infraviviendas en kilómetros de calles desorganizadas, sucias, con terrenos vacíos llenos de basura, aceras rotas y mal iluminadas. En Francia, desde comienzos de los ochenta, se desarrolló una política nacional, regional y local que tenía como objetivo un plan de renovación de estas zonas denominadas ya entonces «sensibles».

Las políticas francesas abordaron cuatro campos de intervención básicos:

1. Viviendas
2. Infraestructuras
3. Desarrollo comunitario
4. Ingresos familiares

Los resultados, aunque pobres para el problema que tenían entre manos, fueron, al menos: de detención del proceso de marginalización social de los residentes, y toma de responsabilidad colectiva ante el problema. Si bien, la persistencia del problema social de aislamiento de estas zonas de París ha persistido hasta ahora.

La situación ha sido diferente en Estados Unidos de América. Waquant explica cómo la política americana desde los años setenta fue de reducción de los presupuestos dirigidos a estas áreas como medida para superar la crisis fiscal de los años setenta que afectaba a todo el país. No solo se abandonaban las infraestructuras viales sino también los equipamientos básicos de policía, hospitales y colegios hasta llegar a desaparecer muchos de ellos. Detrás de tal política se desarrolló una ideología penal acorde a los tiempos neoliberales que defendía la necesidad de castigar el delito y se esforzaba por legitimar las políticas de recortes del bienestar mediante el ofrecimiento de mayor seguridad a las clases medias contra la delincuencia. Para lo cual, criminalizaron la pobreza y normalizaron la idea de que el trabajo inseguro había de ser el que podría tener la base de la estructura social. De ese modo, el Estado Social se convierte en un Estado penal, en el cual, la política central contra la pobreza es el **hiperencarcelamiento**. Apenas parece necesaria otra más.

V.1.2. Los Sistemas Penales: indicadores y resultados

Waquant estudió varias dimensiones e indicadores para hacerse una idea cabal sobre la importancia del cambio del Sistema Penal producido en Estados Unidos desde los años setenta.

Estos indicadores fueron:

1. La población de reclusos en los distintos niveles del sistema penitenciario.
2. La intensificación de la vigilancia a distancia y de las medidas que la permiten.
3. La evolución del presupuesto y el personal en materia penal comparado con el educativo y sanitario.
4. Nivel de desarrollo de una industria de seguridad y encarcelamiento privada.
5. La disparidad y hostilidad racial entre las poblaciones confinadas.

Y, llegó a la conclusión de que las tendencias observadas en todos ellos implicaban que se había construido un régimen de «paternalismo liberal» que proporciona al sistema penal un lugar central en el aparato administrativo que gestiona la pobreza. Ese modelo de régimen se caracterizaría porque asume un mercado laboral desregulado de bajos salarios, desarrolla programas de seguridad social que permiten sostener un sistema de empleo casual, e institucionaliza el gueto negro (del que forma parte la cárcel como parte de la vida de sus habitantes) como un dispositivo que sirva para el control de los grupos étnicos a subordinar.

A su vez, en Europa, Waquant estudió los siguientes indicadores:

1. El crecimiento de la población reclusa.
2. El nivel de representación de los sectores más precarios de la clase obrera, los desocupados, los inmigrantes no europeos y los drogadictos en las cárceles comparado con su presencia en la población total.
3. La evolución de las penas y castigos hacia la incapacitación o a la rehabilitación.
4. La tendencia al hacinamiento persistente en los lugares de confinamiento.
5. La evolución de los discursos públicos y mediáticos sobre los desórdenes urbanos.

Y llegó a la conclusión de que en Europa se estaba también construyendo por entonces un sistema social penalista a través de un «camino europeo» que promueve el tratamiento penal de la pobreza y la desigualdad. Ese nuevo sistema se caracteriza por intensificar al mismo tiempo las intervenciones en materia penal y de asistencia social.

En fin, con ello Wacquant intentó hacer ver que, tanto en un camino como en otro, las respuestas del Estado a la desigualdad persistente y a las áreas de exclusión postindustriales que se forman en las ciudades en globalización coinciden en reflejar:

1. Cómo se ha transformado el poder estatal, que queda subordinado al poder del mercado globalizado.
2. Cómo se han acentuado las divisiones de clase puesto que las clases sociales superiores tienen un mayor poder para excluir a las clases inferiores de los recursos y beneficios del sistema social.
3. Cómo la expansión de la cárcel y la reclusión como castigo es una respuesta política (de actores políticos que tienen el poder) y no simplemente debido a cómo ha evolucionado el delito o a que ha aumentado la eficacia de la policía o del sistema judicial.

V.1.3. Tipos de respuestas estatales identificadas por Waquant

Estos tres fenómenos se han expandido por gran parte del mundo al tiempo que el modelo de una economía local globalizada se ha ido imponiendo. Y han dado lugar a la posibilidad de tres grandes respuestas según Waquant:

1. Rearmar y redesplegar los programas existentes del Estado del Bienestar. Ello se hace cuando:
   a. Se refuerzan ayudas como el servicio humanitario de emergencia social (SAMU)
   b. Se activan programas de ayuda social que sirvan para alcanzar un empleo o formación
   c. Se autoriza a los beneficiarios de ayudas a acumular durante un tiempo subsidios y trabajo.
   d. Se fortalece la movilización de redes asociativas y de colaboración.
2. Criminalizar la pobreza por medio de la «contención punitiva» de los pobres en barrios decadentes a los que se aísla y estigmatiza, junto con el uso de las prisiones como lugar que sirve de depósito temporal de aquellos que no se ajustan a las normas. Ello se hace cuando:

a. Se aumentan las tasas de encarcelamiento.

b. Se sobrerepresenta masivamente a ciertos grupos sociales dentro de la población carcelaria.

c. Se permite el hacinamiento de los establecimientos penitenciarios, reduciendo el encierro a su función más brutal de almacenes de categorías indeseables.

d. Se endurecen las políticas penales a expensas de las políticas de rehabilitación.

3. Reconstrucción activa del estado social que implique una transformación de éste para adecuarlo a las nuevas condiciones económicas, familiares, de género y de participación en la vida colectiva. Lo que implica, por ejemplo:

   a. La instauración del salario del ciudadano o subsidio básico para separar subsistencia de trabajo.

   b. El acceso gratuito a la enseñanza y a la formación durante toda la vida.

   c. Garantía universal de bienes esenciales: vivienda, salud y transporte.

En la actualidad, hay muchos ejemplos de cómo se ha acometido el problema de la marginalidad urbana creciente asociada a la nueva economía. Y, se ha observado que la tendencia más poderosa en Europa tiende a ser algo diferente de la que visualizaba Waquant.

La política estatal en Europa que acomete este problema de la segregación territorial se basa en la idea del empoderamiento de las entidades locales para hacer frente a este problema desde una perspectiva más holística y centrada en el terreno. Veamos cómo se ha desarrollado esta perspectiva en uno de los países paradigmáticos de un régimen de Estado del Bienestar liberal: el Reino Unido; el cual, por otro lado, desarrolló al mismo tiempo una cultural del control del delito bastante próxima a la estadounidense tal y como observó D. Garland en *La cultura del control* (2001).

V.2. EL CASO DE INGLATERRA

Desde, al menos, los años setenta, el Reino Unido ha desarrollado un conjunto de proyectos institucionales dirigidos a las áreas urbanas caracterizadas por: altos niveles de desempleo, condiciones de vivienda pobres, problemas de salud, delincuencia y conductas antisociales. Eran denominadas las Iniciativas Basadas en el Área.

Las primeras iniciativas de este tipo se dirigieron a temas puntuales como la mejora de las escuelas. Si bien, en los años ochenta, se observó que las estrategias de regeneración habían favorecido una orientación economicista y especulativa que no sirvió para ayudar a las poblaciones excluidas. **Las políticas de intervención en las áreas urbanas depauperadas** se pueden distinguir en función de indicadores cuantitativos y cualitativos. Si bien, los más relevantes son (Bailey, 2012):

1. Nivel de responsabilidad en la financiación que adopta el Estado.
2. Nivel de autonomía en la gestión de la entidad local.
3. Nivel de participación de las asociaciones cívicas.
4. Nivel de participación de las entidades empresariales.
5. Número de dimensiones sociales de intervención (Intervención holística / intervención sectorial).
6. Niveles de intervención (global, nacional, local.

V.2.1. Las iniciativas basadas en el área de los ochenta y noventa

Las características clave de las iniciativas basadas en el área (ABI) fueron:

1. La selección de las áreas de intervención y su delimitación: Se hacía sobre datos estadísticos del censo y otros datos regularmente publicados por los gobiernos centra-

les como el Índice de Carencias Múltiples (Index of Multiple Deprivation) el cual clasificaba las áreas poblacionales según un conjunto estándar de indicadores de carencias básicas en el conjunto de una población. Las dimensiones tenidas en cuenta eran: empleo, salud, educación, vivienda, delincuencia y medioambiente. La identificación de las áreas se hacía en dos pasos: 1. las autoridades locales podían nombrarlas o proponerlas; 2. y, si cumplía la mayor parte de los criterios, eran aceptadas. Los límites eran determinados localmente e incluían una población de más o menos 10.000 personas. Apenas se tuvo en cuenta en este proceso la percepción de los residentes sobre si eran o no una «comunidad» o vecindario.

2. El sistema de gestión de las iniciativas: Las finanzas eran canalizadas a través de la autoridad local como responsable principal, pero el proyecto estaba bajo la supervisión diaria de un equipo. Este equipo estaba formado por técnicos de las agencias locales y estatales implicadas como las de salud y policía, miembros elegidos del municipio o la región, directivos de negocios locales o representantes de asociaciones empresariales, representantes de organizaciones cívicas, comunitarias y de voluntariado y representantes de los residentes. La idea era actuar en todos los frentes de forma coordinada implicando a todos los agentes locales. Un pequeño equipo de técnicos altamente motivado solía trabajar para el proyecto con la obligación de planificar e informar al equipo.

3. Las relaciones de poder entre el gobierno central y los equipos locales: El gobierno central mantuvo el poder de control sobre los equipos de trabajo a través del control de los recursos y el derecho a vetar y aprobar los proyectos anuales que aquellos presentaban. Para ello, las oficinas centrales proporcionaban guías anuales detalladas de trabajo que obligaban a seguir a los equipos. De ese modo, sus posibilidades de elección y de decisión

sobre las prioridades y el uso de los recursos que se les daba quedaba limitado. Ello parecía fundamental para que ningún equipo lo utilizase en su propio provecho. Si bien, la flexibilidad en la preparación de los planes era bastante amplia. Había una libertad considerable en la elección de los objetivos. Habitualmente, los objetivos que se les exigían hacían referencia a: 1. problemas físicos y medioambientales; 2. problemas particulares del área que había que prevenir (conductas antisociales, drogas, embarazos adolescentes, etc.); 3. y, aquellos diseñados para asistir a minorías particulares (buscadores de asilo, desempleados, personas con alguna discapacidad).

4. La concepción de «comunidad»: Se asumía de forma implícita que las áreas consideradas agrupaban comunidades relativamente homogéneas que podían ser persuadidas de forma colectiva a vincularse a los proyectos. No se tenían en cuenta los conflictos internos de interés fracturados por edad, género, origen étnico, tipos de viviendas, forma de tenencia y otras muchas que diversificaban los intereses reales de las familias y los individuos. De tal manera que no todos quedaban representados en los equipos de trabajo. Solían producirse sesgos claros de sobre-representación de algunas comunidades particulares de intereses.

5. El constante cambio de las políticas gubernamentales en el centro. El cambio del escenario económico y político a nivel nacional tenía fuertes efectos sobre las políticas locales. La desindustrialización y la reestructuración económica influyó decisivamente sobre estas áreas. Algunas emergieron de la mano de la nueva economía mientras otras permanecieron en una situación similar. El cambio de orientación del gobierno central a mediados de los noventa transformó también los objetivos de la agenda política y de estos proyectos pensados para funcionar a largo plazo generando a veces confusión en los equipos locales.

V.2.2. El entorno político-cultural británico de los noventa

El entorno político-cultural en el que se desarrollaron estas iniciativas es difícil de describir. Básicamente, podemos ahora reducirlo a unos pocos rasgos muy importantes respecto al modelo de justicia penal que se tendía a imponer en el Reino Unido y Estados Unidos a partir de los años setenta según los ha planteado D. Garland (2001):

1. Debilitamiento en las intervenciones de la justicia penal de las actuaciones que buscan la rehabilitación.
2. Resurgimiento de las sanciones punitivas y la justicia que busca expresar de forma «justa» la ira y el resentimiento provocado por el delito a través del castigo que se convierte en un modo de retribución del dolor causado a la víctima o a la «comunidad».
3. Consideración progresiva del temor al delito como un problema social fundamental.
4. Tendencia a centrar la atención de la justicia en la víctima del delito como elemento central de protección y seguridad. Esa víctima se considera común y colectiva más que individual y atípica. En su figura individual, es sujeto de derechos especiales por su situación de víctima. Y, en su figura colectiva se confunde con el público al que hay que proteger por encima de todo.
5. La prisión se ha convertido en una institución que busca, principalmente la contención incapacitante de los delincuentes. Se integra en un sistema cuyas funciones fundamentales pasan a ser las de control y evaluación de riesgos más que la de rehabilitación. Es un medio para satisfacer la demanda política popular de retribución a la víctima y seguridad pública. El preso deja de ser reconocido como sujeto de derechos.
6. Se ha desplazado a los grupos profesionales en la toma de decisiones sobre el sistema penal para que las decisiones

sean tomadas en la arena política, bajo presión de los intereses partidistas.

7. El pensamiento criminológico se ha desplazado desde la preocupación por la situación de privación del delincuente individualizado, a la preocupación por el control de la situación colectiva en la que se produce el delito.
8. El delito ha dejado de ser un evento anormal o patológico para ser un acto normalizado explicable a través de motivaciones racionales estándar.
9. Más que «curar» o reorientar al individuo, lo que se busca es prevenir la posibilidad del delito, incrementar los controles situacionales y sociales y modificar las rutinas cotidianas que implican riesgos.
10. Desarrollo de una nueva infraestructura penal orientada a la prevención, la seguridad, la reducción de perjuicios, reducción de daños y del temor al delito.
11. Desarrollo de estrategias complementarias de control del delito mediante la expulsión y la exclusión de los potenciales criminales junto al fortalecimiento de las iniciativas para el desarrollo de controles internos en los vecindarios sufragados y mantenidos por las propias «comunidades» que son potenciados por el Estado y que implica a la sociedad civil y las empresas, así como a un sector económico renovado de seguridad privada.
12. Se acentúa la importancia de la gestión eficiente de riesgos y recursos para aumentar el control y la sensación de seguridad en el público más que para reducir la delincuencia.

En este contexto cultural y social, a finales de los noventa, se encontraba el Reino Unido en una situación económica en la que, la riqueza aumentaba pero las desigualdades no se reducían. El principal reflejo de ello era una gran fractura dentro del país que dividía a los que vivían en estas áreas urbanas degradadas y el resto de la población.

V.2.3. Las iniciativas políticas desde finales de los noventa

A mediados de los noventa, el gobierno laborista se planteó un cambio de estrategia con dos objetivos básicos: 1) reducir el desempleo y la delincuencia, y, mejorar los niveles de salud, las capacidades laborales, las viviendas y el ambiente físico; 2) reducir la distancia entre los vecindarios en peor situación y el resto del país.

Con tal fin, el gobierno lanzó varias iniciativas sucesivas entre las que destacan:

A) ***La creación de un presupuesto único para la regeneración de áreas con graves carencias (The Single Regeneration Budget) (1993-)***

En el primer programa de regeneración, se proponía a las autoridades locales hacer propuestas de formación de patronatos que vinculasen a la autoridad local con los representantes de intereses económicos y de las comunidades. Estos patronatos podrían seleccionar las áreas de intervención y el tipo de actividad que requiriese un intensivo tratamiento de cinco a siete años. Las temáticas que se plantearon eran todas: desarrollo económico, mejora de las viviendas, equipamientos de salud, desempleo y prevención de la delincuencia. Año a año, las iniciativas locales fueron concentrándose en cuestiones relacionadas con el medio ambiente y las viviendas. Los resultados fueron bastante pequeños y se encontró un gran problema: cuando la población de los vecindarios en peores situaciones se había beneficiado de las mejoras, éstos tendían a moverse a otros vecindarios y su espacio era rellenado con otros de menor nivel.

B) ***El nuevo pacto social para comunidades (The new deal for communities) (1998-)***

La segunda gran iniciativa fue denominada: «El nuevo pacto social para comunidades». Esta propuesta volvió a identificar áreas de 10.000 habitantes con muy graves carencias. Esta vez era sin la intervención de las autoridades locales. La mayor parte eran áreas situadas en el centro de las ciudades (inner cities), zonas con poblaciones étnicamente diversas, viviendas en diferentes tipos de propiedad y uso de la tierra, y en algunos casos con condiciones medioambientales adversas. En éstas el sentimiento de inseguridad, el nivel de desempleo y el número de enfermos eran indicadores que tendían a marcar casi el doble que el promedio en Inglaterra.

La gestión estaba a cargo de equipos de gestión especializados junto a equipos técnicos de funcionarios. Formaban parte de los equipos tres sectores: público, privado y cívico (residentes) que eran ahora la mayoría.

La evaluación quedaba en manos de un equipo externo que trabajaba a nivel nacional. Este equipo recogía datos intentando capturar todas las dimensiones del programa y comparaba con áreas no sujetas a programas de regeneración.

Las áreas de intervención eran: salud, educación, delincuencia, desempleo, vivienda y ambiente físico. Las mayores mejoras se produjeron en el medioambiente, en la percepción del cambio que tenían los residentes y en los problemas de salud mental. Los proyectos de regeneración de las viviendas y el ambiente físico fueron las que más dinero recibieron. La salud, la delincuencia y el desempleo recibieron mucha menor atención. La proporción de residentes implicados en estos programas se cifraba en el año 2008 en un 17%.

C) ***Exploradores de gestión de vecindarios (NeighBourhood Management Pathfinders)***

Alternativo al programa anterior, en el año 1997 comenzó a proponerse el desarrollo de un plan de acción centrado en la búsqueda de equipos locales que desarrollaban las mejores prácticas de intervención y desarrollo. Los gestores de vecindarios deberían ayudar a mejorar los resultados de los servicios locales mediante la mejora y la unión de servicios y haciéndolos más sensibles a las necesidades locales. Los beneficiarios de estas ayudas fueron autoridades locales, organizaciones del tercer sector y asociaciones vecinales. Los proyectos eran realizados por pequeños equipos técnicos y gestionados por equipos en los que participaban miembros elegidos y funcionarios locales, representantes de los proveedores de servicios y los residentes locales.

El trabajo de estos equipos funcionó bien para mejorar los servicios de vigilancia y calidad medioambiental. Asimismo, mejoró la percepción de los habitantes sobre su capacidad de participación en la toma de decisiones. Los equipos de prestación de servicios también aumentaron su motivación y su vinculación a los residentes clave.

El mayor problema de este programa fue su coste. Resulta difícil de evaluar los resultados y al haber una fuerte presión local, se pueden desarrollar proyectos que desde otra perspectiva no serían tan fuertemente financiados. Este tipo de equipos pueden ser percibidos como lobbies fuertes que aumentan las presiones para gastos adicionales. Debido a ello, fue suprimido en el año 2012.

D) ***La gran Sociedad (The big society)***

Tras los recortes comenzados ante la crisis económica del año 2007-2008, el gobierno británico comenzó a desarrollar una nueva agenda basada en el concepto de la «gran sociedad». La idea central era sustituir la financiación estatal por la iniciativa privada y cívica a niveles locales. Esta propuesta abarca un gran rango de estrategias que enfatizan la devolución del poder a la parte baja de la jerarquía administrativa, y promueven la descentralización en la gestión y financiación del gasto social. Desde el partido conservador se habla de devolver el poder a los Ayuntamientos, los vecindarios y los ciudadanos para promover las comunidades que se autoayuden.

Sin embargo, estas políticas tienden a traducirse en, por ejemplo, que cuando el gobierno local ve reducido su presupuesto, las comunidades locales son persuadidas a tomar el control de los servicios locales tales como las bibliotecas y los centros comunitarios. En tales circunstancias, las comunidades con más recursos son las que pueden superar la crisis, mientras las demás se hunden. Las evaluaciones de estos proyectos llegan a concluir que las comunidades fueron fortalecidas y los servicios indudablemente mejoraron bajo este tipo de programas mientras fueron financiados, pero cuando el presupuesto se reduce, los niveles de servicio se ven a menudo profundamente reducidos para aquellos que vivían en áreas deprimidas y con problemas reales.

De este modo, podemos ver que, en realidad, con la estrategia de empoderamiento de los poderes y actores locales, el problema de estos vecindarios no encuentra solución real. En opinión de N. Bailey (2012) las políticas focalizadas sobre los vecindarios con graves carencias tendrán siempre un limitado impacto salvo que también se dirijan a influir sobre las tendencias sociales y económicas a nivel nacional. Es decir, es necesaria la implicación de actores en todos los niveles tanto públicos como privados y cívicos para afrontar los problemas de las zonas urbanas con mayores carencias porque éstas son un problema estructural del sistema económico global y no simplemente un problema circunstancial local.

V.3. POLÍTICAS DE INTERVENCIÓN URBANA EUROPEAS A COMIENZOS DEL SIGLO XXI

En la Europa continental, afrontar el problema de la Vulnerabilidad Urbana ha sido siempre una cuestión importante en las agendas políticas tanto a nivel nacional como a nivel local.

A nivel nacional, la más interesante política desarrollada a lo largo del tiempo es la política de realojos. Estas políticas fueron centrales conforme iban creciendo las ciudades por el éxodo rural impulsado por el crecimiento de las economías urbanas en la era industrial. Dichas políticas respondían a una realidad física imperativa: los poblados chabolistas. Entonces, no parecía necesario tener en cuenta el trabajo porque mientras la economía se desarrollaba, la tendencia general era al aumento del trabajo remunerado y de calidad. Si bien, algunos sectores de la sociedad tendían a quedar fuera debido a la gran dificultad para su incorporación al mercado laboral normalizado. El caso de las comunidades gitanas en España es paradigmático en este sentido. Hoy, sigue siendo un problema claro con muchos inmigrantes sin documentos ni trabajo.

Vinculada a este tipo de políticas, se desarrolló en todos los niveles gubernamentales las políticas de viviendas sociales o de protección oficial. Éstas iban dirigidas a personas con escasos recursos que, o bien vivían en infraviviendas, o bien, deseaban emanciparse, o bien, querían comprar una primera vivienda.

En los años ochenta, la suposición teórica que unía crecimiento de la economía capitalista y empleo empezó a tambalearse. La nueva economía emergente no parecía seguir esa lógica. A pesar de ello, el discurso predominante venía a proponer el reciclaje de los trabajadores para adaptarse a las nuevas necesidades del mercado de trabajo como la solución adecuada. No era cuestión de inversión estatal para crear más puestos de trabajo (política keynesiana de entre guerras). Las políticas más innovadoras pasaron de dirigirse a complementar las rentas cuando se era expulsado del mercado de trabajo, a ser políticas activas de empleo. El Estado se implicó en el reciclaje de los trabajadores y a dar ayudas solo a aquellos que se esforzaban por trabajar. Los demás parecían solo sectores residuales a mantener. El Mercado, se encargaría de incorporarlos cuando tuviesen las capacidades adecuadas.

En la actualidad, aunque hay estudios que venían haciendo ver que había un cambio profundo del paradigma económico que impediría el desarrollo de un mercado de trabajo seguro para todos desde hacía mucho tiempo, ya se ha abandonado el sueño de más crecimiento, más trabajo (de calidad) para todos, aunque no nos atrevamos a decirlo. Por eso, hoy día, en unas ciudades donde el desempleo y el empleo precario se extienden hasta formar parte de la nueva economía globalizada, las políticas de inclusión nacionales van en línea directa a fomentar el desarrollo de políticas de rentas mínimas para parte o para toda la población.

El otro tipo de políticas que se extienden en las zonas urbanas problemáticas es la política policial o penal. Ésta no ataca el problema de la vulnerabilidad directamente sino el problema de la delincuencia que a veces se desarrolla en dichos entornos. En la actualidad, dichas políticas se dirigen más a aumentar la seguridad de los espacios públicos y privados que a perseguir el delito concreto. Se llaman políticas de situación o situacionales. Su interés está en localizar los puntos físicos y simbólicos en los que se tienden a producir más delitos, y, reforzar con sistemas de vigilancia y presencia policial en dichas áreas para que el delito se reduzca y se conviertan en «áreas segura».

A nivel local, las políticas de lucha contra la vulnerabilidad urbana se han convertido en piezas centrales del nuevo modelo de gestión. Las principales políticas de este tipo se engloban dentro de lo que se denomina las políticas de regeneración urbana.

V.3.1. Las políticas de regeneración urbana

Las políticas de renovación o regeneración urbana son aquellas actividades que tienen como objetivo la renovación de espacios urbanos existentes.

Este tipo de políticas se han dirigido a cuatro tipos de espacios urbanos en Europa:

1. Áreas urbanas centrales y los centros de las ciudades.
2. Viejas áreas urbanas empobrecidas alrededor de los centros de las ciudades.
3. Áreas urbanas creadas tras la II Guerra Mundial con un gran número de edificios de viviendas protegidas y de alto riesgo.
4. Antiguas áreas industriales, puertos y áreas militares o de infraestructuras ferroviarias.

Cada uno de estos espacios muestra unas problemáticas diferentes y una ubicación distinta dentro de las ciudades. Las más afectadas por el problema de la segregación territorial son las áreas de las categorías dos y tres.

Las políticas de renovación urbana tradicionales dirigidas a estas áreas se pueden dividir en dos categorías:

1. Socialmente orientadas: Son programas de acción sobre vecindarios con manifiestas desventajas sociales. A menudo, cubren áreas que incluyen grandes urbanizaciones y edificios con viviendas de bajo coste. Los objetivos de estos programas incluyen incrementar la satisfacción de los residentes con la situación de sus viviendas, así como incrementar el apoyo a sus habitantes para la escolarización de los niños y la búsqueda de trabajo con programas que, por ejemplo, reduzcan los efectos negativos de la concentración espacial o la segregación residencial. Los criterios de selección de estas áreas suelen hacerse en función de datos sobre: porcentaje de pobres, inmigrantes y personas desempleadas, así como de otros problemas sociales que no siempre implican la situación física de las viviendas.

   Los principales problemas físicos de estas áreas suelen ser: son áreas que sólo tienen viviendas. No hay servicios, ni comercios, ni lugares de ocio. Y, la arquitectura es monótona y extremadamente artificial.

2. Programas nacionales de regeneración física: Son programas de demolición de edificios y reconstrucción de las áreas para generar un nuevo ambiente local. Estos programas son generalmente desarrollados cuando las construcciones originales son de calidad muy baja, o eran viviendas demasiado pequeñas, o no cumplían las exigencias mínimas legales. También se han utilizado para reducir el número de viviendas de protección oficial al considerarse que había una sobreoferta debido a la reducción de los habitantes que podían ocuparlos por la desindustrialización, la emigración o la declinación de la población en el área.

V.3.2. Las políticas de renovación urbana a partir de los años noventa

A partir de los años noventa se hizo patente el creciente desequilibrio producido entre el mercado laboral y las estructuras urbanas. El mercado laboral urbano había ampliado sus límites geográficos más allá de los municipios. Las clases medias se habían trasladado a vivir en las áreas urbanas próximas y bien comunicadas, y regresaban diariamente a trabajar a los núcleos centrales de negocios. Mientras, mucha de la gente que vivía en la ciudad, normalmente en el centro deteriorado o en las periferias antiguas, había empeorado en sus condiciones de trabajo o, simplemente, ya no tenía trabajo. Ante ello, se vio necesario una renovación integral de la ciudad que expandiese las oportunidades laborales.

Desde entonces, la renovación urbana se convirtió en una política que se enfocaba al mismo tiempo en objetivos físicos, sociales y económicos. Las estrategias políticas buscarían principalmente mantener a los residentes en áreas de regeneración urbana y desarrollar un modelo de desarrollo que fuese sostenible.

Algunas de las **estrategias** que se han desarrollado son:

1. **Políticas de mezcla de clases sociales**: Para ello, se pasa a hacer una política de vivienda pública oficial en la que se incremente el porcentaje de este tipo de viviendas en áreas donde no hay mientras se reduce su proporción en áreas donde hay muchas.
2. **Política integrada de renovación social y urbana**, enfocada sobre: la escolarización, la seguridad, los ingresos básicos, los servicios sociales para los más necesitados (por enfermedad, discapacidad, envejecimiento o pobreza) y la renovación de las economías de la ciudad.
3. **Políticas de mejora del medioambiente** y de más integración en la economía de la ciudad. Ello se tiende a hacer con derribo de edificios mal construidos y apoyo a

la construcción de nuevos, adaptados a las necesidades especialmente de nuevos inquilinos de clases medias.

Ninguna de estas políticas parece que solucionase el problema de fondo a largo plazo. Y, una y otra vez, el problema de la segregación espacial parece ir creciendo poco a poco, y extendiéndose a todas las ciudades.

Ante ello, en este siglo XXI, se han comenzado a desarrollar y a plantear **combinaciones de estrategias políticas** diferentes que tienen en común tres *características*:

— La ayuda técnica se dirige a las personas situadas en cada área donde hay mucha gente con problemas de desempleo, ingresos bajos u otros problemas con la intención de reducir el «efecto vecindario» (la estigmatización y la falta objetiva de recursos en el área) sobre la vida de las personas concretas.

— Las ayudas son acciones integradas que combinan objetivos económicos, físicos, de seguridad, educativos, de salud y culturales. Por ello, son elaboradas las intervenciones de forma interdisciplinar.

— La gestión, responsabilidad y el sistema de toma de decisiones de los programas de intervención pasan de ser enteramente públicos a ser desarrollados por patronatos o alianzas público-privado en los que se aumenta la participación de diferentes actores que incluyen a la mayor parte de la ciudadanía. Este proceso implica que la toma de decisiones pasa de tomarse a niveles externos al lugar del problema, para adoptarse en los niveles donde los problemas realmente ocurren y se sienten. Con ello, se están desarrollando nuevas formas de servicios locales y agencias que surgen desde los propios lugares de intervención.

Como podemos observar existe una gran similitud entre estas políticas y las desarrolladas en el Reino Unido. El centro del debate se encuentra en no saber hasta qué punto es eficaz la intervención local si no hay una intervención estatal reguladora que estabilice los problemas principales que escapan de las actuaciones locales, como, por ejemplo: la regulación del mercado de trabajo. Sí parece claro la utilidad de la perspectiva holística de la intervención. No está igual de claro su utilidad en un marco regulatorio nacional e internacional que fragmenta y divide.

Ejercicio:

Haz un resumen breve del tema:

¿Cuáles son las ideas principales?

¿Cuáles son los conceptos nuevos?

¿Qué idea es la que más me ha llamado la atención?

¿Qué dudas me surgen?

¿En qué aspecto no estoy de acuerdo con el autor?

BIBLIOGRAFÍA RECOMENDADA

Bailey, N. (2012). Turning Around the Poorest Neighbourhoods: Learning the Lessons from 20 Years of Neighbourhood-Based Regeneration Strategies in England. Living on the Boundaries: Urban Marginality in National and International Contexts: Advances in Education in Diverse Communities: Research, Policy and Praxis (Vol. 8). Emerald Group Publishing Ltd.

Droste, C., Llelvrier, C. & Wassenberg, F. (2008) Urban regeneration in European social housing areas. Chapter 11 of *Social housing in Europe II: a review of policies and outcomes.* LSE London, London, pp. 301-303. ISBN 9780853283133

Garland, D. (2001). *La Cultura del Control. Gedisa Editorial.*

Lang, T. (2005). Insights in the British Debate about Urban Decline and Urban Regeneration. en Living on the Boundaries: Urban Marginality in National and International Contexts Advances in Education in Diverse Communities: Research, Policy and Praxis, Volume 8, 313–328 Emerald Group Publishing, ISSN: 1479-358 X/doi:10.1108/S1479-358X(2012)0000008017

Sánchez G., I. (2011). Redefiniendo la pobreza y la penalidad: la formación del Estado neoliberal. *RES. Revista Española de Sociología*, 15, 97–102.

Wacquant, L. (2006). Castigar a los parias urbanos, *Antípoda* n.º 2, enero-junio de 2006, pp. 59-66, ISSN 1900-5407, pp. 59-66.

CAPÍTULO VI
EL CINTURÓN NEGRO DE CHICAGO. LA FORMACIÓN DEL HIPERGUETO. ESTADO, CLASE Y RAZA

INTRODUCCIÓN

Este capítulo sintetiza varios estudios realizados en torno a espacios urbanos profundamente degradados de Estados Unidos de América, en los que la segregación espacial y la segregación racial se complementaron para crear unos espacios asociados profundamente a la delincuencia. La ciudad tratada como referencia ha sido Chicago. Se resume la investigación de Waquant. Se ahonda en el debate sobre la relación entre la pobreza y la delincuencia urbana con la investigación de Morenoff y Sampson. Y se presentan los resultados del estudio para 79 ciudades de Krivo, Peteson y Kuhl (2009) sobre la relación entre los niveles de segregación racial urbana y los niveles de delincuencia.

Objetivos principales:

1. Conocer la investigación de Waquant sobre Chicago en los años ochenta y noventa: hipótesis, métodos de trabajo y resultados.
2. Conocer el trabajo de Morenoff y Sampson sobre pobreza y delincuencia en Chicago: hipótesis, métodos y resultados.
3. Conocer la investigación de Krivo, Peteson y Kuhl sobre niveles de segregación territorial y racial, y, niveles de delincuencia: hipótesis, método y resultados.
4. Ahondar en conceptos fundamentales.

Chicago es una de las grandes ciudades de la América Industrial. En 1850 había 29.963 habitantes censados. En 1890 tenía ya más de un millón de habitantes. Siguió creciendo extraordinariamente en las siguientes décadas hasta que en 1950, llegó a alcanzar una población de 3.620.962 habitantes censados. Desde entonces, comenzó a declinar. La peor década fue la década de los setenta, en la que su población se redujo casi un 11%. Después, ha fluctuado tendiendo a reducirse hasta el año 2010, último censo, en el que tiene una población de 2.695.598. Es casi un millón de habitantes menos que sesenta años antes.

Sin embargo, este descenso de población no significa que la ciudad de Chicago está en una situación declinante. Dicho proceso no puede ser adecuadamente comprendido si no es atendiendo a la evolución de su área metropolitana.

El área metropolitana de Chicago es una de las más grandes del mundo y de las economías más diversificadas. En 1950, esta área comprendía una población de 5.495.364 habitantes según el censo. En el año 2010 eran: 9.461.105. Y, había pasado de ser un área formada por seis condados a estar formada por catorce condados.

Las imágenes son muy poderosas para hacernos conscientes de lo que quiere decir el área metropolitana de una ciudad. Si el lector puede, vaya a Google Map o a cualquier otro software parecido y observe la imagen de satélite de Chicago. Sitúese en la orilla sur de la desembocadura del río Chicago, en el New East Side. Y vaya reduciendo el zoom de la aplicación hasta que aparezca en la pantalla, en el Oeste, la pequeña ciudad de Stering. Como podrá observar, las zonas verdes dominan ya el mapa. En el centro, queda Chicago, en la costa del gran lago Míchigan. Es una mancha blanquecina reticulada por las numerosas vías que la atraviesan, uniendo un territorio que va más allá de la ciudad. Los 20 kilómetros alrededor del núcleo del que partíamos, en todas direcciones salvo el lago, es, prácticamente, una zona edificada homogénea a esta altura. Los siguientes 20 kilómetros parecen zonas verdes. Sin embargo, si uno se aproxima a esas zonas observará que salvo algún área verde especial, la mayoría son urbanizaciones de clase media perfectamente cuadriculadas y conectadas. Por ejemplo: Westmond o Burr Ridge. Igualmente, si ahora nos situamos en los 20 kilómetros más próximos a la desembocadora del río Chicago encontraremos otras imágenes desde el aire. Al lado de la desembocadura: los rascacielos. Diez kilómetros más allá, en los vecindarios de Riverdale, Fuller Park, Englewood, South Deering, North Lawndale o Bronzeville encontramos otras imágenes de las casas y los entornos (Figura VI.1).

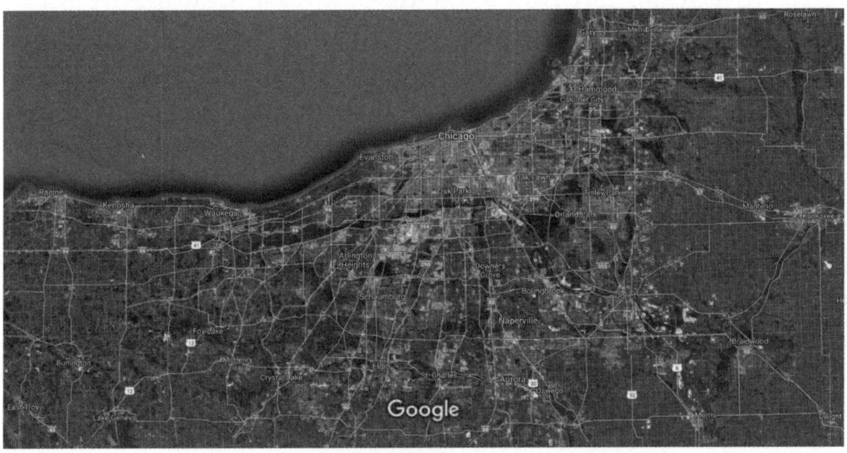

Imagery ©2018 NOAA, Landsat / Copernicus, Map data ©2018 Google 10 km

Figura VI.1. Área Metropolitana de Chicago

Así, la población mayoritaria del Área Metropolitana había pasado de vivir en la ciudad de Chicago (65%) en 1950 a vivir dentro de la ciudad sólo un 28%. Y, eso se había producido mientras que la ciudad declinaba un 25% y el área metropolitana crecía un 72%.

VI.1. LA INVESTIGACIÓN DE LOUIC WAQUANT

Louic Waquant investigó en los años noventa las zonas más depauperadas de la ciudad de Chicago. Su hipótesis de trabajo era que los guetos formados a partir de los años veinte en la ciudad (South Side y West Side, así como los barrios inmediatamente limítrofes que crecieron en la posguerra pasaron por unos procesos históricos que los transformaron en los años ochenta y noventa hasta convertirlo en lo que él ha denominado un «hipergueto» o «gueto postindustrial». Según su propuesta explicativa, la crisis del gueto de Chicago no se produce como consecuencia de que las familias o los individuos hubiesen roto las estructuras establecidas porque desarrollaran una cultura étnica perniciosa o patológica, ni porque se volvieran perezosos debido a un Estado del Bienestar dispendioso que mantenía la miseria al recompensar la pereza y el vicio. Se produce porque un cambio macro-estructural transformará las relaciones sociales en el gueto. La lógica de ese cambio estructural es la siguiente: El desempleo y la exclusión económica derivados de una sociedad industrial avanzada en proceso de deslocalización industrial y globalización de la economía, al alcanzar niveles muy agudos sobre el fondo de una rígida segregación racial, desencadenaron un proceso de exacerbación de la lógica excluyente del gueto. La consecuencia principal fue una creciente concentración espacial y social de la pobreza extrema.

La concentración espacial de la pobreza significa una estructura social transformada radicalmente porque: primero, se reduce drásticamente el número de puestos obreros en la nueva economía; y segundo, los que tienen todavía trabajo, los asalariados que quedan, huirán en cuanto puedan de estos espacios de la ciudad agravando el proceso de deterioro de las viviendas, las escuelas, los comercios, los equipamientos de ocio y las organizaciones sociales y cívicas del barrio.

En esa situación, el tejido institucional local se rompe, se resquebraja, y se vacía de recursos. La estructura de oportunidades, de expectativas vitales, se reduce. Y, en ese espacio de la ciudad, las lógicas de relación social que existían no pueden mantenerse.

VI.1.1. La investigación cuantitativa

El autor utiliza datos cuantitativos para poder situar adecuadamente el cambio histórico que se produce en las zonas de exclusión (West Side y South side) desde los años setenta a los noventa. Con esos datos quiere contrastar sus hipótesis sobre la desindustrialización y la **hiperguetización** que se produce en esas zonas de Chicago. Y comparó cómo cambiaron los datos de:

1. El porcentaje de familias bajo la línea de pobreza.
2. La tasa de desempleo.
3. El porcentaje de hogares monoparentales con una mujer como responsable.
4. Los ingresos por unidad familiar.
5. El porcentaje de residentes con estudios universitarios completos.

El South Side fue el área que venía de una situación peor y se mantuvo la diferencia. Dentro de ella, el barrio de Oakland fue el que más perdió. Si bien, todos los indicadores muestran la misma tendencia en cada barrio (Figura VI.2).

¿Cómo se puede explicar este proceso? Según Waquant, ello se produjo como consecuencia de un conjunto de transformaciones de la economía industrial y del espacio urbano que se reforzaron en los años previos hasta privar a estas áreas urbanas de su papel tradicional de reserva de mano de obra no cualificada.

Los cambios estructurales que considera este autor como explicativos son:

1. La reubicación de las fábricas hacia los Estados del Sur de Estados Unidos (Sunbelt) a lo largo del siglo XX, mientras la población negra emigraba al Rustbelt (ciudades del noreste de Estados Unidos) a trabajar en las fábricas como obreros.

2. La terciarización de la economía, crecimiento del sector financiero y organización postaylorista de la producción.
3. La ofensiva empresarial contra los sindicatos que redujo su poder organizativo y permitió la desregulación del empleo.
4. Abandono de las políticas de reducción de las desigualdades raciales.

Sector	Familia bajo la línea de pobreza (%)			Tasa de desempleo			Hogar monoparental mujer (%)			Ingreso por familia*			Residente c/universit compl. (%)	
	70	80	90	70	80	90	70	80	90	70	80	90	70	80
West Side														
Near West Side	35	47	52	8	16	21	37	56	60	6,0	7,5	10,3	5	13**
East Garfield Park	32	40	46	8	21	28	34	55	61	6,4	9,7	14,3	1	2
North Lawndale	30	40	44	9	20	27	33	52	60	7,0	9,9	14,2	2	3
West Garfield Park	25	37	36	8	21	27	29	49	55	7,5	10,9	17,1	1	2
South Side														
Oakland	44	61	70	13	30	45	48	74	77	4,9	5,5	5,9	2	3
Grand Boulevard	37	51	64	10	24	34	40	60	72	5,6	6,9	8,4	2	3
Washington Park	28	43	57	8	21	31	35	57	70	6,5	8,1	9,1	2	3
Near South Side	37	43	61	7	20	25	41	71	75	5,2	7,3	7,6	5	9

* En miles de dólares anuales.

** Aumentado a causa de la gentrificación de algunos sectores.

FUENTES: Chicago Fact Book Consortium, *Local Community Fact Book: Chicago Metropolitan Area* (Chicago Review Press, 1984), e *idem*, *Local Community Fact Book: Chicago Metropolitan Area 1990* (*ibid.*, 1995).

Fuente: Waquant (2007, p. 122)

Figura VI.2. Algunas características de los barrios del gueto de Chicago. 1970-1990.

Todo ello, en conjunto, tuvo como consecuencia la desaparición de la mayor parte del trabajo ocupado por las personas consideradas «negros» en los setenta y ochenta. El porcentaje de adultos sin empleo llega en el South Side a alcanzar más de un 70% de personas y más del 65% en el West Side. Las diferencias entre hombres y mujeres también son importantes y mantenidas en ambos lugares siempre a favor de los varones. Las diferencias en niveles de empleo entre ambos espacios se encontraron directamente asociadas también a las distancias en los tipos de estudios medios alcanzados, así como la clase social de origen y la riqueza heredada. E inversamente asociada a la utilización de los servicios sociales y ayudas públicas durante la infancia.

En consecuencia, al comparar la estructura de clases ocupacionales entre las zonas centrales de los guetos y sus zonas perifericas, Waquant observa que existe una gran dislocación entre ambas. Fija su atención en tres grupos: las profesiones de clase media, las posiciones de obrero y el grupo de los desempleados. Hay una desproletarización por desocupación en el corazón del área estudiada mucho más aguda de la que encuentra en el área periférica (Figura VI.3).

(Valores aproximados)	Periferia del Gueto	Núcleo del Gueto
Clase media	11%	6%
Clase obrera	55%	33%
Desempleados	33%	61%

Fuente: Waquant, 2007, pág. 132

Figura VI.3. Tabla de Estructura de Clases en el Gueto y la Periferia del Gueto (años ochenta).

La desproletarización por desempleo vino acompañada de la desaparición de los negocios, la pérdida de las viviendas y el aumento del flujo de drogas y empresas criminales. Con ello, las redes de solidaridad —estudiadas mediante estudios etnográficos— se resquebrajaron, y, los individuos y familias tendieron a quedar aislados en una lucha de unos contra otros por la simple supervivencia. Las iglesias y la prensa local se derrumbaron como agentes de unificación y acción colectiva.

El concepto de **Hipergueto**, lo utiliza Waquant (2007) para llamar la atención sobre esa situación puesto que, en ese espacio urbano se produce algo nuevo e inexistente en el gueto tradicional: «*La vida cotidiana ya no se encuentra estructu-*

rada dentro de un espacio social paralelo y relativamente autónomo que imite, aún a nivel inferior, la estructura institucional de la sociedad global y provea a sus habitantes de los recursos necesarios para desplegar sus estrategias de reproducción o de movilidad social. Y, los males sociales tradicionalmente asociados a la pobreza segregada de los Estados Unidos —la criminalidad violenta, el tráfico y consumo de drogas, las áreas de vivienda convertidas en «barrios bajos», la dislocación de las familias, el fracaso escolar y el deterioro del tejido asociativo y comercial— han alcanzado proporciones cualitativamente diferentes y se han articulado en una nueva configuración que dota a cada uno de ellos de un impacto más devastador que antes» (pág. 128).

De modo que, lo que Waquant encuentra en los noventa es un área compuesto por los sectores más vulnerables y marginados de la comunidad negra. Son el producto de una doble marginación o exclusión que parece tener un origen racial y de clase. Y, los datos cuantitativos le sirven para poder sostener esta tesis.

VI.1.2. La investigación etnográficas del gueto

La vida de los habitantes del gueto en Chicago a finales de los ochenta es descrita por Waquant tras su investigación etnográfica y contando con los datos cuantitativos necesarios sobre: número de comercios cerrados y tipos de comercios existentes, edad media de los edificios y condiciones de salubridad de éstos, entre otros.

La investigación etnográfica permitió a Waquant aproximarse a las personas que allí vivían y trabajaban. Pudo recoger información cualitativa fundamental sobre el tipo de trabajo que realizaba la gente, las economías informales, las ayudas sociales, la prostitución y el comercio de la droga. En su trabajo, Waquant llega a decir:

«*La droga está en todos lados, dentro y fuera, en los alrededores de North Lawndale así como en su núcleo. Se le compra a los vecinos o en la calle, o incluso en esos negocios en ruina de los cuales sólo subsiste la fachada, en aquel establecimiento religioso abandonado, en alguna sala de videojuegos o en una tintorería donde nadie limpia nada. Y junto a las drogas se expande un cortejo de epidemias y enfermedades mortales, de las cuales la hepatitis C, la tuberculosis y el sida son apenas las más visibles. Desde ahora, todo el mundo, o casi, dentro del gueto negro está más o menos directamente afectado por la economía de la droga, en tanto consumidor o vendedor, empleador o empleado, padre, compañero o amigo de un dealer o de un crackhead, o incluso como vecino y víctima de los conflictos y la violencia cotidiana que este capitalismo salvaje de los pobres siembra a su paso.»* (pág. 154)

A mediados de los ochenta, la violencia se había adueñado de zonas como la descrita. Aunque había más efectivos policiales, el número de asesinatos por habitante se doblaba por veinticuatro, así como también era muy superior el número de delitos sexuales y la incidencia de las agresiones violentas. Las bandas se habían adueñado de las calles y mantenían una guerra permanente y larvada entre sí por el control de los espacios y el tráfico de drogas. Los comerciantes y trabajadores se veían obligados a ir armados cotidianamente. La desconfianza alcanzaba a todos, también a la policía, pues muchos de sus miembros caían en las redes clientelares de la droga. La sensación y experiencia de inseguridad se adueñó de todos. Y los costes llegaron a ser devastadores.

VI.2. EL DEBATE SOBRE LA POBREZA Y LA CRIMINALIDAD URBANA EN ESTADOS UNIDOS EN LOS AÑOS NOVENTA

La investigación de Waquant en los años ochenta se inscribía dentro de un largo debate que llevaba produciéndose en Estados Unidos sobre la evolución de la pobreza urbana.

La hipótesis central a debate era si la población pobre se estaba quedando concentrada en los vecindarios del centro de la ciudad como consecuencia de la emigración de las clases medias y ricas a las afueras de ésta, ya no solo de la población blanca, sino también de la población negra que había conseguido acceder a ocupaciones de clases medias.

Dos de las teorías más relevantes de la época eran: la teoría de la despoblación de Wilson y la teoría de la segregación de Massey. La primera argumentaba que las áreas más deprimidas económicamente y con mayor índice de criminalidad deberían experimentar una emigración selectiva de familias negras de ingresos medios. La segunda plantea que la población negra, que puede huir de la inmediatez de la delincuencia en los vecindarios más empobrecidos encontrará muy difícil escapar a lugares en los que no se reproduzca el nivel de delincuencia.

VI.2.1. La propuesta de investigación de Morenoff y Sampson para explicar el desplazamiento de las familias que prosperan fuera de las zonas de exclusión

Jeffrey D, Morenoff y Robert J. Sampson, de la Universidad de Chicago, adoptaron una perspectiva muy interesante para entender los costes de la pobreza urbana. En 1997, estos autores publicaron una investigación sobre la relación entre el crimen violento y factores como el cambio de población en un vecindario, la segregación racial y el incremento de la pobreza.

El interés de estos autores estaba en desagregar el efecto de la delincuencia y la violencia de la influencia de otros factores que pueden contribuir a cambios urbanos como la concentración de la pobreza en vecindarios segregados y la despoblación de barrios determinados. Examinaron los efectos de los homicidios y varios factores ecológicos sobre los cambios demográficos que ocurrieron durante más de dos décadas en los vecindarios de Chicago.

Pusieron el acento en estudiar la hipótesis que sugiere que el cambio de la población en un determinado barrio de la ciudad está afectado no sólo por el nivel de delincuencia violenta que se produce en ese territorio sino también por el grado en el que predomina entre los residentes de esa área un sentimiento de miedo a ser víctima de un acto delictivo. Y, esperaban encontrar evidencias de que este sentimiento de miedo se extiende más allá de un espacio acotado en el que el nivel de delincuencia es elevado.

De modo que, las tendencias en las proximidades geográficas de un lugar con un alto nivel de delincuencia pueden afectar a las decisiones de los residentes acerca de si moverse a, o, desde ese vecindario. Y, asimismo, pueden contribuir al cambio en el tamaño y composición de la población del vecindario. Si bien, tuvieron en cuenta que la proximidad a un vecindario que está cambiando de tamaño y tipo de población también puede influir sobre el cambio de ese vecindario tal y como indicaban las antiguas teorías ecológicas de la ciudad.

El modelo teórico que estos autores proponía modificaba la teoría ecológica clásica sobre la delincuencia y las dinámicas urbanas. Argumentaban que:

1. La distribución del cambio de población en el vecindario está condicionada por factores geográficos como la proximidad física entre zonas diferentes en la ciudad.

2. La pérdida severa de población en los barrios degradados no se produce como consecuencia de la expansión de la industria y el comercio dentro de la ciudad sino por el vaciamiento de las áreas empobrecidas y excluidas que hay en el centro de la ciudad, más, el simultáneo incremento de población experimentado por las áreas en la periferia de las áreas de exclusión. Es una emigración no económica.

3. La delincuencia violenta tiene un efecto significativo sobre las dinámicas urbanas. Es decir, no solo tiene un efecto sobre el deterioro físico de un barrio o el incremento de la

inseguridad, sino que influye en la transformación demográfica del barrio. Es una razón para la emigración.

En la mayoría de los estudios, los niveles de delincuencia se utilizan como indicadores simbólicos del deterioro de la urbanidad y la habitabilidad de las áreas urbanas. Sin embargo, Morenoff y Sampson encuentran evidencias de que son algo más. Son un indicador de un factor central de cambio debido a que la delincuencia genera, por ejemplo: miedo a los extranjeros, retrae la participación en la vida comunitaria, debilita la organización cívica y social del vecindario y, también fortalece la tendencia a emigrar de esa zona de la ciudad.

Sin embargo, estos autores tienen claro que hay otros factores que influyen en dicha relación como: la pobreza, los niveles de asistencia pública, el desempleo, la estructura familiar, la composición racial y la pirámide de edad de la población en esa zona. Y, también defendían la necesidad de distinguir entre los niveles reales de delincuencia y los de miedo a la delincuencia pues ambos factores podían afectar a los cambios demográficos urbanos.

VI.2.2. Metodología en la investigación de Morenoff y Sampson

La metodología utilizada para la investigación fue un análisis empírico de datos censales a nivel de pequeñas áreas geográficas urbanas relativamente estables que tienen un tamaño poblacional entre 2.500 y 8.000 personas (área censal) y datos del número de homicidios geolocalizados dentro de Chicago. La variable dependiente era el cambio en la población de cada área censal para cada período intercensal de diez años, diferenciando entre población negra y blanca.

La medición del cambio se hizo con dos medidas diferentes: 1. La puntuación de cambio de fila; 2. La puntuación del cambio residual. La primera resalta la diferencia entre dos períodos de tiempo y permite evaluar si es predecible en función de las diferencias de puntuación de las variables independientes. La segunda refleja la cantidad de cambio en la población de un área censal dada que no puede ser explicada en función de su nivel inicial de población si todas las áreas censales siguieran el mismo cambio. De modo que el análisis de esta variable no está afectado por el tamaño de la población al comienzo del período, y se excluye del estudio el cambio que afecta a todas las áreas por igual. El cambio residual se estudió para todas las variables independientes.

La variable utilizada para el estudio de la delincuencia violenta se redujo al estudio del número de homicidios por área censal. Se basaron en el supuesto de que los índices altos de homicidios suelen ir acompañados de índices altos en todos los demás delitos violentos.

VI.2.3. Resultados de la investigación de Morenoff y Sampson sobre el abandono de un área

El análisis realizado utilizó el método de regresión múltiple de componentes principales. Incluyó trece variables censales que representaban un rango importante de las características sociodemográficas de cada área censal. La inclusión de las variables se hizo a través de las variables latentes encontradas mediante un análisis factorial. Esas variables latentes caracterizaban los vecindarios de Chicago en función de una estructura ecológica estable consistente en cuatro dimensiones independientes: la desventaja socioeconómica, la diferenciación según etnia frente a inmigración, la composición por edad y la estabilidad residencial. Cada uno de ellos apuntaban a un factor clasificador totalmente diferente del resto. Con ello, la complejidad de la caracterización de cada área urbana se reducía enormemente.

La comparación de lo ocurrido en los distintos vecindarios de Chicago respecto a estas dimensiones en los períodos estudiados indicaba:

1. Había claras evidencias de una relación entre el cambio poblacional, la desventaja económica y el homicidio.
2. Esa relación estuvo condicionada espacialmente por el proceso de expansión del área deprimida o en depresión.
3. Y, la distinción centro-periferia parece ser relevante a través del cruce de dimensiones múltiples de los vecindarios en transición.
4. También observaron que las dinámicas espaciales de los homicidios difieren de forma importante de la distribución de las desventajas socioeconómicas.
5. Y, que una parte significante de la variación en el cambio poblacional está probablemente relacionada con la difusión de los homicidios de forma independiente a lo que ocurre con el empobrecimiento de las áreas.

Es decir, no hay una única vía para el abandono de un área de la ciudad, sino que, de forma independiente, el empobrecimiento y el aumento de la delincuencia afectan a dicha decisión.

Además, entre otras cosas, los resultados obtenidos dejaban patente que las dinámicas ocurridas eran diferentes para la población blanca y la población negra. La población blanca tendía a huir claramente de las áreas de altos niveles de desventaja socioeconómica y homicidios, así como de los próximos a esas zonas. Mientras, la población negra que podía, huía, pero, quedaba atrapada en zonas donde se mantenía y crecía la pobreza y la delincuencia.

Así, los autores concluían que, en el caso de Chicago, queda patente que durante las décadas de los setenta y ochenta, el homicidio fue un factor determinante del cambio de la población en los diferentes barrios, tanto en tamaño como en composición. En primer lugar, la violencia criminal tendía a producir el abandono de los barrios. En segundo lugar, al expandirse la violencia criminal de un barrio a los próximos se producía la depauperización de éstos por abandono de los blancos y de las clases medias negras. Con lo cual, el área que formaba el gueto se ampliaba.

VI.3. SEGREGACIÓN RACIAL Y EL NIVEL DE DELINCUENCIA VIOLENTA

Estudios posteriores ratificaron este tipo de procesos. En el año 2009 se publicó un estudio en 79 ciudades de Estados Unidos en el que se analizaron 7622 vecindarios. Se estudiaba la relación entre la estructura racial del vecindario y el nivel de delincuencia violenta. Los resultados mostraron que se mantenía un sistema social racializado en el cual los blancos pueden usar su posición privilegiada para residir en los vecindarios más aventajados mientras los afroamericanos y los latinos viven en las comunidades más desventajadas y, por tanto, se llevan la peor parte de la violencia delictiva urbana. (Krivo, Peteson y Kuhl, 2009).

Un sistema social racializado es aquel en el que las relaciones sociales y las prácticas son organizadas para producir y reforzar un orden racial donde los blancos están privilegiados sobre los demás grupos.

Los datos utilizados para operacionalizar la variable «nivel de delincuencia en el barrio» se basó en los datos de la NNCS o Estudio Nacional de la delincuencia por vecindario (National Neigbourhood Crime Study) que fue dirigido por Krivo y Peteson. Estos datos son agregados y basados en fuentes oficiales, pero no permiten estudiar cuestiones tales como la movilidad residencial. Es más, se basan conceptualmente en la naturaleza estructural y agregada del problema a estudiar por lo que existe la posibilidad de caer en la falacia ecológica en los análisis, es decir, de dar por cierto la importancia del espacio en los análisis y sobredimensionarla. Y, asimismo, impiden examinar los efectos de los procesos que vinculan las condiciones estructurales a las acciones delictivas individuales y a las características de estos que llevan a la acción delictiva. Los datos de la variable dependiente hacen referencia al promedio de actos delictivos violentos ocurridos en cada barrio en los años 1999, 2000 y 2001 informados por la policía.

Las variables independientes utilizadas fueron: la desventaja socioeconómica y la composición racial/étnica del vecindario. La desventaja es un índice que resume la información de varios hechos: el desempleo, el porcentaje de hogares encabezados solo por una mujer, los trabajadores del sector secundario con menores ingresos, el número de hogares pobres, las ocupaciones profesionales o directivas, y el porcentaje de graduados universitarios. Los dos últimos puntúan en negativo en el índice de desventaja socioeconómica. El índice se formula como promedio de las puntuaciones z (de desviación respecto de la media). Y, finalmente, se eleva dicha puntuación al cuadrado.

La variable composición racial o étnica es un grupo de variables dicotómicas que distinguen si los vecindarios son predominantemente blancos (el grupo principal), negros, latino, con dos minorías, o, integrados. Son predominantemente de uno de los grupos étnicos si uno de ellos representa al menos el 70% de la población. Son clasificados como «con dos minorías» si dos grupos suman al menos un 70% de la población sin que ninguna alcance dicha proporción. Y son integrados si en ellos hay un equilibrio entre todas.

Para estudiar la relación entre las variables y su efecto sobre el nivel de delincuencia violenta en un barrio, los autores utilizaron un modelo multinivel con barrios (nivel 1) y ciudades (nivel 2). Al estudiar un hecho que es raro dentro de unas unidades que son de un tamaño muy pequeño (2.000 a 8.000 habitantes), los autores consideraron oportuno utilizar un método de análisis comparativo que se denomina *modelo no linear de Poisson*. Se asume en este modelo que la varianza y media de la variable dependiente debería de ser muy similar para cada caso. Al no ser el caso, la interpretación de los datos debe hacerse considerando la sobre-dispersión que se produce y hacerlo análogo a un modelo binomial.

Los **resultados** obtenidos indicaron algunas cosas muy importantes como son:

1. Las ratios de violencia criminal son significativamente más altas en las ciudades más segregadas racialmente. Y aumenta significativamente en todos los barrios independientemente de su composición. Ciertamente aumenta algo más en unos que en otros pero en todos aumenta más de un 15% el nivel de delincuencia violenta.
2. Una ciudad más pobre o con más desempleo no implica mayores niveles de delincuencia violenta. Pero, un vecindario en lugares con más empleo industrial tiene menos delincuencia violenta.
3. Sin embargo, también observan que la mayoría de los vecindarios altamente desventajados están localizados en ciudades altamente segregadas. Y, las ciudades con poca segregación racial tienden a no tener vecindarios con niveles muy altos de desventaja social. Y, si los tienen, el nivel de delincuencia violenta es bajo en ellos. Por ello, sí que plantean la posibilidad de que exista una dinámica combinada entre segregación racial y desventaja económica local que influye en los niveles de violencia en los barrios altamente desventajados de las ciudades muy segregadas.
4. El estudio de las diferencias de acceso a los ambientes residenciales más ventajosos y menos violentos entre blancos y no blancos lleva a afirmar que los blancos usan su privilegio para distanciarse de las ciudades segregadas y de las comunidades con más desventajas dentro de las ciudades.

Los autores llegaron así a **la conclusión** de que el sistema nacional de segregación racial-espacial en la ciudad contribuye al desarrollo de una delincuencia violenta en los vecindarios. Y, lo hace de dos maneras:

1. Indirectamente, porque produce el aislamiento y la desventaja estructural en áreas donde están establecidas minorías étnicas predominantemente.

2. Directamente, porque dificulta extraordinariamente que los grupos separados y desiguales puedan trabajar juntos para conseguir objetivos comunes y resolver problemas compartidos.

En resumen, la situación de segregación urbana que se experimentaba en Chicago es un ejemplo de un problema estructural de muchas ciudades estadounidenses. Las áreas urbanas donde habitaban los más vulnerables y marginados en los noventa eran resultado de un sistema social segregacionista que funcionaba a nivel nacional. Ese sistema hacía que los más excluidos quedasen atrapados en zonas urbanas donde los niveles de violencia y delincuencia eran extraordinariamente altos.

Los factores que han influido en este proceso han sido el cambio económico en un ambiente cultural racista donde estaban ya implantadas prácticas segregacionistas, pero también, ha sido el desarrollo de nuevas estrategias por parte de los actores con más recursos que han decidido salir de estas áreas donde estaban implantadas prácticas violentas criminales, reforzadas por el propio proceso emigratorio de las clases medias (blancas y negras).

De modo que, podemos considerar que la violencia que supone el propio fenómeno de la segregación termina por generar delincuencia violenta, que a su vez refuerza la primera. Entonces, el origen de los lugares peligrosos no es el desempleo o su concentración en un espacio social determinado sino el aumento de la violencia estructurada y estructurante que es experimentada por los grupos más vulnerables.

Ejercicio:

Haz un resumen breve del tema:

¿Cuáles son las ideas principales?

¿Cuáles son los conceptos nuevos?

¿Qué idea es la que más me ha llamado la atención?

¿Qué dudas me surgen?

¿En qué aspecto no estoy de acuerdo con el autor?

BIBLIOGRAFÍA RECOMENDADA

KRIVO, L. J., PETERSON, R. D., & KUHL, D. C. (2009). Segregation, Racial Structure, and Neighborhood Violent Crime. *American Journal of Sociology, 114*(6), 1765–1802. https://doi.org/10.1086/597285

KRIVO, L., J & PETERSON, R., D. (1996). Extremely Disadvantaged Neighborhoods and Urban Crime Author (s): Lauren J . Krivo and Ruth D . Peterson Published by : Oxford University Press Stable URL : http://www.jstor.org/stable/2580416 Accessed : 09-05-2016 23 : 30 UTC Your use of the JSTOR arch. *Social Forces, 75*(2), 619–648.

MORENOFF, J. D., & SAMPSON, R. J. (1997). Violent Crime and the Spatial Dynamics of Neighborhood Transition: Chicago, 1970-1990. *Social Forces, 76*(1), 31–64. https://doi.org/10.1093/sf/76.1.31

WACQUANT, L. (2004). Las dos caras de un gueto. *Renglones, 56*, 6–11.

WACQUANT, L. (2007). *Los condenados de la ciudad. Gueto, periferias y Estado*. Ed. Siglo XXI. Argentina.

WACQUANT, L. J. D. (2013). Tres premisas nocivas en el estudio del gueto norteAmericano. *Revista INVI, 28*(79), 165–187. https://doi.org/10.4067/S0718-83582013000300006

CAPÍTULO VII
EL CINTURÓN ROJO DE PARÍS

INTRODUCCIÓN

El capítulo sobre el Cinturón Rojo de Paris resume, contextualiza y actualiza la investigación de Waquant sobre el cinturón rojo de París. Explica la formación histórica de las banlieues, la investigación de Waquant y la comparación que hacía con el cinturón negro de Chicago, la situación actualizada de las banlieues, y, la situación de delincuencia que hoy se vive en la Ville de la Courneuve.

Objetivos principales:

1. Adopción de una perspectiva histórica que sitúe la investigación de Waquant.
2. Conocer la investigación de Waquant y sus resultados.
3. Aprender los indicadores básicos que se utilizan para describir las zonas sensibles urbanas francesas.
4. Estudiar la zona específica de la Cournueve en la actualidad.
5. Conocer los tipos de delitos que se asocian a este tipo de espacios urbanos y su relación con los indicadores de la estructura social.
6. Reflexionar sobre la relación entre delincuencia y la situación social que se observa en esta zona de París.

París es el área urbana más grande la Unión Europea continental. Su centralidad en la historia de Europa es patente y bien conocida. Es la capital política y económica de Francia. Es el centro de la región francesa Ile-de- France, donde se ubica una aglomeración urbana que cubre 2.060 km cuadrados y tiene más de 9 millones de habitantes, distribuidos en 310 municipios. Ese es el París al que nos referimos.

VII.1. LA FORMACIÓN Y TRANSFORMACIÓN DE LAS BANLIEUES

La ciudad de París se ha transformado en la época moderna constantemente. Hubo dos etapas fundamentales que implicaron un cambio profundo y casi total de la idiosincrasia de la ciudad. Ambas fueron impulsadas desde la arena política. Esas dos grandes etapas fueron: el período de Haussmanización (1840-1880); y, los denominados «los treinta años gloriosos» (desde la segunda guerra mundial hasta mediados de los setenta), (Millares y Guasch, 2002).

El primer período de cambio organizativo se produjo ante la necesidad de adecuar la ciudad a la nueva economía: la industrial, que emergía en el siglo XIX como el principal sistema productivo. Aunque, no se podía abandonar la voluntad tradicional de la ciudad de París de ser una ciudad monumental, una gran metrópoli universal. Hausmann fue el encargado de dirigir la nueva planificación urbana de la antigua ciudad medieval de París y transformarla en la ciudad burguesa moderna que se necesitaba. Para hacerlo, se derribaron lo que quedaba de las murallas y casi la mitad de las viviendas, y, se aumentó el territorio total de la ciudad mediante la anexión de municipios adyacentes. La nueva ciudad pasó a tener 1.700.000 habitantes.

Las banlieues son el espacio que queda fuera de las murallas tradicionales de la ciudad de París. En el siglo XIX tenían una función de jardín y huerto que permitía a París acceder a comestibles frescos. Tras la ampliación, se convirtieron en una zona funcional a la que se trasladaban los servicios menos vistosos de la ciudad. Son zonas sin identidad histórica.

La ciudad seguía siendo concebida como un entramado organizativo con un centro y una periferia. El mayor problema, entonces, era la conexión entre ambas áreas. Durante un siglo hubo varias iniciativas públicas y privadas en torno a este problema. Uno de los más importantes planificadores fue Le Corbusier que trabajó en ello entre 1922 y 1940. Sin embargo, dichos planes tendían a infravalorar la periferia y a centrar los esfuerzos en el centro del espacio urbano. Un ejemplo de ello fue el metro de París que empezó a ser construido en 1889 y que fue proyectado para conectar todos los barrios de París, pero no para la llegada de pasajeros desde las periferias. Durante años se plantearon planes nuevos de infraestructuras y transporte pero poco se hizo realmente en el período entreguerras que cambiase la situación de las zonas de alrededor a pesar de su constante crecimiento desordenado.

Así, durante décadas, las periferias crecerán bajo la presión inmigratoria y el desarrollo de la economía industrial en torno a París sin planes organizativos públicos. Prácticamente, su desarrollo estará vinculado a la iniciativa privada que aprovechará las necesidades poblacionales. Como resultado, las banlieues crecerán sin un orden público que vaya previendo las necesidades de equipamiento, servicios y conexión con el centro.

Tras la II Guerra Mundial, destruida parte de la red viaria de la región de París y con grandes problemas de concentración de las viviendas en el centro de la ciudad, congestión del transporte y una economía por reconstruir, París se transformó. En principio se priorizó el transporte privado para potenciar la industria automovilística, motor de la economía industrial y el ferrocarril. Pero, no se planificó adecuadamente su circulación, ni se vinculó su desarrollo a las necesidades asociadas al desarrollo urbanístico e inmobiliario. Las banlieues se convirtieron para los planificadores en obstáculos para el desarrollo del sistema de transportes interurbano, que conectase el centro con las Villes Nouvelless que empezaron a ser creadas en el período anterior en la región para albergar a las clases medias y altas.

El crecimiento de la población parisina tras la II Guerra Mundial fue intenso. La década de los sesenta es la del boom demográfico y la inmigración desde las excolonias. Se optó por promover la construcción de viviendas de forma rápida en las antiguas banlieues. Este es el origen de las ciudades dormitorio de París. Los problemas que se afrontaban eran: la falta de servicios, de transporte y de equipamientos. Todos ellos derivados del proceso de desarrollo anterior.

En los años sesenta se propone hacer un crecimiento ordenado de toda la región de París basado en una organización policéntrica estructurada en dos escalas territoriales (local y regional). A nivel local, la ciudad se concebirá el torno a dos ejes paralelos al río, uno al este y otro al oeste y la reestructuración de los centros de las banlieues. A nivel regional, se planifican cinco Villes Nouvelles para atraer parte de la población y de la actividad que estarían muy bien conectadas y con todo tipo de servicios y equipamientos. Será el comienzo de la ciudad postindustrial pluricéntrica.

Las banlieues se conectarían con el centro mediante transporte público al ser imposible el desarrollo de un sistema viario adecuado para el coche. Debido a esto, ocuparon siempre un papel marginal en el desarrollo de la ciudad que siempre impulsó más el desarrollo automovilístico, manteniendo durante todo este período un alto nivel de precariedad en la comunicación con el centro.

La estructura generada implicaba una nueva forma de segregación de la población urbana que era de carácter físico y socialmente determinada. La estructura de clases se reflejaba en el territorio. En el centro de la ciudad quedaban las clases acomodadas, cerca de los lugares de toma de decisiones y con mejores servicios. El resto de la población se distribuía por la periferia. Los que tenían acceso al automóvil quedaban bien conectados desde zonas en el extrarradio comunicadas por carretera. Los demás quedaban recluidos en las zonas próximas a los lugares de trabajo, pero mal comunicadas con el centro.

A finales de los setenta, la población joven y obrera se había desplazado hacia las periferias. En el centro, la población envejecía y las industrias lo abandonaban. El desarrollo organizativo del transporte urbano y las políticas desarrolladas en la ciudad terminan por reforzar el desarrollo de una región urbana extremadamente compleja con tres anillos: el centro, el cinturón rojo y las ciudades periféricas de París. Las banlieues son el cinturón rojo que quedará mal comunicado con el centro de la ciudad, a pesar de que esta urbe desarrolló un sistema de transporte que lo convertirá en uno de los lugares más accesibles de Francia desde cualquier lugar del mundo, menos, lo más próximo.

VII.2. EL ESTUDIO DE LAS ZONAS DE EXCLUSIÓN DE PARÍS POR WAQUANT

Las zonas de exclusión en París fueron estudiadas por L. Waquant a comienzos de los noventa. Su estudio, se basó en:

1. Una lectura sistemática de varias monografías urbanas disponibles.
2. Entrevistas con expertos gubernamentales y con responsables de la política de la ciudad en la región parisina.
3. Estudio de documentos administrativos.
4. Y, una encuesta de campo piloto realizada en la banlieue parisina de La Courneuve.

Las **características** de esta zona de París, en concreto de la zona de La Courneuve, que le ***asemejaban*** a la zona estudiada en Chicago por el autor eran:

1. Enclaves con una fuerte concentración de «minorías», la mayor parte de ellas no europeas (un 25% de la población).
2. Se había experimentado una clara despoblación en las últimas décadas.

3. La estructura por edad y la composición de los hogares es diferente de la del conjunto de la ciudad. Tiende a haber un mayor número relativo de jóvenes, un mayor número de hijos por hogar, y hay más familias monoparentales.
4. En las décadas anteriores perdieron gran parte de sus puestos de trabajo y, consecuentemente, aumentó el desempleo.
5. Eran espacios urbanos asociados, tanto para los de fuera como para muchos de sus habitantes, a la idea de que son lugares de relegación social, de fracaso, miseria y delincuencia. Existe un estigma social asociado al territorio que impacta sobre la vida de los que viven en él, en su vida laboral, en sus relaciones amorosas, en sus amistades y en sus relaciones con la policía y las instituciones públicas.
6. Mucha de la gente que vive en ellos desea escapar de allí.
7. Muchas familias e individuos desarrollan prácticas de diferenciación interna y distanciamiento social con su entorno inmediato que minan la confianza interpersonal y la solidaridad social. Se individualizan los intereses. La comunidad de vida tiende a diluirse por atomización social, desorganización de la vida comunitaria y desarrollo de una situación de anomia cultural.

Si bien, las **diferencias** que encontró entre ambos también eran importantes. Las dimensiones que las diferenciaban eran:

1. Su posición y relación con el resto de la ciudad. Las *cités* son mucho más pequeñas. La que él comparaba contenía una población que era casi un 10% de la que habitaba por entonces en el área de exclusión de la ciudad de Chicago. Por tanto, era un área mucho más dependiente del resto de la ciudad, era un simple islote residencial, sin apenas función productiva. Era fácilmente accesible para cualquiera del entorno, igual que era fácil ir desde la *cité* a las zonas próximas de la ciudad de París a pie y contactar con otras personas de otras clases sociales.

Las instituciones públicas son comunes con los de esas zonas limítrofes.

2. La composición demográfica y de clases. Las *cités* son zonas pluriétnicas. Muchos eran inmigrantes (no más de un 25%), pero no formaban una unidad racial, étnica o nacional. Ni tampoco la situación laboral era única o había alguna dominante, sino que las situaciones de trabajo / no trabajo /desempleo / jubilación convivían en su espacio.

3. En las *cités*, los niveles de pobreza son mucho más bajos, existe una fuerte protección estatal y ello se refleja en hechos tales como la mortalidad infantil que es mucho más baja en el área parisina y menos diferente de la que experimenta su entorno.

4. La delincuencia y la peligrosidad de las *cités* es mucho menor. La sensación de inseguridad en las *cités* se sustenta en el aislamiento de los habitantes, la degradación física del barrio y de la pequeña delincuencia protagonizada por los jóvenes de la zona (robo, altercados callejeros y pequeño tráfico de drogas (menudeo)). Los robos a mano armada o con violencia y los asesinatos son raros y escasos.

5. El nivel de degradación físico del equipamiento e infraestructuras es mucho menor en las *cités*. El Estado Frances había intervenido en dicho proceso con medidas paliativas de recuperación de los espacios degradados, actividades de ocio y animación colectiva, y, la instauración del ingreso mínimo de inserción (RMI).

6. Las *cités* son enclaves sin identidad propia. Los que viven y trabajan en ellos no reconocen un único lugar, sino que cada edificio, «barra», o escalera es diferente.

7. Los habitantes de la *cité* tienden a desarrollar un sentimiento de intolerancia o indignación ante su situación mucho más fuerte que los habitantes del gueto negro norteamericano. Aceptan peor la relegación a un espacio separado de inferioridad e inmovilidad social institucio-

nalizado. La sensación y experiencia que tienen es que lo que les separa del resto es el lugar en que viven. A ello no se suma, para el conjunto, la cuestión de la segregación racial.

8. La principal categoría de separación en las cités se basa en la edad: Los jóvenes y el resto. A los jóvenes se les culpa de toda la degradación de los barrios, la inseguridad y la criminalidad. Y los jóvenes han desarrollado una imagen de su situación estigmatizada donde se perciben sometidos, abandonados, ignorados, rechazados, vigilados. Esos jóvenes no viven separados por etnias sino que participan en grupos plurales de muy diferentes orígenes. Y, las prácticas y costumbres que desarrollan son todas muy similares debido a un proceso claro de incorporación del estilo de vida urbano por todos ellos.

Todo ello permite a Waquant poder afirmar que los procesos de formación y desarrollo que se experimentan en las zonas urbanas degradadas de Estados Unidos y de Europa tendían a ser bastante diferentes en cuestiones esenciales.

VII.3 LAS BANLIEUES AL COMIENZO DEL SIGLO XXI

La situación de los banlieues del siglo XXI en años posteriores había cambiado poco en Francia. Según datos del Observatorio Nacional Francés de las Zonas Urbanas Sensibles (ZUS), en 2007, la tasa desempleo en los clasificados como barrios desfavorecidos era más del doble que en la Francia metropolitana. Los jóvenes en paro en estas zonas eran un 32%, 13 puntos más que en el resto. La renta media era la mitad que en su entorno. El doble de estudiantes llevaba retraso en los estudios. Y, algunos tipos de delitos violentos eran más habituales en las ZUS que en el resto (violencias y amenazas vinculadas o no a robos). La sensación de inseguridad entre la población también era el doble en estas zonas. Y, un 63% de personas declaraba haber tenido un problema de delincuencia. Esta cifra era el doble que en toda Francia.

En 2014, en el informe del Observatorio señalaban (datos 2012):

1. La proporción de gente viviendo por debajo de la línea de pobreza era tres veces mayor en las ZUS que en el resto del país. Por debajo de un 60% de la mediana de ingresos había un 38,4% de personas en estas zonas que afectaba principalmente a las personas más jóvenes que vivían en estas zonas (más de un 48%).
2. La diferencia en el promedio de ingresos entre los ZUS y el resto del país se incrementó entre el 2004 y 2011. Todos mejoraron, pero el aumento fue mucho mayor en el conjunto del país que en estas zonas.
3. Hay menos gente que trabaja y el desempleo es más del doble. El nivel de empleo entre los adultos (60,4% en los ZUSs) era 11 puntos porcentuales menor, que en las zonas urbanas próximas. La tasa de desempleo entre los jóvenes (de 15 a 24 años) era casi el doble (42,1%) y en el conjunto de la población activa era un 23,2% dentro del ZUSs.
4. El profesorado que atiende a la población que vive en estas zonas tiende a ser más joven y con menos experiencia.
5. Hay más gente en los barrios deprimidos que considera que no está bien de salud.
6. El sentimiento de inseguridad era casi el doble entre aquellos que viven en las zonas sensibles (26%) respecto de los que viven en las zonas próximas (14%).
7. Los ataques a personas en las áreas sensibles urbanas francesas (49,8 incidentes por cada 1.000 personas) es algo mayor que en el resto de los espacios urbanos pero muy poco. Y los ataques a la propiedad son bastante menores en las ZUSs según los datos del Ministerio del Interior.

Con lo cual, parece que la situación en las áreas sensibles francesas es la de un equilibrio relativo algo inestable debido a la concentración tan alta de problemas sociales y a los pocos recursos a los que pueden acceder. Veremos que la situación promedio, vista hasta ahora, no revela la existencia de zonas especialmente sensibles como La Courneuve.

VII.4. LA COURNEUVE EN 2016: ESTRUCTURA SOCIAL Y DELINCUENCIA

En la actualidad, con datos del año 2016, La Courneuve es una banlieue que parece empezar a mejorar en aspectos importantes. En primer lugar, el saldo migratorio ha cambiado de signo. Desde el año 2008 al año 2013 se había producido un incremento de población debido a un saldo migratorio positivo, y la población tiende a aumentar relativamente por crecimiento natural. Desde 1990 su población ha aumentado desde 34.139 habitantes hasta 66.003 en 2014.

La población de origen extranjero es un 36%. Los argelinos y los chinos son los grupos más numerosos y representan el 30% de la población de la Ville. Hay más de un centenar de nacionalidades.

El 28% de la población vive sola. El 36% son parejas con hijos. Un 14% de hogares son familias monoparentales.

El 75% de los hombres y el 60% de las mujeres en edad activa trabajan o desean trabajar.

La mayor parte de la población activa son empleados u obreros (70%). Los profesionales intelectuales de alto nivel representan sólo un 5,5% de la población activa del lugar. El 80% trabaja fuera de la comuna en que se sitúa la villa.

El 20% de los ocupados tienen empleos precarios. El 20% tienen un empleo a tiempo parcial. Las mujeres tienen una tasa de un 28%. Y, el desempleo afecta al 26,4% de los varones activos y al 27,5% de las mujeres activas.

El 41% de la población vive por debajo de la línea de pobreza (990 euros/mes). Las transferencias sociales contribuyen a reducir la pobreza en uno de cada cuatro casos. El 15% de los ingresos provienen de prestaciones sociales. El 21% de la población accede al salario de asistencia.

Los datos sobre delincuencia y violencia en el año 2014 en comparación con su entorno, con la región y el país indican que en ese año fueron más altos en general en La Cournuvelle. Estos datos los podemos conocer a través del *Observatorio Nacional de la delincuencia y las respuestas penales (ONDRP)* que utiliza los datos del Ministerio del Interior y recoge los datos correspondientes a los registros efectivamente realizados por los servicios de la policía y la gendarmería.

Los delitos son clasificados por esta fuente en cuatro grandes grupos:

1. Robo y degradación
2. Violencia a personas
3. Delincuencia económica
4. Otros crímenes y delitos

Los delitos más frecuentes son los del grupo de robos y degradación (49‰). Sigue, la violencia a personas (22‰). Otros delitos y crímenes (10‰), Y el resto son delitos económicos.

Más concretamente, según los datos de la policía, en la zona de La Courneuve, se produjeron ese año 452 actos de degradación y 659 actos de violencia a personas.

El número de actos de degradación por cada mil habitantes fue de 6,85 por cada mil habitantes. Dos actos más por cada mil que en Francia en su conjunto. Y, está un poco por debajo de lo que ocurre en la zona de la ciudad de París en que se sitúa esta villa. Los actos de este tipo que se produjeron fueron especialmente: actos de destrucción y degradación de bienes privados (200) y a vehículos privados (155). Incendios voluntarios se registraron 55. Y, atentados con explosivos contra bienes privados fueron 5. Contra bienes públicos se registraron 37.

Los actos con violencia física se clasifican en aquellos que son interesados en robar y aquellos que no. Éstos últimos pueden ser con carácter sexual o no. Los actos de robo con violencia fueron 659. Hubo 10 por cada 1000 habitantes. Respecto al conjunto de toda Francia eso es mucho ya que en toda Francia fue de 2 por cada 1000 habitantes.

Los robos violentos más frecuentes son sin armas. De estos hubo 623. Un 65% de ellos fue contra mujeres en la calle o en otro lugar público. Con armas blancas se produjeron 26. Con armas de otro tipo, 4.

Los actos violentos que no fueron para robar ni de carácter sexual son, en términos relativos, el doble de los que ocurrieron en el conjunto del país. Hubo 8,38 actos de este tipo por cada mil habitantes que fueron denunciados a la policía (553 en total). Era el doble que en Francia. Homicidios de este tipo sólo hubo uno, pero también hubo ocho tentativas de homicidio, cinco secuestros, malos tratos a niños (33) y violencia contra la autoridad (77).

Ejercicio VII.1.

Haz una tabla con los principales indicadores de la delincuencia en La Courneuve en el año 2014 que aparecen en el texto y compáralos con los más actuales que puedas encontrar y los más antiguos que puedas extraer de la web del ONDRP.

La penetración de la problemática de las drogas en el área se revela por las infracciones relacionadas con éstas. Los datos indican que hay uso de drogas y tráfico para la reventa sin uso de ellos. Si bien, hay un mayor número de delitos de este tipo que en toda Francia, pero es inferior al que ocurre en la zona de la región urbana en la que se ubica. Por tanto, no parece ser una zona especialmente problemática por ser zona de tráfico de drogas organizado ni de consumo. Sí se da un ligero aumento de los delitos de reventa y uso de estupefacientes que indica que el pequeño tráfico sí que se da algo más intensamente en la zona dando lugar a una pequeña economía sumergida en torno a las drogas, similar a la que ya observara Wacquant veinticinco años antes.

En resumen, la formación de las zonas peligrosas parisinas viene asociada a la historia de la planificación urbana de la ciudad y la acción de los agentes políticos y económicos. Es una historia muy diferente de la que se produjo en las ciudades norteamericanas porque no viene asociada a modelos culturales racistas y segregacionistas sino más bien a una división territorial clasista que era más permeable y dúctil que la americana. Aún así los problemas de estigmación territorial, fragmentación interna y altos niveles de delincuencia tambien ocurren en estas áreas europeas y las diferencia de otras zonas urbanas vulnerables. La labor estatal parece haber sido fundamental para que la situación no degenere, pero, tras más de veinte años actuando, los problemas persisten.

Ejercicio VII.2.

Haz un resumen breve del tema:

¿Cuáles son las ideas principales?

¿Cuáles son los conceptos nuevos?

¿Qué idea es la que más me ha llamado la atención?

¿Qué dudas me surgen?

¿En qué aspecto no estoy de acuerdo con el autor?

BIBLIOGRAFÍA RECOMENDADA

Convention de Partenariat du Projet Social de Territoire Portrait de Ville. (15 de septiembre de 2016).

French national observatory of sensitive urban areas (2014). Summary of the 2014 ONZUS Report. Editorial CGET

Manzano Gómez, Noel Antonio (2018): «Résidencialisation urbaine: seguridad espacial y normalización social en las periferias sensibles francesas», en *Ciudades*, 21, pp. 141-159. DOI: https://doi.org/10.24197/ciudades.21.2018.141-159

Miralles-guasch, C. (2002). «París: la ciudad capital». En el libro *Ciudad y transporte: el binomio imperfecto*. Grupo Planeta.

Urteaga, E. (2012). Segregación y estigmatización de los barrios desfavorecidos en Francia [Segregation and Estigmatization of the Disadvantaged Neighborhoods in France]. *Portularia, 12*(1), 39-47.

Capítulo VIII
EL CENTRO DE SAINT LOUIS (MISSOURI)

INTRODUCCIÓN

El capítulo sobre el Centro urbano de Saint Louis nos sitúa ante la historia de una zona similar a la estudiada en Chicago. Esta zona ha sido investigada por Judson. Este capítulo completa el capítulo sobre Chicago. Da una explicación próxima a las teorías de la segregación de Massey aunque sin apelar al problema de la delincuencia. Como alternativa plantea la emigración de las clases medias como resultado de un cambio en los estilos de vida modernos y a las ventajas económicas racionales del extrarradio sobre la ciudad tradicional.

Objetivos principales:

1. Conocer la historia de Saint Louis y la evolución de las áreas urbanas
2. Conocer las tendencias históricas más importantes de abandono que se produjeron de los territorios centrales.
3. Relacionar dicha información con lo aprendido en el capítulo sobre el cinturón negro de Chicago.

La ciudad de Saint Louis (Missouri) es una ciudad de tamaño medio estadounidense que forma parte también del Rust Belt, igual que Chicago. En 1860 tenía 160.000 habitantes censados. En 1890 eran 451.770 hab. En 1950 llega a su máximo número de habitantes con 856.796 vecinos censados. Desde entonces, se ha producido un largo y profundo declinar que hace que en el último censo su población aparezca con 319.294 habitantes. Si bien, en la actualidad, es el centro de un gran área metropolitana denominada el Greater St. Louis en el que viven cerca de tres millones de personas.

Según los datos censales, esta área no ha dejado de crecer. En 1950, se contaban 1.928.159 habitantes. En la actualidad, se cuentan 2.853.060 habitantes. Por tanto, mientras en 1950, un 44% de los habitantes vivían en la ciudad de Saint Louis, en el año 2010, solo lo hacen un 11% debido a que mientras que la ciudad ha reducido su población un 62%, el área metropolitana ha aumentado un 48%.

Davis Royal Judson (2009) se planteó intentar comprender mejor el persistente declinar de la ciudad de Saint Louis, estudiar las condiciones actuales de los vecindarios en la ciudad, y examinar la historia de la ciudad para identificar tendencias.

VIII.1. EL MAPA HISTÓRICO DE LA CIUDAD

Para situarse, el lector puede hacer uso del mapa interactivo que la Universidad de Harvard, en su proyecto Mapping Decline: St. Louis and the American City, ha puesto a disposición de los internautas. (https://worldmap.harvard.edu/mappingdecline/) dentro de su proyecto open source software denominado WorldMap. En dicho mapa, el lector puede observar varias cosas:

1. La evolución de los límites del área metropolitana que se han ido incorporando desde el año 1900 hasta 1960 al municipio.
2. La concentración de la pobreza en las zonas céntricas de la ciudad. Para ello, encontrará los datos de 2010, 1990 y 1950. Si compara los tres mapas, podrá observar a simple vista la expansión de las zonas más pobres desde la zona centro de la ciudad.
3. La concentración de la población afro-americana por áreas censales según los datos del censo desde el año 1940 al año 2010.

La comparación de la distribución de la población por su etnia y los niveles de pobreza o renta permite observar una apreciable similitud zonal a simple vista que se mantiene en el tiempo, aún con el desarrollo del Área Metropolitana de Saint Louis, entre las zonas más pobres y las zonas con mayor densidad de población negra.

Ejercicio VIII.1.
Creación de los Mapas de Saint Louis Metropolitan Area, según la distribución de la población negra y según los niveles de pobreza en el año 2010.

En esta página web podrá hacer el mapa siguiendo las indicaciones que se le dan en ella.

Fuente: https://worldmap.harvard.edu/mappingdecline/

VIII.2. LA HISTORIA DE SAINT LOUIS HASTA 1910

Judson (2009) explica en primer lugar la historia de Saint Louis para comprender cómo se construyó históricamente la segregación étnica urbana en la ciudad. Se remonta a antes de la guerra civil para poder aclarar que esta ciudad, construida y cimentada en torno al río Missisipi fue fundamental en el desarrollo comercial a través del río. Fue una ciudad que durante el siglo XIX recibió población europea primero y después población negra que venía escapando de las zonas rurales esclavistas hasta convertirse en el año 1910 en una de las ciudades con una población negra más numerosa de Estados Unidos. Aún así, la población negra en el año 1910 era solo un 6,4% del total. Eran 43.960 personas.

Ya por entonces, la división del trabajo estaba fuertemente influida por la segregación racial. Los inmigrantes europeos, venidos primero, habían ocupado posiciones en el comercio, y, se habían guardado de permitir la entrada de personas de color. Además, los sindicatos de forma activa o pasiva excluían a los negros de entre sus miembros. Por ello, los varones negros tenían acceso sobre todo a las ocupaciones más insignificantes, con menores salarios. La mayor parte trabajaban en puestos de servicios personales (37%), labores comunes (29%), como obreros no cualificados en fábricas (20%) o «chicos de los recados» (*Boy's work*) (6%). En estos grupos ocupacionales los salarios medios estaban muy por debajo de la media. Especialmente, el trabajo de chicos de los recados tenía un salario que era de media un 20% el salario de los profesionales o algo más de un tercio que el de los comerciantes negros.

Las mujeres negras que trabajaban eran solo un 45%. Estaban empleadas en lavanderías o eran parte de los servicios domésticos en casas privadas con salarios algo más bajos que los de los hombres que trabajaban en servicios personales.

Esta situación y las expectativas que suponía influyeron decisivamente en la inversión que se hacía en la educación y en salud. Las diferencias entre negros y blancos eran ya enormes. E, igualmente, el número de arrestos de personas de piel «negra» era tres veces superior al de los blancos.

Los documentos y estudios de la época permiten observar ya entonces dos tendencias importantes en el desarrollo de la ciudad: primero, los negros con pocos ingresos (pobres) están confinados en las peores zonas residenciales; segundo, cuando los negros que consiguen prosperar se trasladan a zonas mejores de la ciudad, éstas se convierten rápidamente en zonas con mayoría de población negra. En función de ello, parece que se produce una tendencia general de cambio o sucesión étnica y de clase en los vecindarios de Saint Louis que sigue la siguiente secuencia: Un vecindario originalmente ocupado por blancos prósperos es ocupado progresivamente por negros prósperos que huyen de las zonas más empobrecidas de la ciudad. Los blancos se van a otras zonas. Poco a poco, familias pobres empiezan a ocupar algún espacio en esa área cuando el grueso de las viviendas se encuentra en un estado avanzado de abandono. Y, en todo ese proceso, el precio de la vivienda y de la tierra pierde valor. De modo que, se encuentran calles con casas que aparentan ser una buena construcción pero que están extraordinariamente deterioradas.

VIII.3. EL VUELO BLANCO (*WHITE FLIGHT*)

Desde 1910 hasta 1950 llega la primera época en que se abandona el centro de la ciudad y se expande la población de clase media hacia los bordes. Asimismo, las familias de menos ingresos encuentran su oportunidad para escapar de los suburbios urbanos. Ello será posible gracias al boom económico ocurrido tras la I Guerra Mundial y hasta la Gran Depresión (1929). Posteriormente, se volverá a recuperar ese impulso gracias a las fábricas de armas para la guerra que se crearán en la ciudad y que volverán a atraer trabajadores.

En todo ese período, la población negra se triplicó por la inmigración desde los Estados de Sur, donde la mecanización del campo había hecho que escaseara el trabajo. Esta población ocupará primero su espacio en el centro de la ciudad. Mientras, la población blanca comenzará a descender en el área urbana, cambiará su estilo de vida, se acomodará al uso del automóvil, y se irá a residir en las proximidades de la ciudad. Se produce lo que llaman en la literatura norteamericana el «*White Flight*». Es una época marcada por un hecho fundamental: habrá trabajo para todos.

Tras la Segunda Guerra Mundial, la economía tuvo que reconvertirse de ser una industria de guerra a ser una economía en tiempos de paz. Muchas oportunidades de trabajo se perdieron. Sin embargo, varias de las industrias típicas de la ciudad seguían siendo muy robustas: la industria de tren, automóviles y aeroespacial estaban en crecimiento. También, la ciudad de

Saint Louis era fuerte como nodo de conexión logístico para la distribución de mercancías.

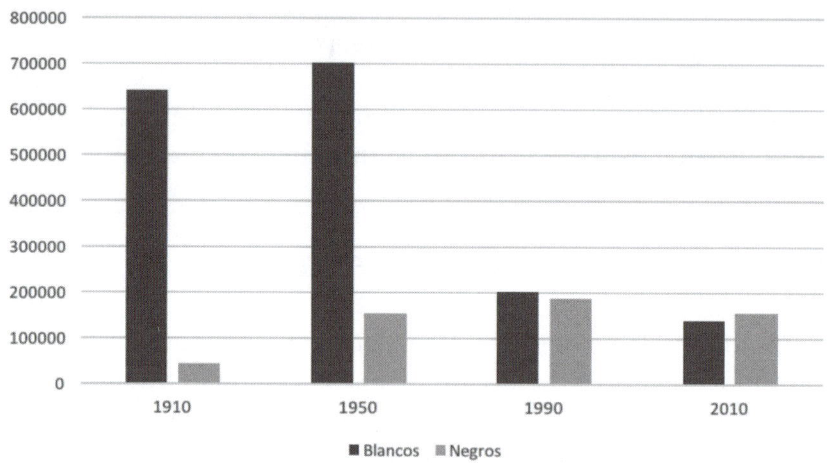

Fuente: US Bureau of the Census

Figura VIII.1. Comparación del tamaño de la población blanca y negra en Saint Louis desde el año 1910 al año 2010 (datos censales).

La emigración de la población del centro urbano tendía a ser debida a que se había implantado un nuevo estilo de vida en el que el tipo de hogar que se buscaba estaba fuera de la ciudad.

El automóvil era la estrella del nuevo estilo de vida que se había impuesto en las clases medias y altas. En ese contexto, se producía un descenso de población que vive en la ciudad (en su núcleo urbano tradicional) pero todo lo contrario ocurría en el área metropolitana.

VIII.4. EL VUELO NEGRO (*BLACK FLIGHT*)

A pesar de este crecimiento del territorio urbanizado y del trabajo, la inmigración de personas negras desde las áreas rurales ya había decrecido en importancia hasta casi desaparecer. Y, mucha población urbana negra se estaba trasladando hacia las nuevas áreas urbanas próximas a la ciudad. Se estaba produciendo un nuevo éxodo desde la ciudad hacia el extrarradio pero esta vez era de las personas consideradas de color negro. Este fenómeno se conoce como: *Black Flight*. Los datos indican que las personas negras asentadas en el extrarradio tenían mucho mayor nivel de ingresos y mucho mayor ratio de propiedad de los hogares que los negros que quedaban en la ciudad. Eran las familias que habían conseguido mejorar sus condiciones laborales, y escalado en la estructura de clases.

Cuando se produjo este último proceso, ocurrió algo muy importante: muchos negocios y comercios abandonaron su actividad en la ciudad ante la caída de las clases medias urbanas. La ciudad tuvo que aumentar los impuestos para mantener servicios básicos como eran los educativos, de salud y de seguridad. Los servicios del centro urbano eran más costosos que los del extrarradio por ser estos últimos más nuevos y atender poblaciones más homogéneas. No era posible competir en eficiencia y en costes para los habitantes.

El abandono en que se hallaban muchos edificios del centro urbano llevó a la intervención del Estado. Era un problema Federal, ocurrido en muchas de las grandes ciudades del país. Se derribaron grandes áreas de los centros de las ciudades y se construyeron gigantescos edificios donde se hacinó a la población más pobre. El resultado fue catastrófico y llevó al derrumbe oficial de todos esos edificios pocos años después. Sin embargo, el proceso de intervención pública tuvo un claro efecto: la zonificación o definición de áreas deprimidas que se convierten en objetivos preferentes de renovación urbana condujo a la limitación de los espacios en que podían vivir los pobres.

La población que abandonaba la ciudad tendía a estar compuesta de familias con niños. La población que quedaba, envejecía rápidamente. Esto ocurrió en los barrios de familias blancas especialmente. Con ello, se produjo un abandono generalizado del sistema escolar que era mantenido tradicionalmente por el vecindario.

VIII.5. LA RENOVACIÓN DE LA CIUDAD DESDE 1969

Desde 1969 hasta las dos primeras décadas del siglo XXI se ha producido un período de renovación urbana que ha cambiado la ciudad. Se demolieron barrios enteros y se volvieron a desarrollar en pocos años. La mayor parte de los proyectos tendieron a desplazar a la población más pobre de la ciudad hacia vecindarios próximos que vieron reducir su valor. Eran los vecindarios de las clases medias negras. Éstas, ante la caída de valor y el proceso de deterioro que se estaba produciendo, tendieron a irse de la ciudad.

La crisis de los setenta afectó profundamente a la economía de la ciudad. El clima de negocios se deterioró. El desempleo aumentó hasta alcanzar a 1 de cada 4 adultos activos. El número de hogares bajo la línea de pobreza alcanzó a un 41% de los hogares que quedaban. El declinar de la población fue desde entonces la tendencia central. Sin embargo, no fue así en el área metropolitana.

Este deterioro ha sido mayor y más profundo en el norte de la ciudad, en la zona ocupada poco a poco por la población negra más pobre. Se ha producido un proceso continuado de sucesión étnica y de clase hasta el casi completo abandono de estas zonas. Las intervenciones públicas tampoco consiguieron parar dicho proceso.

En resumen, para Judson (2009), la explicación de este proceso histórico ha de tener en cuenta numerosos factores: la forma de intervención del Estado, el cambio económico y tecnológico, y la fragmentación política de las áreas metropolitanas que dio ventajas claras a las zonas del extrarradio sobre la ciudad tradicional. El autor entiende que el abandono casi total de algunos barrios se explica y se enraíza en la política racial de la ciudad desde bien temprano en su historia, mezclado con que las personas que allí viven vienen de las posiciones más bajas de la escala social y económica. Son familias a las que se les negaron durante mucho tiempo educación y trabajo por causas raciales. Y, eso, en el contexto socioeconómico actual, ha resultado determinante para que las personas que ocupan los espacios urbanos más degradados, con menos oportunidades, formen parte de las familias identificadas como negras en Estados Unidos.

Ejercicio VIII.2.

Haz un resumen breve del tema:

¿Cuáles son las ideas principales?

¿Cuáles son los conceptos nuevos?

¿Qué idea es la que más me ha llamado la atención?

¿Qué dudas me surgen?

¿En qué aspecto no estoy de acuerdo con el autor?

BIBLIOGRAFÍA RECOMENDADA

Royal Judson, D. (2012). Where the Streets have no Neighborhoods: Marginality and Decline in St Louis, Missouri (USA). Advances in Education in Diverse Communities: Research, Policy and Praxis (Vol. 8). Emerald Group Publishing Ltd. https://doi.org/10.1108/S1479-358X(2012)0000008014

Capítulo IX
LA PERIFERIA DE CANCÚN: UNA CIUDAD NUEVA DE LA ERA GLOBALIZADA. TURISMO, SEGREGACIÓN ESPACIAL Y DELINCUENCIA

INTRODUCCIÓN

Cancún fue fundada en 1975. Antes, era una pequeña población de no más de 25.000 habitantes sin mayor interés económico, situada en la punta más occidental de la península del Yucatán. A comienzos del siglo XXI, 25 años después, llegó a ser uno de los principales destinos turísticos internacionales de México. Y, asimismo, se había convertido en uno de los núcleos que atraía más población del país.

IX.1. LA FUERZA ECONÓMICA DEL TURISMO SOBRE LA CIUDAD

El turismo es un sector económico que comenzó a desarrollarse en la era industrial. México es un país que ha potenciado de forma privada y pública este sector desde las primeras décadas del siglo XX. Acapulco fue el primer polo turístico del país gracias a su puerto y a su aeropuerto. A partir de los años cuarenta, México convirtió el turismo en una de sus políticas de impulso económico fundamentales de las regiones periféricas no industrializadas. Cancún es un ejemplo exitoso de estas políticas que se inscribe ya en una economía más globalizada.

Hay una fuerte relación entre el desarrollo del sector turístico urbano y la formación del espacio urbano. La ciudad que asume como principal actividad ésta o quiere desarrollarla, necesita construir o modificar espacios específicos para orientarlos hacia las necesidades y gustos del turista. Ello ha producido en muchos casos que el turismo haya sido al mismo tiempo un motor de desarrollo económico y un motor de segregación socio-espacial. Cancún es un buen ejemplo de esta asociación.

La segregación socio-espacial que ocurre en este tipo de ciudades es consecuencia de la separación entre los espacios ocupados por las áreas turísticas y aquellas donde viven los residentes locales. En países con una legislación poco restrictiva a la actividad privada esto implica: la apropiación de los frentes de playa por la actividad hotelera, el desplazamiento constante de la población para liberar zonas nuevas para el desarrollo de las infraestructuras y equipamientos turísticos, y la orientación neoliberal de las políticas urbanas de modo que se considera más importante la satisfacción de las necesidades de los operadores turístico que las de la población urbana.

Cancún se convierte en un polo de atracción turístico a partir de los años setenta a instancias de la política gubernamental mexicana impulsada por el presidente Gustavo Díaz Ordaz a partir de 1968, concretada en un Plan Integral de Centros Turísticos que tenía como objetivo consolidar el papel estratégico del turismo como sector de exportación fundamental.

El gobierno mexicano daba respuesta con esta apuesta a una coyuntura internacional de crisis económica en el que la sustitución de importaciones había fracasado, mientras que la actividad turística se había masificado y el Caribe había aparecido como un escenario propicio al turismo mundial. Y, al mismo tiempo, conseguía así impulsar una de las zonas marginales del país, con poca población y poca inversión industrial.

IX.2. LA MUNICIPALIDAD DE BENITO JUAREZ Y EL PROCESO DE URBANIZACIÓN DE CANCÚN

Cancún es la principal ciudad de la mayor de las once municipalidades del Estado de Quintana Roo. Esta municipalidad se denomina: Benito Juárez. Cancún engloba un 95% de la población de la municipalidad de Benito Juárez según el censo de población y vivienda del año 2010. Y, representa un 47% del total de la población del Estado de Quintana Roo. Eran, en total, 628.306 habitantes en el año 2010 (último censo accesible).

En Benito Juárez, y, al lado de Cancún, solo hay otra área urbana. Se denomina: Alfredo V. Bonfill. Es una población muy pequeña que solo acoge a 14.900 personas censadas. Dobla el porcentaje de población sin estudios primarios completos (43%). La mayor parte de sus viviendas no disponen de agua corriente vinculada a la red pública (69%). Si bien, en general, su situación es mejor que la que se vive en el conjunto del Estado. Juntas forman el área urbana de Benito Juárez y representan el 97% de la población total.

El proceso de urbanización de Cancún desde los años setenta se desarrolla en varias etapas. En un primer momento se producirá el crecimiento inmobiliario del «centro» centrado en los intereses de los inversores turísticos. Desde el principio, los límites proyectados de desarrollo urbanístico se vieron desbordados debido a los flujos migratorios de trabajadores para la construcción que fueron atraídos para poder hacerlo posible. Esta población trabajadora se asentó de manera irregular fuera de dicho perímetro y creó lo que ha venido a denominarse la «ciudad de los trabajadores».

En un segundo momento se produce una etapa de expansión de la zona centro hacia el norte para el desarrollo de las actividades recreativas asociadas a la zona hotelera. Mientras, se produce una segunda oleada de inmigración para cubrir los puestos de trabajo en la hostelería. Como los sueldos de este tipo de ocupaciones son muy bajos, esta población vino a sumarse a los asentamientos irregulares, especialmente en el área de Puerto Juárez, próximos al área urbana de Bonfil.

En los años ochenta, se mantiene un proceso «explosivo» de crecimiento urbano. Y, alcanza los 168.000 habitantes. Se convierte en el área urbana mayor del Estado. La población de altos y medianos ingresos se tiende a agrupar, mientras, en la primera zona periférica al suroeste de la zona centro y en partes de la zona turística (centro).

La ciudad de los años noventa es una ciudad extendida, con densidades muy bajas que mantiene un ritmo alto de crecimiento expansivo sobre el suelo. La zona noroeste de la ciudad es la única que se planifica. Aparece allí una nueva zona comercial. Y se consolida esta área del noroeste como la nueva zona central urbana.

IX.3. LAS TRES «CIUDADES» DE CANCÚN SEGÚN EL ÍNDICE DE SEGREGACIÓN SOCIOESPACIAL

A finales de siglo, aparecen tres «ciudades» en Cancún que, según los estudios de Castillo y Villar Calvo (2011), están claramente diferenciadas urbanística y socioeconómicamente, y segregadas social y funcionalmente: la de los turistas, la de las clases medias y la de los trabajadores pobres (Figura IX.1). La zona en peor situación, al norte de la ciudad, albergaría un 12% de la población total en el año 2000.

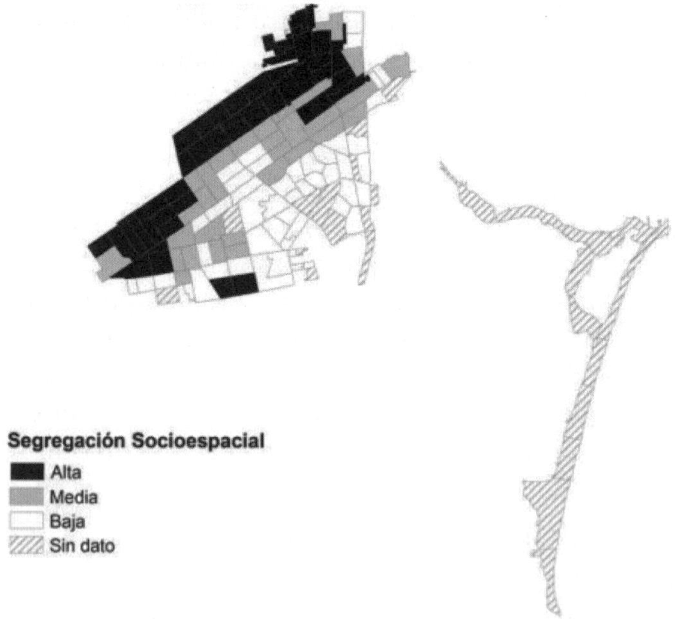

Fuente: Castillo y Villar (2011)

Figura IX.1. Grado de Segregación Socioespacial de Cancún, 2000.

Castillo y Villar calcularon la situación de cada una de las áreas mediante un índice que denominaron «**Índice de Segregación Socioespacial**» (ISS). Dicho índice lo calculan a través de un análisis factorial por el método de componentes principales y utilizando el teorema de Dalenius y Hodges en tres categorías: alta, media y baja. Se basan en el *supuesto* de que hay grupos sociales diferentes debido al modelo de desarrollo que segrega social y espacialmente, dificultando a algunos el acceso a los medios necesarios para una vida digna. Eso es lo que buscan encontrar con dicho método.

Los indicadores utilizados por estos autores fueron los que el consejo Nacional de Población de México utiliza para el **Índice de Marginación Urbana** más cuatro variables. El conjunto de las variables del ISS son:

1. Porcentaje de población sin derecho (derechohabiencia) a los servicios de salud.
2. Porcentaje de hijos fallecidos para las mujeres entre 15 y 49 años de edad.
3. Porcentaje de la población de 6 a 14 años que no asiste a la escuela.
4. Porcentaje de la población de 15 años y más sin instrucción post-primaria.
5. Porcentaje de viviendas particulares sin drenaje.
6. Porcentaje de viviendas particulares sin agua entubada dentro de la vivienda.
7. Porcentaje de viviendas particulares con techos de materiales ligeros, naturales o precarios.
8. Porcentaje de viviendas sin refrigerador.
9. Porcentaje de viviendas particulares con algún nivel de hacinamiento.

10. Porcentaje de población ocupada que gana hasta 5 salarios mínimos mensuales.
11. Porcentaje de población ocupada que trabaja más de 41 horas semanales.
12. Porcentaje de población ocupada que trabaja por su cuenta.
13. Distancia a las zonas de trabajo.

Ejercicio IX.1.
Agrupa los indicadores del ISS en cuatro dimensiones:

Salud, Educación, Vivienda y Trabajo.

Educación	
Salud	
Vivienda	
Trabajo	

Todas ellas se pueden agrupar en cuatro dimensiones: Salud, Educación, Vivienda y Trabajo.

El índice de Segregación Socioespacial tiene la virtud de introducir la dimensión Trabajo en el análisis socio-espacial que en el índice de Marginación Urbana no aparece. Sin embargo, es interesante observar que su efecto sobre la imagen final de la ciudad es prácticamente igual a la que emerge del mapa de la ciudad que representa el Grado de marginación urbana o rezago social que hace el propio Consejo Nacional de Población (CONAPO). Ello está asociado a la gran correlación que se produce entre las dimensiones estudiadas.

La diferencia principal que viene aquí a producirse en la imagen se debe a que la variable ordinal final que se crea tiene, en el caso del estudio realizado por los autores indicados, sólo tres valores y en el caso de Indicador de Marginación Urbana cinco, por lo que la precisión es mucho mayor en el segundo (Figura IX.2).

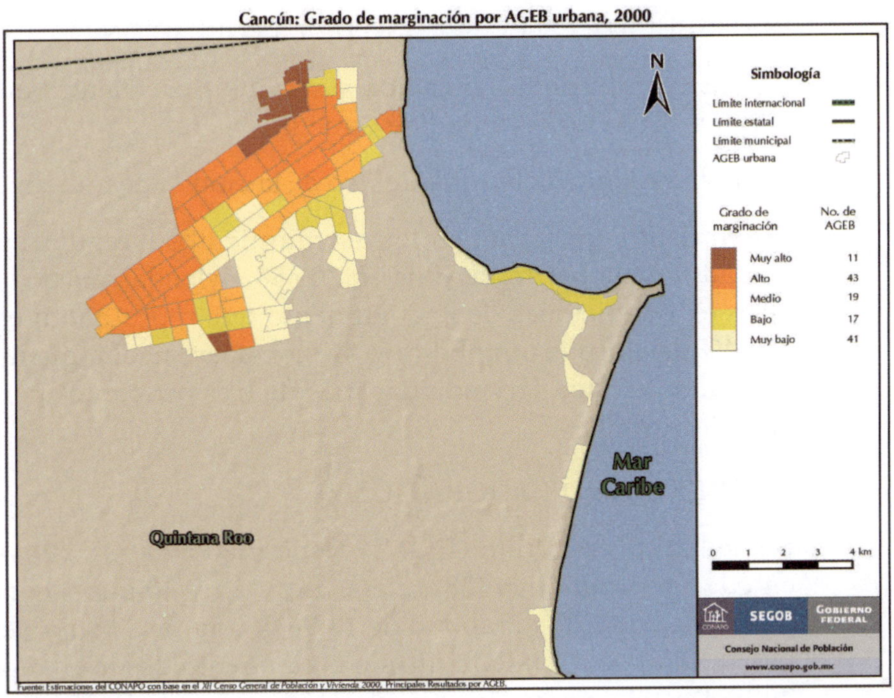

Fuente: AGEB, 2000, CONAPO.

Figura IX.2. Grado de marginación urbana en Cancún, año 2000.

IX.4. CANCÚN EN EL AÑO 2010

La etapa siguiente de desarrollo de Cancún, al menos hasta el año 2010, no ha introducido grandes variaciones.

Así se desprende de la descripción del contexto y el diagnóstico que el Ayuntamiento de Benito Juárez publicó en su Programa de Desarrollo Urbano del Centro de Población de Cancún (2014-2030) en el que indicaba que, el grado de marginación alcanzado en algunas zonas del municipio parecía estar vinculado a ciertas tendencias demográficas, urbanísticas y laborales que resume en ocho líneas (pp. 122-123) y que podemos reagrupar y complementar con los datos del censo de población del año 2010. Las tendencias principales en Cancún son:

DISTRIBUCIÓN EN EL ESPACIO DE LA POBLACIÓN:

- Concentración de la Población y servicios deficientes en algunas áreas de la ciudad de Cancún.
- Despoblamiento de la zona Centro de la ciudad de Cancún.
- Crecimiento constante en los asentamientos irregulares ubicados en la periferia. Existen 30.458 viviendas particulares en condiciones de hacinamiento que representan el 16,54% del parque inmobiliario. Se considera hacinamiento cuando en una vivienda hay más de tres ocupantes por dormitorio.

TENDENCIAS DEMOGRÁFICAS:

- Sociedad joven adulta (El 47% tiene menos de 25 años) en edad reproductiva (28% tiene entre 25 y 40 años) con una tasa bruta de natalidad de 18,96, y una tasa bruta de mortalidad de 3,29. Esta última en aumento desde el año 2005. Destacan entre las causas de muerte: los accidentes de tráfico con vehículos a motor, la diabetes melitus, las enfermedades isquémicas del corazón, los tumores malignos y las enfermedad alcohólica del hígado. Ello indica problemas de sobrepeso y obesidad en la población, así como de alcohol y de otros hábitos de consumo asociados a los accidentes de tráfico en poblaciones jóvenes. El porcentaje de población con derecho a servicios de salud público o privado es un 64,41%.

- Se mantiene alta la tasa media anual de crecimiento de la población de la municipalidad que pasa de 419,815 en el año 2000 a 661,176 en el año 2010.
- Se mantiene una alta tasa de inmigración. En Cancún vivían en el año 2010 casi 100.000 personas que en el año 2005 vivían en otra entidad del país (84% de los inmigrantes) o en otro país. Por lo que podemos colegir que la inmigración es la principal vía de aumento de la población de la ciudad.
- La población inmigrante tiene un perfil más joven, con menor nivel educativo, mayores tasas de deserción escolar y peores trabajos por lo que tiende a concentrarse en los asentamientos irregulares de la ciudad.

TENDENCIAS EDUCATIVAS:

- Registra una alta tasa de deserción escolar a partir de los 15 años. Tiene un 32% de la población mayor de 15 años sin educación básica completa, de los cuales, un 3% es analfabeta. La población entre 10 y 14 años que no asiste a la escuela es un 4,85%. De 15 a 19 años es un 40,94%. De 20 a 24 años, un 82,66%.

TENDENCIAS LABORALES:

- Empleos precarios e inestables en negocios establecidos.

La población económicamente activa es un 46% del total. De 25 a 60 años, un 53% de la población no tienen estudios secundarios o superiores. En ese rango de edad trabaja más de un 70% de las personas. Entre los varones, el porcentaje de incorporación al mercado laboral a esas edades es superior al 94%. Las mujeres apenas llegan al 53%. El máximo grado de incorporación al mercado laboral se produce entre los 40 y 45 años (77,5%). Los hombres incorporados son un 95,73% y las mujeres un 57,79%. La incorporación al mercado laboral se produce de forma ya importante en el rango de edad entre 15 y 19 años. En el año 2010, un 40,52% de varones y un 20,58% de mujeres ya se habían incorporado.

De la población ocupada, un 6% consigue un sueldo que llega, como mucho al salario mínimo. Y, un 16% alcanza sólo a uno o dos salarios mínimos.

La tasa de desempleo es muy baja tanto para hombres como para mujeres. Sin embargo, la estimación de ocupación en el sector informal está estimada en el año 2011 en un 24,4% para el Estado de Quintana Roo. Este dato refleja el porcentaje de la población ocupada, que trabaja para una unidad económica que opera a partir de los recursos del hogar, pero sin constituirse como empresa, de modo que la actividad no tiene una situación identificable e independiente de ese hogar. La manera operativa de establecer esto, es que la actividad no lleva una contabilidad bajo las convenciones que permiten que sea auditada. Este dato es ofrecido por ENOE, una entidad institucional de México que ofrece datos para los Estados.

En función de estas tendencias, encontramos que el mapa de marginación urbana de Cancún y su área metropolitana mantiene la estructura del año 2000 de las tres ciudades, incorporando nuevos territorios a todas ellas y modificando el mapa final sustantivamente. Así, se ha ido expulsando población pobre del centro para incorporar este territorio a la ciudad de los turistas. Se han incorporado al mapa de la ciudad un gran número de áreas urbanas periféricas donde se han situado los más pobres. Y, la población de clases medias parece haberse situado en zonas periféricas al oeste del centro con lo que ha dividido la ciudad de los trabajadores pobres en dos: una situada al norte y otra al sur (Figura IX.3).

Los datos del censo del año 2010 indican que el 41,8% de los ciudadanos del municipio se encontraba en situación de vulnerabilidad por, al menos, tener carencias en dos aspectos importantes entre: trabajo, vivienda, salud, educación e ingresos. Y, un 27% de la población fue catalogada por el Consejo de evaluación de las políticas sociales (CONEVAL) como no pobre.

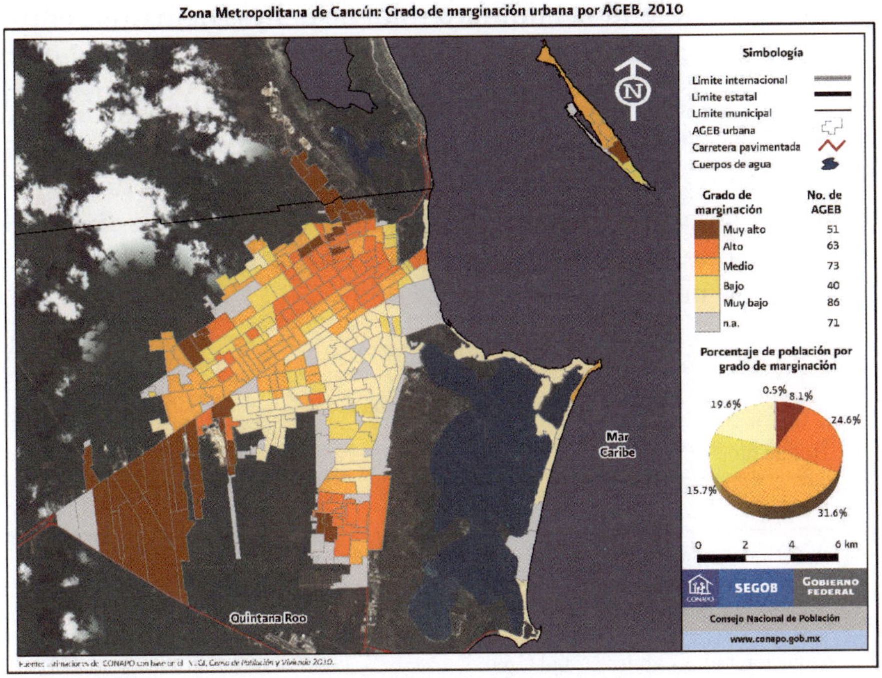

Fuente, AGEB, 2010, CONAPO.

Figura IX.3. Grado de marginación urbana en Cancún, 2010.

IX.5. LA VIOLENCIA E INSEGURIDAD CIUDADANA EN CANCÚN

El estado de Quintana Roo está considerado como uno de los Estados Federados de México de mayor nivel de violencia e inseguridad ciudadana. Esto es a pesar de que no es parte de la frontera mexicana con Estados Unidos que es donde se concentra, junto con México D.F. los mayores niveles de violencia.

Según el INEGI (Instituto Nacional de Estadística y Geografía), la tasa de incidencia delictiva por cada mil habitantes sitúa a este Estado entre 2010 y 2017 en la séptima posición en promedio del conjunto de todo México. La tasa ha oscilado durante todo este período entre 41,381 (máximo valor en 2014) y 32,862 (mínimo valor en 2016). Esta tasa se calcula dividiendo el número total de delitos ocurridos entre la población mayor de 18 años y multiplicando por 100.000. Dicho dato se extrae de la Encuesta Nacional de Victimización y Percepción sobre Seguridad Pública.

El tipo de delitos que más se cometieron en el año 2014 fueron los robos (aprox. 10.000) de muy diferentes tipos. Si bien, lo que hace tan preocupante la situación en este enclave son otros números (Figura IX.4).

Tipos de delitos en Quintana Roo	**2014**
Homicidios:	267
Lesiones:	2.721
Robo de menores	324
Secuestro y privación de libertad	80
Violación (403) y abuso sexual (369)	772
Violencia familiar	2356
Narcomenudeo	704
Armas prohibidas	120

Fuente: Elaboración propia a partir de los datos de SESNSP, Gobierno de México, 2018.

Figura IX.4. Indicadores de actos delictivos
en el Estado de Quintana Roo, 2014.

La población interna penitenciaria asciende a 4.769. En el centro de reinserción social Benito Juárez de Cancún hay 1.773 presos en el año 2016. Ello supone una situación crítica del nivel de hacinamiento o sobrepoblación en dicho lugar según la Comisión Nacional de Derechos Humanos de México.

La evolución del número de delitos en el Estado de Quintana Roo desde el año 1997 al año 2017 es ascendente. Algunos de los más preocupantes permiten observar cómo hay dos períodos claramente diferenciados, uno es antes del año 2007 y otro es, desde entonces hasta el año 2017. Este segundo período será mucho más violento y peligroso (Figura IX.5).

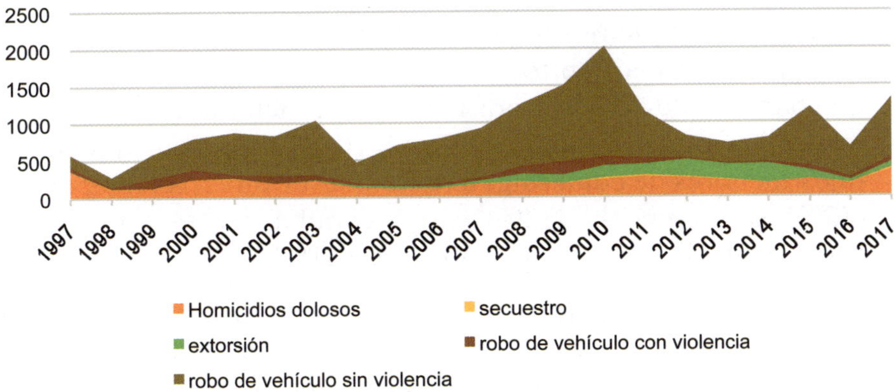

Fuente: Elaboración propia a partir de los datos de SESNSP, Gobierno de México, 2018.

Figura IX.5. Evolución de algunos delitos en el Estado de Quintana Roo 1997-2017

En la ciudad de Cancún, según los datos de la **Encuesta Nacional de Victimización y Percepción de Seguridad Pública,** ENVIPE, 2016, un 66,4% de la población consideraba que la inseguridad y la delincuencia son los principales problemas que aquejan al municipio. Los delitos más frecuentes son: el robo o asalto en la calle o en el transporte público, la extorsión, el robo total o parcial del vehículo, el robo en la vivienda y el fraude.

Desde la perspectiva de la población, en la misma encuesta según los datos publicados por la Gaceta Municipal del Municipio de Benito Juárez, los principales problemas delictivos en el entorno de sus viviendas son: el consumo de alcohol en la vía pública (50% de encuestados), robos y asaltos frecuentes (45%), consumo de drogas (37%) y pandillerismo (36%).

Los espacios públicos de mayor inseguridad son: el cajero automático en la vía pública (83%), la calle en general (76%), el transporte público (63%), el banco (63%) y el mercado (56%). Y, donde menos, su casa y su trabajo.

Y, la autoridad policial inspira poca confianza. La policía preventiva municipal inspira un alto nivel de desconfianza al 59% de la población, la estatal a un 44,4%, la federal a un 31%.

En esta situación, la población de Cancún ha tendido a cambiar algunos hábitos. Preguntados por las actividades que han dejado de hacer por temor a ser víctima de algún delito destacan las siguientes: usar joyas (70%), dejar que sus hijos menores de edad salgan (67%), llevar dinero en efectivo (52%), salir de noche (52%), salir a caminar (38%), tomar un taxi (33%) y llevan tarjetas bancarias (31%).

La situación delictiva que se puede valorar a partir de las estadísticas proporcionadas por el Gobierno de México nos revela la evolución de los delitos en el municipio de Benito Juárez desde el año 2011 al año 2017. Esto permite contextualizar la encuesta anterior (Figura IX.6 y IX.7).

MODALIDAD	TIPO	SUBTIPO	2011	2012	2013	2014	2015	2016	2017
DELITOS PATRIMONIALES	Con violencia o Extorsión	Total	106	133	142	160	94	23	25
DELITOS SEXUALES (VIOLACIÓN)	VIOLACIÓN	Total	227	268	271	293	286	95	74
LESIONES	DOLOSAS	Total	1217	1427	1007	1312	1168	526	596
HOMICIDIOS	DOLOSOS	Total	184	155	106	89	132	86	250
HOMICIDIOS	CULPOSOS O POR NEGLIGENCIA	Total	239	264	253	200	222	42	37
ROBO común	CON VIOLENCIA	TOTAL	1420	902	958	1254	986	899	1927
ROBO común	SIN VIOLENCIA	TOTAL	4432	5168	5435	5715	5855	2397	3085

Fuente: Elaboración propia a partir de los datos de SESNSP, Gobierno de México, 2018.

Figura IX.6. Algunos delitos registrados en el municipio de Benito Juárez (Estado de Quintana Roo) desde el año 2011 al año 2017.

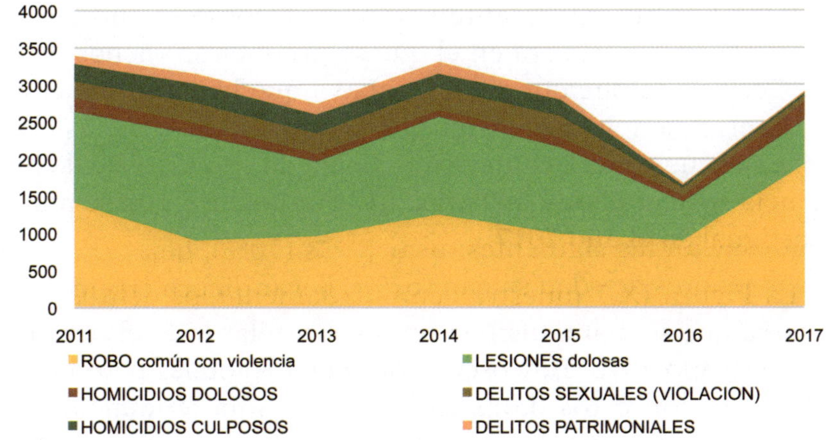

Fuente: Elaboración propia a partir de los datos de SESNSP, Gobierno de México, 2018.

Figura IX.7. Gráfico de áreas acumuladas: Principales delitos violentos en Cancún. Evolución desde el año 2011 al año 2017

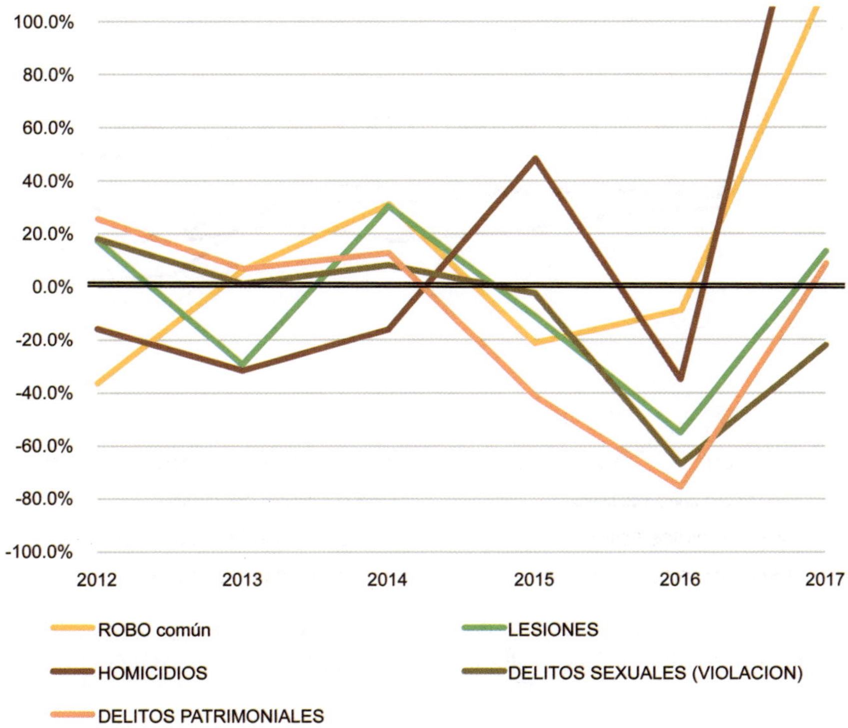

Figura IX.8. Gráfico de Tendencias: Tendencias interanuales de crecimiento del número de delitos más violentos entre el año 2011 y el año 2017 en Cancún.

Resulta muy interesante comprobar cómo el año 2016, año de la encuesta, será en el que se producirán menos delitos. Pero no implica una tendencia ya que la comprobación de la serie completa muestra que no existen tendencias claras. La encuesta refleja una experiencia de alto nivel de delincuencia sostenida desde el año 2012 al año 2015 que se mantiene igual en el año 2017.

La Figura IX.7 muestra acumuladamente los delitos y se observa que se mantienen en un nivel similar todo el tiempo, salvo ese año 2016. Hay oscilaciones en los totales pero no es suficiente con estos datos para indicar una tendencia. La Figura IX.8 muestra los crecimientos interanuales de cada delito y refuerza la hipótesis de que no hay una tendencia común.

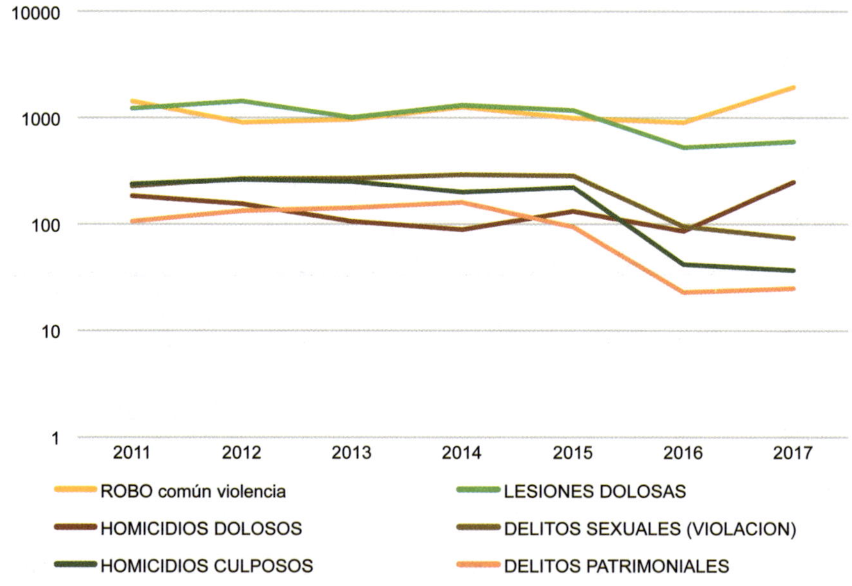

Figura IX.9. Gráfico de Tendencias: Principales delitos violentos en Cancún. Evolución desde el año 2011 al año 2017. Número de delitos. Escala logarítmica.

Finalmente, y siendo conscientes de lo anterior, el tercer gráfico la Figura IX.9 sí muestra que se produjo un cambio sustantivo al aumentar de forma brusca los homicidios dolosos y el robo con violencia. Si hasta el 2015 se había mantenido un alto nivel de delincuencia, éste volvía renovado y con casi más fuerza en el año 2017.

En los datos se observa un cambio sustantivo que se produce en Cancún en esta última fase de aumento de la violencia generalizada. México vivirá en este tiempo un brutal aumento de la violencia en general del que no se salva Cancún. Es más, Cancún se convierte en este período de tiempo en uno de los centros de la guerra entre bandas por el control del tráfico de drogas. En 2016, los homicidios se concentran en las zonas periféricas como la supermanzana 259 al Suroeste de la ciudad y la supermanzana 248 en el límite estatal por el norte. En 2017, se extendieron por gran parte del municipio.

En resumen, en Cancún se produce un alto nivel de segregación espacial y un muy alto nivel de delincuencia. La segregación territorial fue causada por la forma en que se organizó política y económicamente el desarrollo urbano. Fueron las decisiones de los actores políticos y económicos centrados en el desarrollo del sector turístico lo que propicia dicha división histórica. La delincuencia violenta ha sido posterior pero ha acompañado el desarrollo urbano al menos desde los noventa y ha cambiado los hábitos de la ciudadanía. Ha afectado al espacio público y ha aumentado la desconfianza.

Ejercicio IX.2:
Haz un resumen breve del tema:

¿Cuáles son las ideas principales?

¿Cuáles son los conceptos nuevos?

¿Qué idea es la que más me ha llamado la atención?

¿Qué dudas me surgen?

¿En qué aspecto no estoy de acuerdo con el autor?

BIBLIOGRAFÍA RECOMENDADA

CASTILLO PAVÓN, O., & VILLAR CALVO, A. (2011). LA CONFORMACIÓN DEL ESPACIO URBANO DE CANCÚN: UNA APROXIMACIÓN AL ESTUDIO DE LA SEGREGACIÓN SOCIO-ESPACIAL. *Quivera. Revista de Estudios Territoriales,* 13 (1), 83-101.

INEGI (Instituto Nacional de Estadística y Geografía), (2016). *Anuario estadístico y geográfico de Quintana Roo, 2016.*

SECRETARÍA DE DESARROLLO AGRARIO TERRITORIAL Y URBANO. (2014). Programa de desarrollo urbano del centro de población Cancún, municipio Benito Juárez, Quintana Roo, 266.

SOSA FERREIRA, A. P., & CAZAL FERREIRA, A. (2015). El espacio público en la Ciudad de Cancún frente al proyecto turístico. *URBS. Revista de Estudios Urbanos y Ciencias Sociales, 5*(2), 65-80. Retrieved from http://www2.ual.es/urbs/index.php/urbs/article/view/sosa_cazal

CAPÍTULO X
LA PINTANA (SANTIAGO DE CHILE): POBREZA, DESIGUALDAD Y LA CONSTRUCCIÓN DEL DELINCUENTE

INTRODUCCIÓN

El caso de La Pintana se adentra en la cuestión sobre cómo se adquieren los habitus que generan las prácticas delictivas: en el corazón de muchas ciudades, algunos jóvenes aprenden a delinquir y a ver normal los actos delictivos. Profundiza en el «efecto Barrio» y en la técnica de los «mapas percepctuales». Si bien, para conceptualizar bien la problemática de estos jóvenes, se sitúa el área históricamente y se descubre la fuerza que tiene para crear este tipo de espacios excluidos en un Estado cuando el gobierno ha sido autoritario.

Objetivos principales:

1. Estudiar como se produjo la segregación espacial en Santiago de Chile
2. Conocer la historia de La Pintana y su situación actual de pobreza y delincuencia.
3. Estudiar los procesos de inserción de los jóvenes en la delincuencia.
4. Comprender el «efecto Barrio»
5. Aprender qué son los Mapas perceptuales.

La Pintana es uno de los municipios asociados a la gran ciudad de Santiago de Chile. Su población en el año 2017, último censo, es de 177.266 personas. Se ha reducido un 6% desde el anterior censo en el año 2002 mientras que la ciudad en que se ubica, el Gran Santiago, ha aumentado su población un 17%.

Se ubica en la zona sur oriental de la ciudad formado por las comunas de: San Bernardo, La Pintana, San Ramón, San Joaquín, La Granja, El Bosque, Puente Alto, La Florida y Macul.

Dicha zona ha sido considerada recientemente (2017) como la zona con la situación más compleja respecto al narcotráfico en todo Chile. Y, dentro de dicha zona, La Pintana destaca por su tamaño poblacional y la cantidad de habitantes que viven en barrios críticos. Según un informe de Atisba (2017) un 80% de la población de La Pintana se situaría en los barrios críticos, es decir con graves problemas de narcotráfico, según los datos de la Fiscalía General del Estado de Chile.

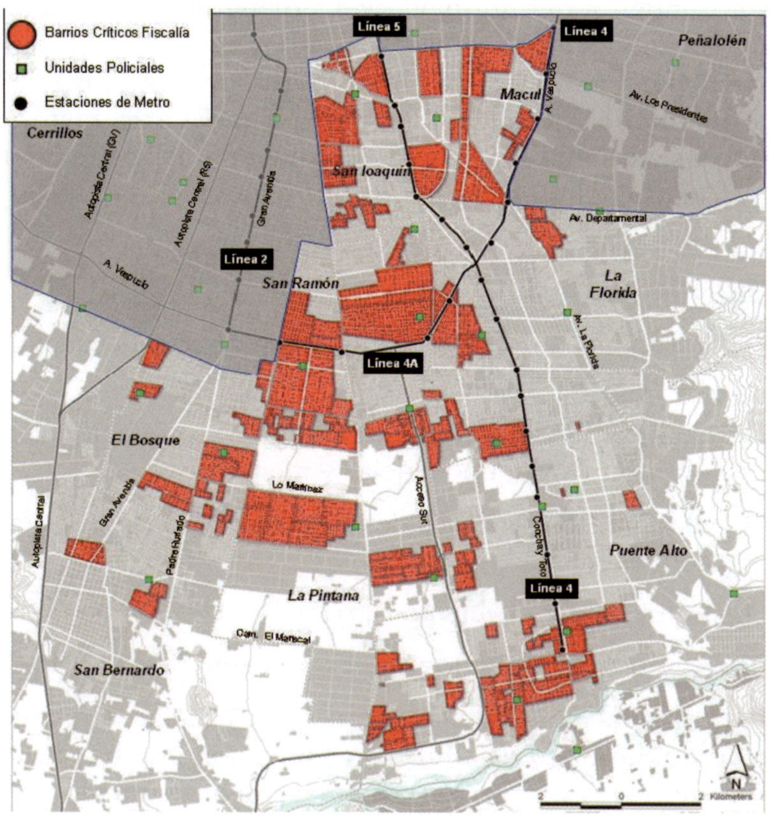

Fuente: Elaboración de Atisba (2017) a partir de los datos de Fiscalía Nacional.

Figura X.1. Ubicación Barrios Críticos – zona sur oriente de Santiago de Chile (La Pintana y villas periféricas).

Es una zona con graves carencias de infraestructura urbana, transporte, zonas verdes, servicios públicos, educativos y policiales que revelan una baja presencia pública (Atisba, 2017).

X.1. SANTIAGO DE CHILE

Santiago de Chile ha evolucionado en la última década hacia una reducción importante de la desigualdad, sobre todo de la pobreza de ingresos. Los estudios más relevantes al respecto, la encuesta CASEN, muestran que los índices de pobreza extrema, la pobreza relativa y la pobreza multidimensional han descendido desde el año 2006 hasta el año 2015. Si bien, todavía, un quinto de la población está afectada por carencias importantes (Gajardo, 2016).

Santiago de Chile es, más bien, el Gran Santiago: una agrupación de 34 comunas con municipalidades independientes situadas en la provincia de Santiago, otra en la Cordillera y otra en Maipo. Ese conjunto de poblaciones no son homogéneas, ni fueron concebidas así. Es un espacio fragmentado y dividido política, administrativa, económica y socialmente desde los años ochenta.

En ese espacio, vive más de un tercio de la población de Chile. Dicha concentración se produjo a lo largo del siglo xx, y, vino asociada a la concentración de las actividades industriales, comerciales y financieras que se vino a producir desde finales de los años treinta, dentro del proceso de rápida industrialización que muchos gobiernos latinoamericanos impulsaron para sustituir las economías de importación por economías industriales. Y que provocó un rápido éxodo rural que tuvo su mayor auge entre 1952 y 1960.

Durante el intenso crecimiento de la economía chilena que se produjo a finales de los ochenta y los años noventa, las actividades económicas y el capital permaneció concentrado en Santiago. En 1995, el porcentaje del PIB en el Área Metropolitana de Santiago significaba un 47,4% del total del país.

La economía del Área Metropolitana de Santiago se ha convertido en este tiempo en una economía de Servicios globalizada. Dockemdorff, Rodriguez y Winchester (2000) la situaban a finales de siglo XX como nodo secundario en la red de ciudades globales debido a que desde mediados de los ochenta atrajo un gran número de centros de dirección de bancos extranjeros y productores de servicios especializados de consultoría, informática y finanzas. Éstos se sumaron a la ya alta concentración de direcciones de empresas nacionales ubicadas en Santiago de Chile, configurando una estructura económica local muy globalizada.

X.2. LA SEGREGACIÓN SOCIO-ESPACIAL DEL GRAN SANTIAGO

El desarrollo económico vino asociado a una modificación importante de la organización del espacio en la ciudad que incidía en una tendencia antigua: la segregación socio-espacial. Desde los años ochenta hasta finales de los noventa, la pobreza había descendido de forma importante en Santiago. Sin embargo, no todo el territorio lo había experimentado igual.

A partir de la medición de los hogares pobres, Dockemdorff, Rodriguez y Winchester (2000) pudieron observar que Santiago era un área urbana claramente dividida de acuerdo a los ingresos familiares. Los grupos de altos ingresos estaban concentrados en seis de las 34 comunas de la ciudad, en los que también se ofertaban unos servicios, se disponía de unas infraestructuras y de unas viviendas de mayor calidad y cantidad. En otras cinco comunas, sin embargo, encontraban que había, al menos, entre un 20 y un 30 por ciento de población pobre.

Por entonces, nombraban la Pintana como una de las comunas con mayor número de pobres (29%), es decir: población que tiene unos ingresos que están por debajo de la línea de pobreza. Caracterizaba a los pobres: tener bajos niveles educativos, poca experiencia laboral y limitado acceso a redes de oportunidad. La característica más importante era que estaban fuera del mercado laboral durante largos períodos de tiempo debido al cambio en las demandas laborales que la reestructuración de la economía venía produciendo junto al cambio tecnológico.

Pero también había muchos pobres que trabajaban. El tipo de trabajo que se ofrecía a mujeres, personas mayores, jóvenes y trabajadores con bajos niveles educativos solía ser extraordinariamente precario y mal pagado. Comprobaron que la mayoría de la gente que vivía en la pobreza eran trabajadores con pocas cualificaciones y bajos ingresos y no solamente desempleados o trabajadores de la economía informal. Los sectores con peores situaciones eran los jóvenes que vivían en comunas pobres y los hogares de mujeres solas con hijos a cargo.

Según el análisis de estos autores, la desigualdad había aumentado mientras la pobreza descendía. La población pobre en el área metropolitana había descendido desde 1987 a 1996 desde un 38,7% de hogares pobres a un 14,8%. Sin embargo, ésta se había concentrado en ciertas zonas de la ciudad. El estudio de varios indicadores permitía observar este fenómeno.

En primer lugar, fijaron su atención en los servicios públicos educativos. Observaron que éstos se cubren a nivel municipal y son utilizados especialmente por las clases pobres, mientras que las clases altas y medias utilizan más los servicios privados educativos. En los ochenta hubo un recorte a nivel nacional que redujo los ingresos de las escuelas municipales produciendo un gran deterioro de la infraestructura y el equipamiento de estos centros, así como de los salarios de los profesores. Los más afectados por estos recortes fueron las áreas periféricas.

Otra dimensión utilizada por estos investigadores para entender la evolución de la desigualdad fue la concentración de la construcción de viviendas aprobadas para la ciudad de

Santiago. Entre 1990 y 1998, casi la mitad de las áreas aprobadas para construcción se localizaron en cuatro comunas. Y, casi un 40% en otras 11 de las 34 comunas de la ciudad. Todas las demás no renovaron nada sus inmuebles.

El desarrollo urbanístico había producido, a impulsos del mercado inmobiliario, una separación de las zonas en función de sus inmuebles. De modo que en el año 2000, se observan tres tendencias:

1. escasez de crecimiento y mejora en las áreas consolidadas de la ciudad;

2. construcción de viviendas públicas en zonas periféricas sin valor inmobiliario;

3. y, concentración de las oportunidades de vivienda para sectores de altos ingresos en el área noreste periférico de la ciudad.

Otra variable utilizada para el análisis de la segregación espacial por estos autores fue la localización de las oficinas de negocios. Ello permitió observar que entre 1990 y 1998 el 96% de espacio construido para oficinas se concentraba en cinco comunas. Todas ellas muy próximas, bien comunicadas y situadas en línea desde el centro y hacia el noreste de la ciudad.

Mientras, la población de todos los estratos económicos expresaba sentirse más inseguros en los espacios públicos que en los privados como por ejemplo: el transporte público (65% se sienten inseguros) y el centro de la ciudad (71%). Pero, además, los estratos más bajos de la población eran lo que más inseguros se sentían en: su propio vecindario por la noche (44,7 de cada 100 de estratos bajos frente a sólo un 28,6 de cada 100 en los estratos más altos), en su propio vecindario por el día (22,9 frente al 5,4) y en su propia casa o apartamento (15,5 frente al 7,7). Y, según indican Dockemdorff, Rodriguez y Winchester (2000), la vida en los vecindarios pobres de Santiago ha llegado a ser más peligrosa. Los mecanismos que actuaban para restringir la violencia y el crimen se han debilitado. Los vecindarios han llegado a ser desarticulados y más inseguros y la gente ha buscado la solución en el fortalecimiento de la presencia policial.

X.3. LA PINTANA

En este contexto histórico, la situación de La Pintana en la siguiente década, primera del siglo XXI, está bien reflejada en los datos y estudios que las propias instituciones políticas de la Pintana elaboraron.

X.3.1. La formación de La Pintana

En el *Plan de Desarrollo Comunal 2012-2016*, hacen un diagnóstico muy interesante. En primer lugar, presentan la Comuna situándola históricamente: surge en 1982 con muy escasa población (73.932), siendo separada de la Comuna de La Granja (al norte de La Pintana). Por entonces, era un territorio sin urbanizar, sin comercio ni servicios y donde solo se desarrollaban pequeñas actividades agrícolas. Durante diez años, su población crece desmesuradamente al hilo del aumento constante de viviendas públicas construidas por el gobierno de Chile hasta llegar a tener una población de 169.640 habitantes en 1992.

El gobierno chileno de la época, una dictadura militar de 1973 a 1990, y democrático después, llevó a cabo una política de erradicación de los poblados chabolistas existentes en la periferia de las ciudades que consistió en trasladar a la población a nuevos espacios en la periferia de la ciudad. Éstos quedaron instituidos como nuevas municipalidades, aunque sin recursos, ni infraestructuras, ni equipamientos. Y, en ellos, el gobierno construyó, fundamentalmente, viviendas públicas (denominadas viviendas sociales básicas o casetas sanitarias) aprovechando el suelo barato durante más de diez años. De modo que en el año 2000, el porcentaje de viviendas sociales es de un 90% del total del parque inmobiliario.

Como consecuencia de este tipo de desarrollo tan dirigido institucionalmente, la comuna de La Pintana es extraordinariamente homogénea en su nivel de ingresos a comienzos del siglo XXI. Según el estudio realizado por la *Asociación Chilena de Empresas de Estudios de Mercado* en 2002 sobre los Grupos Socioeconómicos y su distribución, el 85% de los hogares de La Pintana eran clasificados en los estratos socioeconómicos pobres de Chile. Un 20,7% de ellos eran considerados del estrato más vulnerable cuyo barrio es definido como: sectores muy populares, pobres y peligrosos; calles sin pavimentar, con veredas en regular estado; y estrechas si las hay. Sin áreas verdes y poca urbanización.

X.3.2. La evolución de la pobreza

El descenso de la pobreza en el área siguió adelante durante esta década. Según la encuesta CASEN parecía que se había producido una reducción entre el año 2000 y el año 2006 de casi un 50% del número de pobres. Aún así, en el año 2009, con una nueva forma de medición, el nivel de pobres se situaba en un 30% en la Comuna de La Pintana. De modo que, se situaba como la comuna con más porcentaje de pobres de todo el Gran Santiago.

Según otro estudio, esta vez de la Universidad de Chile, el descenso de la población pobre, medido en función de los ingresos laborales, había descendido ligeramente desde el año 2007 al año 2011. Dicho descenso solo había afectado a los hogares pobres no indigentes. El porcentaje de los indigentes se mantenía en torno al 6%. El porcentaje de hogares en los dos quintiles más bajos de ingresos del Gran Santiago (grupos socio económicos D y E), se situaba en La Pintana en un 66% en 2011 cuando en el conjunto del Área Metropolitana se sitúa en un 46% ese año.

La mayor parte de los hogares viven en casas (82%) o en edificios (13%). El resto vive en otros tipos de viviendas más propias de las áreas rurales o de asentamientos ilegales. Los hogares con hacinamiento se situaban en el año 2009 en un 20%.

De forma resumida, el consistorio indica que la Comuna, en el año 2009 se caracterizaba por:

- Alta concentración de pobreza e indigencia según la convención de indicadores CASEN pero, todavía más importante, es la comuna más homogéneamente pobre de la Región Metropolitana según la participación de los grupos socioeconómicos D y E en su población y al ingreso promedio de los hogares.
- Muy baja presencia de actividades económicas generadoras de fuentes de trabajo y, como contrapartida, alta presencia de empleo precario o temporal.
- También debe destacarse el empuje de un importante sector de la población que a falta de fuentes de trabajo genera variadas formas de autoempleo y/o economías familiares de subsistencia. En cierto sentido, es una comuna pujante que genera sostenidamente autoempleo, microempresas y empresas familiares de subsistencia.
- Alta tasa relativa de desocupación concentrada en la agricultura, simultáneamente, una tasa relativamente alta de ocupación en las ramas de manufactura, construcción y comercio.
- Emigración de grupos familiares que han mejorado su situación hacia comunas vecinas (más de 6.000 familias durante el periodo intercensal 92-02) y su reemplazo por habitantes de los grupos de más bajos ingresos.
- Estigmatización de la comuna y discriminación principalmente laboral de sus habitantes por parte de la «ciudad».
- Baja competitividad laboral de la fuerza de trabajo de la comuna.
- Débil sentido de pertenencia a la ciudad en contraposición a un creciente sentido de pertenencia a la comuna.

X.3.3. Delincuencia e inseguridad en La Pintana

En este contexto, durante la última década analizada, no ha hecho sino crecer el número de delitos que son denunciados y de los hogares que se han visto involucrados como víctimas en algún tipo de delito. Y, la percepción de la mayor parte de la población (más de un 60%), al igual que en todo Chile, es que la delincuencia aumenta año a año. Sin embargo, la percepción de inseguridad se mantiene estable (53% tienden a pensar que serán víctimas de algún delito en el próximo año) en un nivel ligeramente superior al de la media nacional y de la Región Metropolitana desde comienzos de siglo.

En el año 2011, los lugares que se consideran más inseguros son: la calle, el autobús, la Comuna en que vive, el barrio y el metro. Y los que menos: la casa, el lugar de trabajo y de estudio. Y, por ello, la gente evita: las paradas de autobús, algunas calles, plazas y parques.

En Chile, desde hace mucho tiempo, se achaca el problema de la inseguridad a la falta de vigilancia policial. Sin embargo, en 2011, en La Pintana también se empezó a hacer importante otra respuesta: «la ocupación de lugares del barrio por pandillas y grupos peligrosos». Y aparecieron como medidas importantes para aumentar la seguridad en el barrio cuestiones tales como: desarrollar medidas para aumentar el empleo juvenil y desarrollar programas en las escuelas para prevenir la violencia.

Los delitos que más sufrían los habitantes de La Pintana en 2008 son: el robo con violencia o intimidación, el hurto y el robo por sorpresa. En otro tipos de delitos como el robo de vehículos o el robo en el hogar suele ser de menor importancia que en el resto de la ciudad del Gran Santiago. Sorprende que el primero afecta a un 19% de los hogares, más del doble que en el conjunto de la población del Gran Santiago. Dentro de la Comuna, los delitos que más ocurrían eran: lesiones y robo con violencia e intimidación. Otros delitos que se producían más significativamente en la Comuna que en Santiago o en el país son: las violaciones, los homicidios, la violencia intrafamiliar y el tráfico de drogas (Figura X.2).

Entre 2008 y 2011 se produce un cambio sustantivo en el problema de la delincuencia en esta área del Gran Santiago que viene asociado al que ocurre en toda la ciudad. Si bien, tiene ciertas peculiaridades en este área: hay un tipo de delincuencia que aumenta considerablemente que es el asociado a las drogas. Es más, La Pintana, tal y como denunciaba el Informe Atisba, 2017, se ha convertido en un foco del tráfico de drogas.

	La Pintana	**Gran Santiago**	**La Pintana**	**Gran Santiago**
Año	2008	2008	2011	2011
Violencia intrafamiliar (por 100.000 hab.)	1937	46442	2323	54088
Homicidios denunciados (por cada 100.000 hab.)	15	219	14	212
Violaciones denunciadas (por cada 100.000 h.)	66	1.464	40	1.449
Detenciones por tráfico de drogas	177	4655	309	6011
Detenciones por porte de drogas	659	17210	1073	34728
Detenciones por consumo de drogas	23	861	72	4392
Población estimada*	185.834	6.411.726	181.585	6.762.267

* La población estimada para La Pintana y el Gran Santiago no corresponde con los datos que se manejan en los estudios previos a éste debido a que la estimación de la población se hacía en aquellos en función del Censo del año 2002, debido a que en el año 2012, el Censo de Población y Vivienda chileno fue anulado debido a irregularidades en el sistema de recogida de datos que impidió obtener unos resultados adecuados. Por ello, el Gobierno chileno realizó un nuevo censo en el año 2017 que puso a disposición del público en el año 2018. A partir de esos datos, se ha podido estimar la evolución de la población en las dos entidades estudiadas de nuevo y se ha observado algo fundamental. Mientras que el Gran Santiago ha crecido significativamente, La Pintana ha reducido significativamente su población en el período que va desde el año 2002 al año 2017. El primero aumentó su población un 17%. La segunda redujo su población un 6%.

Fuente de datos: Elaboración propia con los datos del reporte estadístico comunal.

Figura X.2. Indicadores de delincuencia urbana en la Pintana y el Gran Santiago.

Del 2008 al año 2011 las violaciones y los homicidios descienden. Aumentan las denuncias de violencia intrafamiliar. Pero, lo que realmente aumenta en el Gran Santiago y en la Pintana son los delitos relacionados con las drogas. Si bien, la evolución es diferente en el conjunto del área Metropolitana respecto de lo que ocurre en La Pintana. En La Pintana, se detecta un mayor crecimiento del tráfico de drogas. Mientras que en el Gran Santiago se incrementa más el porte y el consumo. La Pintana se representa así como mercado de la droga (Figura X.3).

	2008		**2011**		**Variación 2011-2008**		**Diferencia Variación LP-GS**
	La Pintana	**Gran Santiago**	**La Pintana**	**Gran Santiago**	**La Pintana**	**Gran Santiago**	
	por 100.000 h.	por 100.000 h.	por 100.000 h.	por 100.000 h.			
Violencia intrafamiliar	1042,33	724,33	1279,29	799,85	0,23	0,10	0,12
Homicidios denunciados	8,07	3,42	7,71	3,14	-0,04	-0,08	0,04
Violaciones denunciadas	35,52	22,83	22,03	21,43	-0,38	-0,06	-0,32
Detenciones por tráfico de drogas	95,25	72,60	170,17	88,89	0,79	0,22	0,56
Detenciones por porte de drogas	354,62	268,41	590,91	513,56	0,67	0,91	–0,25
Detenciones por consumo de drogas	12,38	13,43	39,65	64,95	2,20	3,84	–1,63

Figura X.3. Indicadores relativos de delincuencia urbana en la Pintana y el Gran Santiago.

X.3.4. La inserción de los jóvenes en la delincuencia y el efecto barrio

En 2013, un equipo de investigación se aproximó a estas realidades y trabajó sobre cómo los jóvenes de La Pintana se introducían en la delincuencia. Encontraron que: «*La relación entre el espacio público y las conductas violentas/delictivas se articula en torno a cuatro ejes: el peso de los atributos barriales en la conformación del grupo de pares; el uso del espacio y la movilidad limitados por la segregación territorial; la naturalización de la violencia en estos espacios acotados; y la relación barrio-drogas en todas las facetas (consumo problemático, uso de armas para la venta de la droga, dependencia económica de los barrios respecto del microtráfico, conflictos familiares asociados a la droga, etc.)*» (Silva, Cavieres & Henríquez, 2016). Todo indica que estamos ante uno de esos «lugares malditos» de Waquant.

El estudio de estos autores nos introduce en un concepto muy interesante para la investigación y comprensión del problema que asocia vulnerabilidad y delincuencia: El Efecto Barrio.

El «**efecto barrio**» es el efecto provocado en la acción social por vivir en una zona de la ciudad. *Cuando ese entorno es de pobreza, exclusión y segregación se espera que ello tienda a reducir las oportunidades, estímulos o imágenes positivas de superación y movilidad social.* Es un área donde el capital social adquirido no estimula ni permite dejar la pobreza recurriendo a los parámetros aceptados por la sociedad. Entonces, adquiere más importancia la capacidad de los individuos para resistirse a la realidad barrial y para anular el efecto barrio negativo para lo cual, algunos son capaces de asumir y crear otras oportunidades alternativas que superen el contexto vulnerable en que se desenvuelven. Esa capacidad se desarrolla fundamentalmente a través del aprendizaje en colectividad.

En el caso de los jóvenes de barrios marginales, algunos autores plantean que los jóvenes en dichos entornos tienden a desarrollar procesos de aprendizaje social y socialización entre pares en los que comparten experiencias cargadas de quiebres emocionales y entornos de violencia en los que es más probable socializar conductas delictivas que se terminan por asumir como la «normalidad». Es decir, se desarrollan subculturas en el interior de los barrios segregados y entre algunos grupos de jóvenes que asumen códigos y valores propios que les alejan de los predominantes en el conjunto de la sociedad o que aun cuando asumen prácticas similares, los significados son muy diferentes.

El significado de los lugares del barrio es uno de los elementos que se ven afectados por este tipo de proceso socializador. Y, el desarrollo de una imagen segregacionista del espacio, es fundamental en el desarrollo de un espacio guetizado.

Para el estudio de los significados de los espacios, la técnica utilizada por estos autores es la de los **mapas perceptuales**. Esta técnica ha sido desarrollada dentro de la investigación cualitativa y tiene como fin comprender cómo los sujetos individuales entienden su espacio, es decir, qué significados dan a los diferentes lugares de su entorno. Este tipo de estudios han sido muy interesantes para entender cuáles son los centros de las ciudades para los distintos grupos sociales, qué partes de la ciudad visualizan o sienten como más alejadas o más próximas, y qué zonas están «desaparecidas» de la representación de la ciudad. En este caso en particular, los investigadores estudiaron cómo 99 sujetos jóvenes (de 11 a 18 años) catalogados como infractores de la ley que vivían en dos barrios de La Pintana (El Roble y El Castillo) percibían su entorno. El tipo de delitos en los que se habían visto involucrados eran tanto de carácter incipiente (conducir sin licencia, comercio ambulante o desórdenes públicos), como de tipo más claramente delictivo: hurto y robo con intimidación. La mayor parte de los delitos fueron cometidos fuera del barrio, y, mayormente, en las comunas colindantes.

Se les preguntó por los espacios dentro del barrio y de su entorno. Los elementos diferenciadores fundamentales eran dos:

1. La inseguridad sentida asociada a los hechos ilícitos que se tienden a producir en esos lugares según se representan.
2. El sentido de apropiación o pertenencia al lugar que han desarrollado en su experiencia vital.

Los significados adquiridos por los lugares obedecían a dos fuentes:

1. **La experiencia** directa que habían adquirido con otros grupos de jóvenes;
2. **La imagen aprendida** del barrio y zonas concretas que ha desarrollado el resto de la población que vive en la comunidad de vida de cada individuo.

En función de esas fuentes, los jóvenes establecen barreras o límites en el espacio que delimitan las prácticas y usos que harán en ellos. En el estudio que comentamos, los jóvenes respondieron de tal manera que permitieron a los investigadores elaborar mapas de los barrios estudiados distinguiendo (Figura X.3):

1. Los lugares donde los jóvenes más tiempo pasaban o más sentía que era al que pertenecían.
2. Las calles principales que separaban el lugar propio de los que se veían como «de los otros».
3. Las zonas con mayores significados conflictivos, vinculados a consumo y tráfico de drogas y encuentros entre grupos que podrían terminar en peleas callejeras. Es decir, son zonas o lugares concretos asociados a esos comportamientos. Si uno va por allí sabe que debe comportarse de ese modo.

FIGURA 2 | Sector El Roble. Identificación de tipologías barriales según los jóvene

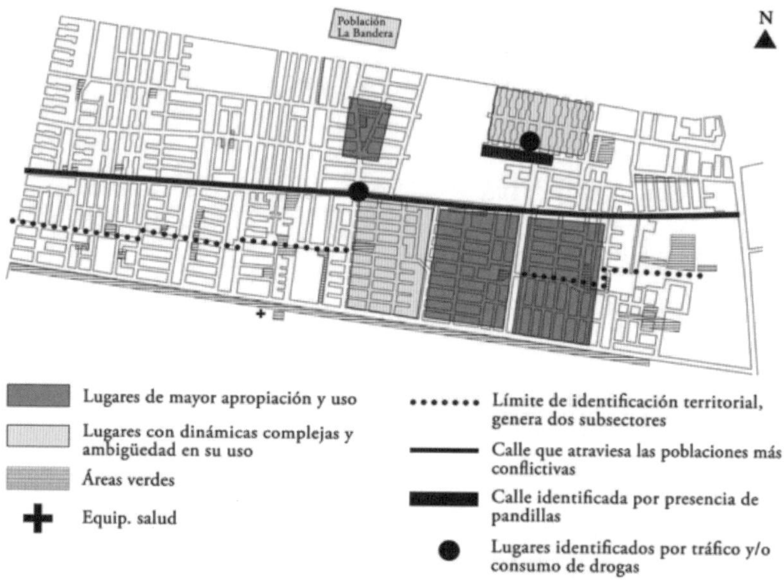

FUENTE ELABORACIÓN PROPIA A PARTIR DE INFORMACIÓN OBTENIDA DE MAPAS PERCEPTUALES

Fuente: María, A.; Silva, C.; Cavieres, H. & Henríquez, S. (2016).

Figura X.3. Ejemplo de mapa perceptual.

En el análisis realizado por los autores destacan varios temas:

1. **La identidad territorial se desarrolla vinculada el sentimiento de pertenencia a través de la participación en las prácticas violentas e ilícitas.**

   En el análisis realizado de los mapas, los investigadores observan que las dinámicas de apropiación de un lugar que implicaban un sentimiento de pertenencia tendía a estar vinculado espacialmente al desarrollo de o participación en comportamientos violentos e ilícitos. Es más, a través del análisis de las entrevistas, pudieron observar que la intensidad con la que se involucran los jóvenes en comportamientos de ese tipo (el nivel de participación) venía asociado al sentimiento de pertenencia. Es decir, la acción delictiva formaba parte de la construcción de su identidad territorial. Como dice la autora: «los jóvenes sucumben en su accionar al imperativo territorial sustentado en las prácticas violentas o delictivas, que les permiten conformar un grupo y relacionarse en mayor profundidad a través de la identidad territorial.»

2. **La acción delictiva era parte de las prácticas consideradas «normales».**

   Extraigo al respecto parte de dos entrevistas en la que se percibe como se normalizan esas actitudes delictivas o violentas:

   (Juan, 15 años, El Roble).

   H: ... sí, antes yo entrenaba en una escuela de fútbol y no sé por qué nos fuimos de la escuela y ahí yo no tenía nada, no robaba, no fumaba marihuana tampoco, ni cigarro...

   E: Después, ¿por qué empezaste a hacer esas cosas?

   H: No sé... es que el ambiente de aquí po', de la población... porque casi todos aquí fuman po', fuman cigarro o marihuana...

   (Francisca, 17 años, El Roble)

   E: ¿Qué cosa fue lo que más te gustó de haber hecho o que haya hecho con tus amigas, o algo que te haya gustado harto?

   M: Sí, con otras cabras po', de repente... uuyyy... si de repente, cuando me las encontraba en las fiestas tenía que pelear con ellas. Una vez me querían pegar una «puñalá» y ahí yo tuve que quitarle la cuchilla y yo siempre tenía que andar con cuchilla, porque las locas igual andaban con cuchilla. Entonces siempre, era de todos los días andar con una cuchilla en los bolsillos, pa' estar más segura...

3. **Los habitantes se reconocen entre sí en las prácticas que realizan.**

Hacer acciones delictivas implica estar dentro de una estructura social que conforma la acción. Y, por ello, permite saber quién es quién. La actividad delictiva y violenta se hace en grupo, son experiencias colectivas intensas y con ellas el grupo se hace más central aún que las amistades. El entorno provee al joven de los instrumentos culturales y materiales de realización y aprendizaje que no encuentra en la familia y la escuela.

4. **La Pintana que viven los jóvenes aparece separada del resto de la ciudad de Santiago. Se configura de forma similar a un gueto para los jóvenes.**

   Los jóvenes de estos barrios tienden a permanecer en ellos, a ni siquiera desplazarse a otras zonas del Gran Santiago. El barrio surge como un espacio en el que se plantea la posibilidad de existir una cultura, mundos propios paralelos a la cultura o sociedad dominante. Debido a ello el joven se siente mejor dentro de ese ambiente en que puede desarrollar su cultura o estilo de vida junto a los demás. Esto ocurre en La Pintana de modo que los autores ven indicios de que tiende a formarse algo parecido a un gueto pues surge una relación marcada por una separación que es aparente, basada en la experiencia de los habitantes, asociada a sus hábitos, dentro de una estructura objetiva de exclusión y marginación social pero que no es vivida como deseada.

   Muchos de los jóvenes a los que entrevistaron manifiestan el deseo, la expectativa, el interés por salir de ahí. Son jóvenes que han delinquido, que aparecen dentro de un grupo con subcultura marginal, pero se proyectan alejados de ese entorno, con valores compartidos con el resto de la sociedad sobre el trabajo, la familia, el bienestar económico. Y piensan que eso es posible fuera del barrio, si ellos salen del barrio.

   (Carolina, 15 años, El Castillo)

   E: ¿Hay algo que te gustaría hacer en tu vida?

H: Irme de aquí me gustaría a mí... Me gustaría irme pa' una parte tranquila.

E: ¿Qué es importante para ti en la vida?

H: A mí me gustaría tener mi familia como todos, y ahí tener su casita y nada más y trabajar tranquilo; si ya era, ya era el cabro chico...

No dan cuenta, como indican estos autores, que, en realidad, la comuna mantiene un lazo permanente con el resto de la urbe, proporciona mano de obra, accede a servicios de la ciudad. Forma parte del Gran Santiago. De modo que, hoy por hoy no está aislada del resto aunque muchos jóvenes la viven así.

Ante todo esto, la autora del artículo llega a algunas **conclusiones** interesantes:

1. En este contexto, el grupo de pares actúa como mecanismo de socialización al proporcionar: prácticas cohesivas (consumo de drogas y alcohol); prácticas de apropiación del territorio (enfrentamiento a otros grupos); prácticas integradoras locales en roles útiles para el grupo (los delitos como el robo).
2. El espacio público del barrio se constituye como mecanismo fundamental de socialización. Se superpone al peso de los grupos de pares para construir las trayectorias juveniles. Enraíza al grupo a un territorio.
3. El delito integra localmente.

En resumen, las prácticas delictivas desarrolladas por algunos jovénes de La Pintana están asociadas al territorio. Es un territorio estigmatizado, violento y pobre, su pobreza fue construida violentamente por el Estado que creó una zona para pobres y sigue así 36 años después. Pero actualmente, sus habitantes son socializados y, algunos de ellos se forjan en una calle violenta, fragmentada y con zonas obligadas de acción criminal que reconocen y en el que se integran a través de los grupos de pares sintiendo su espacio territorial como un gueto que les separa de la ciudad y del que dificilmente pueden escapar.

Ejercicio:

Haz un resumen breve del tema:

¿Cuáles son las ideas principales?

¿Cuáles son los conceptos nuevos?

¿Qué idea es la que más me ha llamado la atención?

¿Qué dudas me surgen?

¿En qué aspecto no estoy de acuerdo con el autor?

BIBLIOGRAFÍA RECOMENDADA

Boletín comunal de victimización La Pintana, Varios años 2010-2014.

Boletín de victimización ENUSC y denuncias por DMCS, Varios años desde 2008 a 2009.

Dockemdorff, E., Rodríguez, A., & Winchester, L. (2000). Santiago de Chile : metropolization , globalization and inequity, *Environment& Urbanization*, vol. 12, n.º 1, April, pp. 171–183.

Gajardo, S. (2016). Pobreza y distribución del ingreso en la región metropolitana de Santiago: resultados encuesta Casen 2015. SEREMI. Región metropolitana de Santiago, Área de desarrollo social metropolitana.

María, A., Silva, C., Cavieres, H. & Henríquez, S. (2016). El Castillo: territorio, sociedad y subjetividades de la espera, EURE, *42*, n.º 125, pp. 155–174.

Reporte estadistico comunal 2015. La Pintana, 1–27.

Ortega, U. T. (2014). Criminalización y concentración de la pobreza urbana en barrios segregados. Síntomas de guetización en La Pintana, Santiago de Chile. *Eure, 40*(120), 241–263. https://doi.org/10.4067/S0250-71612014000200012

Region, D. E. L. A., Santiago, M. D. E., Para, P., Desarrollo, E. L., Regional, H., Objetivo, I., ... Regionales, G. (2012). Estrategia regional de desarrollo 2012-2021 región metropolitana de Santiago.

Rosales, M. (2010). Desarrollo humano sustentable en la Comuna de La Pintana Sustainable human development in the County of La Pintana Introducción.

CAPÍTULO XI
KIBERA (NAIROBI). POSCOLONIALISMO, SEGREGACIÓN Y POBREZA

INTRODUCCIÓN

Este capítulo expone la historia de Kibera, uno de los asentamientos informales urbanos más antiguos y grandes del mundo. Para entender su formación se expone la historia del país (Kenia) y de Nairobi, la ciudad en que se ubica este asentamiento. Solo se hace mención de aquellos aspectos relacionados con la propia Kibera, como son aquellos que explican su diversidad étnica, sus orígenes, la ordenación de su suelo, el régimen de tenencia de la vivienda, y otros aspectos que serán importantes para entender este espacio. Finalmente, se expondrá cómo los jóvenes de Kibera viven.

Objetivos principales:

1. Conocer qué son los asentamientos informales y cómo se han formado.
2. Estudiar sus características principales en Kenia y su situación social.
3. Estudiar qué tipo de delincuencia se produce en ella.
4. Conocer la situación de Kibera y el ambiente al que se enfrenta y en el que crecen los jóvenes de allí.

Nairobi es la capital de Kenia (África) desde 1905, todavía siendo parte del Imperio Británico. En palabras de Samuel Owor (2009), profesor de la Universidad de Nairobi, a día de hoy, esta ciudad es una de las mayores y mejor conocidas ciudades de África. Es el mayor centro urbano del país, un nodo logístico regional en África Central y del Este y un atrayente destino para un gran número de empresas e instituciones internacionales y de la región. Y, está sumergida en un proceso de desarrollo económico globalizador desde comienzos del siglo XXI. Mientras, en su periferia está Kibera.

En Nairobi, la formación de espacios urbanos degradados será a consecuencia de una larga historia con dos fases fundamentales: la época colonial y la época de la independencia. En cada una los actores y fuerzas que actúan sobre la ciudad serán algo diferentes. Dentro de esa historia, es conveniente fijarse en que, en la primera etapa, hay tres factores fuertemente explicativos de cómo van a crearse los asentamientos informales:

1. El desplazamiento forzoso de africanos para hacer espacio a los colonos europeos.
2. La política de segregación racial del gobierno colonial.
3. Alejamiento del centro de la ciudad de las viviendas que están por debajo del estándar establecido.

Una vez que se alcanzó la independencia, el flujo de personas de origen africano hacia la capital fue gigantesco debido a la presión demográfica rural, la falta de oportunidades vitales en el campo, y a las expectativas que implicaba la vida urbana. Pero, la falta de planificación, los intereses mercantiles y el escaso desarrollo de la economía urbana industrial hizo crecer las diferencias entre los propios africanos. Se transformó un sistema de segregación espacial basado en la raza y la clase por otro basado en la clase económica y laboral.

Las áreas más degradadas de la ciudad de Nairobi actualmente son el resultado fundamentalmente de: las sucesivas olas de migración rural-urbana, el reasentamiento de parte de la población debido a nuevos desarrollos urbanísticos oficiales que los desplazaron de lugar y el crecimiento de la población urbana sin una adecuada provisión de viviendas durante todo el siglo XX, la migración masiva tras las luchas por la independencia y el abandono de las leyes segregacionistas coloniales, la extensión de los límites de la ciudad en los años cincuenta, y, la relocalización parcial de algunos asentamientos en sitios ambientalmente más adecuados tras la independencia.

XI.1. HISTORIA DE NAIROBI

A finales del siglo XIX, bajo el imperio británico, Nairobi fue desarrollada como centro de transportes primero y administrativo después, por los británicos. Fue un punto central en la línea de ferrocarril que uniría durante todo el siglo XX Mombasa, el puerto principal del Índico, con el lago Victoria. Además, era un territorio que quedaba dentro de lo que iban a ser denominadas las tierras altas de Kenya (The Highlands) en las que habría una normativa especial que favorecería extraordinariamente a los blancos sobre las demás comunidades y que daría lugar a uno de los problemas centrales del país durante el siglo XX: la distribución abusivamente desigual de la tierra en función de una normativa segregacionista. Por entonces, estaban censadas en dicho lugar no más de 11.500 personas.

Las tierras de este nuevo asentamiento eran utilizadas por los Massai y los Kikuyu como lugar para la provisión de agua y el intercambio comercial, pero no se tiene conocimiento de un asentamiento permanente en la zona. Era una localización donde se cumplían algunas de las funciones de una ciudad pero sin estructuras permanentes asociadas a ellas. Y, estaba fuera de las rutas comerciales preindustriales por el temor de los comerciantes a los guerreros Massai.

XI.1.1. Orígenes de Kenya

Kenya es un estado cuyo origen es reciente. Es un país que nace del proceso de descolonización del África Subsahariana ocurrido después de la II Guerra Mundial. Si ahondamos en sus orígenes europeos, nos podemos situar en el período 1593-95. En ese tiempo, los portugueses emplazaron en el antiguo puerto de Mombasa el Fuerte Jesús por orden del rey

Felipe I, también conocido como Felipe II, rey de España, Nápoles y Sicilia entre otros títulos.

XI.1.1.1. La influencia árabe

La zona costera era utilizada desde tiempo atrás por los árabes que establecieron un sultanato en la isla de Mombasa algunas décadas antes, lugar privilegiado para el comercio entre el Índico, la costa Swahili y el interior de África del Este pues a través de este puerto y otros dos más (Zanzíbar y Dar-es-Salaam) parece que se había establecido una de las rutas comerciales que vinculaban África con China y la India durante lo que solemos denominar la Edad Media o Edad Premoderna.

Desde 1650 hasta 1887, la zona costera estuvo principalmente bajo influencia del Imanato de Omán aunque en conflicto permanente con países europeos como Portugal y el Reino Unido que eventualmente consiguieron imponerse en algunas plazas. Su interés comercial principal era el comercio de esclavos africanos que obtenía mediante razzias o incursiones en el interior del África Oriental. Cuando se declaró en gran parte de los países del mundo la ilegalidad de la esclavitud en el siglo XIX, Omán entró en una profunda crisis económica que Gran Bretaña pudo aprovechar para imponerse hasta 1951. Así, en 1861, las potencias europeas intervinieron en el conflicto sucesorio de los aspirantes a sultán y consiguieron la separación del territorio en dos principalidades (Zanzibar y Omán). El poder de Zanziba estaba en manos de los europeos y estos protegían sus intereses en la zona.

Durante la primera mitad del siglo XX Oman sostuvo un conflicto interno poderosísimo entre el poder religioso (imanato) en el interior del país y el poder político (sultanato) en la costa, que venía fraguándose desde tiempo atrás. Dicho conflicto, con la intervención del Reino Unido y del Irán del Sha (previo a la revolución islámica) terminó saldándose con la victoria del Sultanato en 1959.

XI.1.1.2. La influencia inglesa

A partir del Acuerdo británico-alemán-italiano auspiciado en la conferencia de Berlín de 1884-1886 donde participaron todas las potencias europeas del momento, el área que hoy conocemos como Kenya se convirtió en parte del área de influencia anglosajona que ocupaba desde la desembocadura del río Nilo hasta el Lago Victoria y, desde allí, hasta el mar Índico.

Los ingleses formaron la «British East Africa Association» (BEAA) en 1885 con el fin de desarrollar la esfera de influencia inglesa en el área que iba a ser Kenya. Primero lo hicieron con la concesión dada por el Sultán de Zanzibar, pero en 1895 el territorio pasó a formar parte del Gobierno del Reino Unido aprovechando los acuerdos previos y ante la crisis que la Compañía Imperial Británica para África Oriental (heredera directa de la BEAA) estaba pasando. A partir de ese momento el control aumentó extraordinariamente. Todo el territorio se convirtió en un protectorado. Fue entonces cuando se aprobó la construcción del ferrocarril que había de pasar por Nairobi con presupuesto público británico. La capital administrativa se trasladó de Mombasa a Nairobi en 1905. Y, en 1920, salvo las diez millas de costa, todo el resto del territorio se convirtió en la colonia de Kenya, quedando sólo la costa como protectorado de Kenya.

La construcción del ferrocarril es uno de los grandes hechos centrales de la historia de Kenya. Fue aprobada por el Gobierno británico con un coste de tres millones de libras. Para su construcción se trajeron trabajadores de la India ya formados en vez de utilizar a la población del lugar, igual que se había hecho en otras colonias como Sudáfrica. En 1898 se habían traído 7.000 hombres. Al final de las obras, se calcula que fueron 32.000. En 1953 contaba con 1.625 millas.

El protectorado de Kenya comienza a organizarse constitucionalmente a partir de 1906 en torno al Consejo Legislativo y Ejecutivo. Pero, a partir de 1920, al pasar a ser una colonia, comienzan las primeras elecciones de 11 miembros del cuerpo legislativo que representaría a la comunidad europea asentada en el territorio, esto es: 1.339 colonos blancos. Ello produjo importantes reacciones en las comunidades no blancas como la hindú traída para la construcción del ferrocarril y los Kikuyu. Y se saldó con la decisión gubernamental de abolir la segregación racial fuera de las altas tierras rurales con excepción de unas pocas zonas residenciales urbanas en 1927, y de crear un nuevo consejo legislativo que incluiría: veinte consejeros oficiales británicos, un representante de los intereses árabes, otro de los africanos, once europeos y cinco hindúes elegidos por sus comunidades correspondientes. En 1946 el Consejo Ejecutivo aplicó el mismo sistema. Y, en 1948 se estableció por primera vez una mayoría no oficial en el consejo Legislativo.

Según el censo de 1948, la población de Kenya se distribuía étnicamente del siguiente modo:

étnia	Número
Nativos	5.251.120
Hindúes	90.528
Europeos	29.660
Árabes	24.174
Pakistaníes	7.159
Otros orígenes	3.325

Fuente: Rubio García, 1954.

XI.1.2. La distribución de la tierra en la era colonial

Durante todo el período de tiempo transcurrido desde el comienzo del protectorado, el área que forma la colonia de Kenya, organizada políticamente en función de principios segregacionistas, va a generar una estructura económica y social fuertemente desigualitaria. Este sistema colonial imponía a los habitantes del país no «blancos» fuertes restricciones al derecho de residencia y al derecho de desplazamiento, intentando mantener a los denominados «nativos» dentro de las «reservas» establecidas.La expresión más clara de ello será la forma en que se organizará la distribución de la tierra (Rubio García, 1954).

La distribución de la tierra fue regulada de forma diferente en dos áreas del país. Una de las áreas fue denominada las tierras altas (Kenya Highlands). Este área, en el centro-sur de la colonia, eran las tierras fértiles del país. Y fue la única en la que se mantuvo durante todo el período un sistema de segregación social claro. Este territorio se dividió entre un espacio acotado para los blancos (White Highlands) que ocupaba 16.700 millas cuadradas, y un espacio de 43.000 millas cuadradas que se declaró propiedad inalienable de la población africana. Esta división, en 1948 producía que los europeos ubicados en las Highlands (2.000) disfrutaban de 2.500 acres por cabeza. Y, si consideramos a toda la población blanca de Kenya, cada uno tenía acceso a 333 acres. Mientras, la proporción de territorio que tocaba a cada persona no blanca era de seis acres.

Ejercicio:

Mirar en Internet el siguiente mapa sobre donde se situaban en 1962 los límites de las tierras altas.

Dirección web del mapa:

https://www.aehnetwork.org/wp-content/uploads/2016/04/map1962.png

Con estas bases históricas, en 1952, se puede entender que empezara lo que se ha denominado la rebelión Mau-Mau, una sociedad secreta, integrada principalmente por personas de la etnia kikuyu que defendía antiguas costumbres tribales y la expulsión de los extranjeros.

Si bien, los problemas internos de Kenia a mediados del siglo XX no solo era la tierra como era referido por el Informe Carpenter para Naciones Unidas. También eran los salarios, la educación, la salud y la vivienda urbana. Los datos que se proporcionan sobre la realidad de aquella época son:

1. La mayoría de los salarios estaban en el simple nivel de subsistencia.
2. Solo uno de cada tres niños dedicaba al menos un año a la escuela primaria.
3. Existía un médico por cada 19.000 personas.
4. Se estaba produciendo un fuerte éxodo del campo a la ciudad que exigía a las autoridades planificar la edificación de viviendas adecuadas para todos.

XI.1.3. La división espacial de Nairobi

Nairobi en el año 1900 era ya un municipio con un gobierno local. Se dividía en:

1. Área de los edificios de la compañía de trenes (Kenya Uganda Railway).
2. Áreas residenciales separadas para europeos e indios
3. Un pequeño asentamiento en las tierras occidentales para los africanos.

Había dos grandes divisiones del territorio: por tipo de vivienda y tipo de empleo. En 1905, con 11.512 habitantes censados en un área de 1.813 hectáreas, se podían distinguir:

1. El centro de trenes.
2. El bazar hindú.
3. El centro de negocios y administrativo europeo (Central Business District (CBD)).
4. Los distritos de la compañía de trenes.

5. El distrito hindú de los Dhobi (una casta considerada inferior dedicada al lavado de la ropa).
6. Las áreas residenciales periféricas de los europeos.
7. Las barracas militares en las afueras de la ciudad.

Durante las siguientes cuatro décadas, no parece que hubiese una planificación del crecimiento urbano salvo en el desarrollo del espacio y las calles en el CBD. Todo lo demás quedó en manos de las fuerzas económicas y los intereses de los pobladores. Hubo varios intentos pero sin éxito de planificación. Y, eso sí, estaba muy restringido a las personas nativas el poder acceder a una vivienda en la ciudad. La mayoría vivía en la periferia, en lo que se consideraba fuera del territorio municipal. Así, en 1948, residían oficialmente en la ciudad de Nairobi: 118.976 personas. Es decir, algo más de un 2% de la población de la colonia.

XI.1.4. La segregación racial y territorial en Nairobi

En los años cincuenta, Nairobi llegó a ser una ciudad cuyo gran crecimiento de su población dio lugar a problemas de: transporte, vivienda, sanitarios, suministro de agua y condiciones de vida poco saludables. Pero, no todos vivían igual. Había una clara reproducción de la desigualdad racial que imperaba en el país.

La segregación racial generaba una fuerte segregación territorial. En el temprano desarrollo de la ciudad, los europeos residían en el norte y oeste de las vías de tren. Eran áreas localizadas a mayor altitud y con mejores tierras para la construcción de viviendas. Los africanos y los hindúes estaban confinados en el este y sur de la línea de ferrocarril. Eran zonas insalubres con frecuentes inundaciones, altos índices de malaria y abandono de los servicios municipales tales como la recogida y control de las aguas residuales.

En 1962, la población africana de Nairobi representaba un 59% del total. Los asiáticos un 33% y los europeos un 8%. En la ciudad de Nairobi se contaba ya con una población de 342.764 habitantes según el censo y su tamaño geográfico se había ampliado hasta abarcar lo que es a día de hoy la totalidad de la provincia de Nairobi. Los africanos, que eran la mayor parte de la población, vivían en la parte este y sur de la ciudad; mientras que los europeos se habían ido desplazando hacia la parte occidental de la ciudad sin abandonar el centro y ocupando el norte, donde había acceso a mejores servicios. Los asiáticos se habían asentado sobre todo en el norte y este de la ciudad.

XI.2. NAIROBI TRAS LA INDEPENDENCIA

Tras la obtención de la independencia en 1963, Nairobi se robusteció como centro económico y político de Kenya. Aglutinaba al 54% de la población urbana de Kenia; y se produjo una inmigración masiva de población africana desde las áreas rurales. Así, en los años sesenta, la población de la ciudad creció anualmente a una tasa media de un 6% a pesar de que perdió gran parte de la población europea y asiática. Los africanos pasaron a representar el 83%, los asiáticos el 14% y los europeos un 4%.

El cambio de régimen permitió, por fin, buscar una estrategia que cambiase Nairobi de tal modo que se acabase con la segregación racial. Sin embargo, según Owor (2008), la estrategia que se puso en marcha estuvo dominada por los intereses de la clase hegemónica en alianza con la burguesía local y las corporaciones multinacionales. La mayoría urbana fue marginada y, así, se cambió la desigualdad racial y de clase por la segregación económica, de clase y étnica. Los intentos posteriores y debates durante años desarrollaron planes de urbanización que no se cumplieron debido a la superación constante de las expectativas y la falta de voluntad política real.

XI.2.1. Actores e intereses en la segregación espacial

La falta de voluntad política de solucionar el problema de los espacios urbanos informales puede venir asociada a que la estructura social del país se ha ido formando en torno a *dos ejes*: un eje de clase social que distingue a la élite económico y política de la clase trabajadora; y, otro eje de carácter étnico que ha sido utilizado por las élites para luchar por el poder político. De modo que, sin una división étnica clara y estable en la vida económica, sí que podemos encontrar una continuada división tribal en la arena política que ha influido permanentemente en la desigualdad de acceso a cuestiones primordiales como la tierra y la vivienda. Así, hay evidencias de que la intervención desde las instituciones políticas, que activan las influencias y las buenas conexiones, ha beneficiado a ciertos grupos de interés en términos financieros y políticos de forma continuada manteniendo la existencia de las áreas urbanas informales. Esos grupos de interés beneficiados son, básicamente grupos económicos más que políticos o étnicos. En contraste, las solidaridades étnicas y los prejuicios aparecen en la escena política como herramientas subordinadas al objetivo de consolidar el poder económico y político (Florece Dafe, 2016)

Los grupos económicos beneficiados a lo largo del tiempo por las políticas de mantenimiento de los asentamientos informales son los terratenientes. Éstos, gracias a la falta de una regulación favorable al desarrollo de estas áreas, mantienen una relación de dependencia con los habitantes de estos terrenos totalmente desproporcionada. Aun cuando se reordena el territorio, ellos se quedan con el terreno para especular: los habitantes de muy bajos ingresos son reemplazados por habitantes de mayores ingresos para los que construyen nuevos edificios más formales; mientras, los habitantes anteriores son desplazados hacia nuevas zonas informales.

XI.2.2. La división territorial en los ochenta

En los años ochenta, Obudho y Aduwo (1988) señalaban cinco grandes áreas residenciales diferenciadas por la densidad de su población y su clase socioeconómica.

— 2 áreas de baja densidad y altos ingresos diferenciadas por el lugar que ocupaban en el espacio y porque en una de ellas se agrupaban las primeras zonas residenciales de residentes expatriados, con sus propios colegios e instituciones.

— Un área de ingresos medios y densidad media.

— Un gran área de bajos ingresos y densamente poblada (200 a 300 personas por hectárea).

— Y, un área formada por los dos asentamientos cuyo crecimiento ha sido más incontrolado desde los años sesenta: Mathare Valley y Kibera.

La diferencia de densidades entre ellos es abrumadora. Si en las dos primeras la densidad era de 2 a 25 personas por hectárea, en las últimas se había llegado a una densidad de 1.250 personas por hectárea en 1980.

XI.2.3. El contexto económico

La segregación espacial de clase y étnica coincidió con una evolución de la economía que debe ser tenida en cuenta pues forma parte de un mismo problema interno: la corrupción y la fuerte desigualdad del sistema que se había impuesto.

En los años sesenta, la riqueza del país creció en un promedio anual de 5,7%. En los setenta se aceleró a un 7,2%. Sin embargo, en los veinte años posteriores el crecimiento se ralentizó primero a un 4,2% en los ochenta y a un 2,2% de media en los siguientes diez años. Las razones de ello no son todavía del todo claras pero se apunta que influyeron: la recesión global de los setenta, el declinar de los precios de mercado de los productos básicos, la falta de políticas estructurales adecuadas y la sucesión política en el país afectada por un baja calidad institucional y la falta de políticas distributivas acordes.

XI.2.4. Las economías formales e informales

La economía formal de Nairobi por entonces se basaba en: la industria manufacturera, los servicios de hostelería, los servicios financieros y a empresas, y la construcción. Aunque, la mayor parte de los empleados estaban en el sector de servicios comunitarios, sociales y personales. El peso de la economía informal era menor que en el conjunto de Kenia, aunque representaba más del doble que el de la economía formal en términos de empleo. En 2001, había 419.000 personas empleadas en la economía formal de Nairobi, mientras que se estima que 1.114.000 estaban empleadas en el sector informal. Y, la evolución de esos datos indicaba por entonces que en la década de los noventa, el sector informal había aumentado su peso en mucha mayor medida que el sector formal.

La economía informal estaba, fundamentalmente, dedicada a: la producción de productos no protegidos o de servicios variados, así como al comercio (fundamentalmente en manos de mujeres). Este último campo se diferenciaba según las áreas urbanas en que se desarrollaba. En las zonas de bajo nivel adquisitivo, el comercio está dedicado a la venta minorista, con puestos en la calle, de productos de granja o bienes manufacturados importados o artesanos útiles. En zonas de ingresos medios y bajos, la venta de productos se abre a muchos más productos abarcando comida, ropa o joyería.

Aun así, el nivel de desempleo en Nairobi era alto entre los jóvenes y las mujeres.

XI.3. LOS ASENTAMIENTOS INFORMALES

En ese contexto, la ciudad de Nairobi creció. En 1969 tenía una población de 509.286 habitantes. En el año 1999 eran ya 2.143.254.

Las estimaciones presentadas por Naciones Unidas sobre el número de asentamientos informales en Nairobi indican que desde 1971 a 1995 aumentaron tanto en número como en la cantidad relativa de población que vivía en ellos. En 1971 había 50 asentamientos informales en los que vivían 167.000 personas. Era un 33% de la población de la ciudad. En 1995, se señalaban 134 asentamientos de este tipo que incluía a 1.886.166 personas. Era un 60% de la población de la ciudad. Y, en ese nivel parece que se mantenía todavía a comienzos del siglo XXI.

En 2004, UN-Habitat realizó un informe muy extenso sobre el caso de Nairobi y sus áreas más degradadas. En dicho informe se explicaba que estos lugares (casi 200) en la ciudad podían ser clasificados en dos tipos:

1. Asentamientos de ocupantes ilegales que habían invadido un terreno inadecuado para la construcción de viviendas.
2. Asentamientos que resultaban de subdivisiones ilegales de la tierra pública o privada inadecuada para la construcción de viviendas.

Ambos tipos eran asentamientos que se habían formado próximos a áreas de la ciudad en las que los residentes podían conseguir un empleo. De modo que se podía observar cada día, cómo muchos de los habitantes de estos lugares iban a trabajar a las áreas industriales próximas. Recuerde el lector que muchos de estos espacios se crearon durante la era industrial todavía.

XI.3.1. Características de los asentamientos informales y sus problemas

Las **características** de estos espacios urbanos en Nairobi son:

1. Una muy alta densidad poblacional superior a 250 habitantes por hectárea.
2. Los propietarios de las «viviendas» tienen: o casi un derecho legal de ocupación, o no tienen derecho alguno.
3. Las viviendas son construidas mayormente con materiales temporales que no cumplen ningún estándar de confort mínimo.
4. La mayoría de las viviendas están alquiladas habitación por habitación y la mayoría de los hogares ocupan una sola habitación.
5. El plano físico es relativamente azaroso, lo que dificulta proveer de una infraestructura básica.
6. La mayoría de los habitantes tienen bajos o muy bajos ingresos, y muchas dificultades para alcanzar unas vías de sustento más adecuadas.
7. Los servicios urbanos como acceso a agua y equipamientos sanitarios son inexistentes o mínimos.
8. Las tasas de mortalidad y morbilidad causadas por enfermedades debidas a las condiciones ambientales son significativamente más altas que en otras zonas de la ciudad.

La visión de algunos de los habitantes sobre el lugar en que vivían era acorde con la realidad observada antes. En un pequeño estudio (Mitullah, 2003) los habitantes destacaban que estos asentamientos tenían una gran falta de servicios básicos e infraestructuras. Además, caracterizaban al asentamiento cono un lugar con viviendas pobres, masificado, violento, sin espacios de ocio, donde había mucha dificultad para alcanzar una propiedad y donde las rentas de alquiler eran mantenidas muy altas.

Los problemas básicos de la población de estos espacios son: el empleo, la vivienda y los servicios públicos básicos (agua, higiene y educación).

El problema de la vivienda está asociado a dos cuestiones: el régimen de tenencia y la forma de acceso a la vivienda.

XI.3.2. El problema de la tenencia

En las áreas marginales de la ciudad de Nairobi, la tenencia de la vivienda es frágil. La propiedad de la tierra sobre la que se construye suele ser pública o de terratenientes privados, con lo que la propiedad de la vivienda no puede ser completa y está sujeta a muchas interpretaciones. La gente construye en un lugar que no es suyo.

Por otro lado, la forma de acceder a una vivienda en Nairobi a lo largo del tiempo ha sido y sigue siendo de muy diverso tipo e implica claras desigualdades. El habitante puede llegar a una vivienda determinada por:

1. Le provee el empleador, el Gobierno o el Ayuntamiento de la ciudad. Este sistema existía desde el mismo comienzo del municipio en la época de la construcción del ferrocarril, y fue el único permitido para que un africano o un asiático pudiese vivir en Nairobi durante la época colonial. Hasta 1939 no hubo un área residencial oficial para personas africanas en Nairobi. Y a partir de ahí sí fue ampliándose su número hasta 1962. Tras la independencia, el ayuntamiento intentó construir viviendas para aquellos ciudadanos de bajas rentas, mientras los grandes empleadores seguían proveyendo de viviendas a sus trabajadores. Pero el sistema no fue sostenible y fue abandonado en 1978 por completo.
2. Compra por los inquilinos y provisión de trozos de tierra y paquetes de servicios colectivos básicos adaptados a las posibilidades de los inquilinos de un área determinada. Estos servicios podían ser: carreteras, agua, drenaje, elec-

tricidad y red sanitaria, entre otros y se podían ir incrementando con el tiempo de modo que se podía comenzar con un nivel de vivienda bajo y terminar con un nivel de vivienda alto según fueran variando los ingresos y aportaciones realizadas por los inquilinos. Este tipo de medida se adoptó en varios países en desarrollo en los años setenta y ochenta auspiciados por el Banco Mundial, Naciones Unidas y otros organismos internacionales como solución a las dificultades de los Estados y autoridades locales para invertir en las áreas más deprimidas de las ciudades (Mayo & Gross, 1987). Iban dirigidas a poblaciones de ingresos bajos o muy bajos. En el caso de Nairobi, Owor y Mbatia (2008) indican que aunque estos programas fueron dirigidos a algunos distritos de ingresos bajos, este grupo social no pudo acceder a este tipo de casa por lo que se vieron desplazados o expulsados del sistema formal al informal una vez más. Y, los verdaderos beneficiarios fueron grupos de ingresos medios.

3. Bloques privados para alquiler con viviendas de distinto tamaño y número de habitaciones. Actualmente, este tipo de vivienda es típico en los vecindarios de clases medias y bajas. Los edificios son cada vez más altos para maximizar el espacio y los beneficios de los propietarios de la tierra. Y, a comienzos de siglo, la falta de regulación todavía implicaba que muchos de estos lugares estuviesen pobremente ventilados, masificados, las rentas de alquileres fuesen muy altas y envejecidos los edificios.

4. Sistema convencional de acceso a la propiedad de una vivienda: adquisición de vivienda mediante hipotecas con un banco o con una sociedad promotora.

5. Sistema no convencional de acceso a la propiedad de vivienda mediante la ayuda de organizaciones sin ánimo de lucro.

Estas cinco vías existen en la mayor parte de las ciudades de los países en desarrollo. Dan lugar a cuatro tipos de áreas urbanas residenciales en Nairobi: las áreas residenciales formales de bajos ingresos, las áreas residenciales formales de medios ingresos, las áreas residenciales formales de altos ingresos y los asentamientos informales (slum) de bajos ingresos.

En las áreas de asentamiento informal, los sistemas que existen de acceso a la vivienda se reducen drásticamente al sistema de renta de alquiler de pequeños espacios a precios relativamente asequibles y que están próximos a los lugares de trabajo. Esos espacios los alquilan propietarios privados que no viven allí, y no existe la opción de inversión o compra, solo existe la de traslado a otro lugar. Pero, con un mercado laboral tan precario, el acceso a las zonas en las que los estándares de vivienda pueden mejorar se convierte en una quimera para la mayor parte de la población. Es más, la inseguridad de la tenencia es alta, pues la expulsión por no pagar la renta no es apenas negociada y es a menudo violenta. Además, la organización de los propietarios puede llegar a generar en un momento determinado la expulsión masiva de la población de forma poco escrupulosa en procesos claros de gentrificación.

XI.3.3. Situación social de los habitantes en los asentamientos informales

La situación de los habitantes de las zonas más degradadas de Nairobi puede ser descrita así:

1. Trabajadores muy poco cualificados dedicados a actividades económicas como camareros, conductores, vigilantes, vendedores, trabajadores casuales en fábricas y en la construcción, artesanos, pequeños propietarios de negocios, herborista, artista callejero, transportista de bienes pequeños, y cualquier otro modo de ganar algo de dinero.

2. Hogares con un cabeza de familia varón que vive con su mujer e hijos, más un creciente número de hogares con una mujer como cabeza de familia con hijos y padres a su cuidado.

3. No tienen propiedades inmuebles, solo pequeños muebles, utensilios y ropas.
4. Hay un grupo de hogares con solo niños que han quedado sin padres por causa de la pandemia del VIH, o por abandono o porque están en la cárcel o en el hospital.
5. El número de hijos por hogar es muy variado (de 1 a 8).
6. Los ingresos diarios son muy bajos.
7. El nivel de desempleo es muy alto (superior al 50% de la población activa).
8. Las viviendas son de alquiler y no tienen más de una habitación por familia.
9. La mayor parte de los cabezas de familia tienen nivel de educación primaria o secundaria. Los niños, sin embargo, tendían a abandonar los estudios pronto debido a la falta de ingresos.
10. Los gastos principales son: alimentación, alquiler, transporte y gasolina, agua, educación y salud. Los dos últimos son costes muy elevados, de los que se prescinde en muchos casos o se buscan servicios más baratos que no dan los mismos resultados.
11. Las enfermedades más comunes incluyen el VIH, la malaria, la disentería, el tifus y el cólera. Todas ellas están asociadas a las malas condiciones ambientales y a la falta de higiene.
12. Alta inseguridad laboral y de tenencia de los hogares.
13. Alto nivel de delincuencia y violencia doméstica.
14. Abuso del alcohol mediante la ingesta de licores baratos.
15. Altos niveles de embarazos no deseados.

Los asentamientos informales de Nairobi tienden a dividirse en áreas étnicas, pero hay mucha mezcolanza. Ello se debe a que tienden a agruparse los que vienen de las mismas zonas y porque los arrendatarios tienden a arrendar sus terrenos a los de su misma etnia. Los conflictos étnicos no han sido habituales a lo largo de las décadas pasadas.

XI.3.4. La inseguridad y la delincuencia

La falta de seguridad física también es una característica de estos lugares. En el informe de UN-Habitat de 2002, se indicaba que, en ellos, hay una clara delimitación de los que viven dentro y los que vienen de fuera. A los de fuera se les considera sospechosos. La vida en la calle es continua al no haber intimidad ni libertad en el propio hogar. Esta situación lleva a lo que estos autores llaman un trauma psicológico que les expone a conductas violentas. Si a ello se suma la falta de empleo y la pobreza prolongada, parece un ambiente deshumanizado que deja vía libre a la violencia y a la delincuencia. Ello no implica que pobreza implique violencia. Es más bien la imposibilidad de acceso a servicios de vivienda, educación, salud, gobierno y servicios sociales, es decir, la exclusión social, la que aumenta el riesgo de caer en conductas violentas y delictivas.

Aunque en toda Nairobi hay delincuencia, sin embargo, los que más sufrían este problema a comienzos de siglo XXI eran los habitantes de las áreas informales. Así se desprende de un estudio realizado por Aki Stavrou en 2002 a pesar de la infrarrepresentación que en él había de estas áreas urbanas. En este estudio preguntó a la población mediante encuesta y observaba que la sensación de inseguridad física y miedo a la delincuencia existía en toda la ciudad, pero especialmente en los asentamientos informales. Ello estaba acorde con hechos tales como que los residentes de los asentamientos informales son las principales víctimas de todo tipo de crímenes tanto personales como de la propiedad.

Para este autor, *la principal causa de la delincuencia está vinculada al marco institucional de una sociedad*. La delincuencia se incrementa donde el control social que opera a través de las instituciones formales (policía, justicia, familia, escuela entre otras) y las instituciones informales (organizaciones de la sociedad civil, las redes de solidaridad) están rotas o debilitadas (Stavrou, 2002, 8). Por ello, considera que las estrategias más adecuadas de prevención de la delincuencia son aquellas que se basan en información sobre las causas y el impacto de la delincuencia. No es solo una cuestión de legislación sino de análisis y solución de los problemas que impulsan el aumento de la delincuencia.

XI.3.4.1. La encuesta de victimización

Esa es una de las funciones del **«Safer Nairobi Project»** financiado por Naciones Unidas dentro del proyecto «Safer Cities Programme» (Ciudades Seguras). En él se han desarrollado distintas herramientas que se han ido implementando en distintos lugares del mundo como, por ejemplo, la **«Encuesta de víctimas de delincuencia» o encuesta de victimización.**

XI.3.4.2. Resultados de la encuesta en el año 2000

Mediante una encuesta de victimización realizada en el año 2000, se pudo estimar que en Nairobi, a principio del siglo XXI, los actos delictivos a personas más frecuentes eran: el robo con violencia (37% de la población en un año), el robo de bienes personales (22%) y el asalto físico (18%). En las empresas, el más común era el atraco y robo a comercios (30% de empresas). Un 3,8% de entrevistados indicaron que un familiar había sido asesinado en los doce meses anteriores (Stavron, 200).

Algunos delitos se producían a las mismas personas. La edad y las condiciones de trabajo eran dos buenas herramientas para discriminar la probabilidad de ser víctimas de estos actos.

Estos datos deben ser tomados con cautela, pues representan bien lo que ocurre en las áreas formales de la ciudad, pero no en las informales. El gran problema de las encuestas es, precisamente, la enorme dificultad que tienen para recoger datos en este tipo de áreas urbanas. Si pensamos que la mayor parte de la población de Nairobi vivía en este tipo de zonas, comprenderemos que serán necesarias otras técnicas para complementar este tipo de datos.

La percepción sobre la inseguridad ciudadana que había en la población estudiada se resume en una imagen de desesperanza, y una sensación de inseguridad muy alta. La mayoría cree que:

1. Las causas principales de la delincuencia son el desempleo y la pobreza.
2. La mayor parte de los delitos son cometidos por personas dentro de su vecindario.
3. Se sienten inseguros en sus casas por la noche.
4. Se sienten inseguros por el día en su casa.
5. No se sienten seguros como para trasladarse o trabajar cuando cae la noche.
6. No irían al centro de la ciudad después de anochecer.
7. El número de armas ilegales ha aumentado.
8. La eficiencia de la policía ha descendido.
9. Aunque se reconoce que hay niños de la calle que cometen delitos, la mayor parte piensan que los niños de la calle no son los responsables de la mayoría de los delitos en su vecindario. Si bien, piensan que muchos de ellos pueden llegar a ser los criminales del futuro.
10. Estaban preocupados por el incremento y generalización del sistema de sobornos entre la policía.
11. Finalmente, destaca que pensaban que no se podía hacer nada para reducir el aumento que se percibía de la delincuencia y la violencia.

Siete años más tarde, año 2007, Nairobi vivió una terrible situación de violencia en todo el país que comenzó en las calles de sus asentamientos informales y fue el resultado de un ambiente que se había ido enrareciendo tras años discutiendo sobre la necesaria reforma constitucional. Tras un largo debate nacional, en 2010 comenzó una nueva etapa en el país. Se aprobó una nueva constitución que podría poner las bases de la nueva Kenia.

El contexto internacional de crisis económica global y las consecuencias sociales y políticas de la violencia masiva que se había producido tuvieron fuertes consecuencias económicas. Aunque en un principio, el crecimiento económico nacional mejoró, respecto a los períodos anteriores, sin embargo, el potencial de crecimiento del país se estima que está por debajo de su verdadera capacidad.

XI.4. KIBERA

El asentamiento informal más grande de Nairobi, y uno de los cinco mayores del mundo, se sitúa al oeste del Centro de Negocios y la vía férrea. Su crecimiento ha sido espectacular. En 1965 vivían en él unas 6.000 personas. Actualmente, es un espacio abigarrado donde vive casi un millón de personas. Comenzó a formarse a comienzos del siglo xx. Es el más antiguo asentamiento informal de la ciudad. Se llama: KIBERA.

Los servicios existentes son todos privados. El gobierno local no mantiene ningún tipo de servicio, ni siquiera el agua o los lavaderos. Diversas entidades internacionales sin ánimo de lucro intervienen en Kibera, para dotar de los servicios básicos a los más pobres, pero su actividad está muy por debajo de las necesidades reales de la población.

Los principales problemas de la población de Kibera en términos de infraestructuras, según extrajo Emmanuel Mutisya en su trabajo de campo en 2010, fueron:

1. El acceso al agua, su coste y su calidad
2. Servicios sanitarios.
3. Disponibilidad de energía.
4. La gestión de residuos sólidos.
5. El acceso a una vivienda digna.

En él viven personas de todas las tribus de Kenia: Luo (39%), Kikuyu (20%), Kamba (19%), Luhya (14%), Kalenjin (6%) y otros (11%). En algunas zonas se concentran unas y en otras, otros grupos; pero, en su mayor parte, hay diversidad étnica en todos los barrios de Kibera, que son 14.

Ejercicio XI.1:

Mediante una aplicación web como Google Map, haga una fotografía de satélite aérea de todo el perímetro de Kibera.

XI.4.1. Los conflictos del 2007

Cada cierto tiempo hay conflictos en Kibera. El más importante de los últimos tiempos empezó el 31 de diciembre del año 2007, durante y después del recuento de votos de las elecciones generales. Duró semanas. En ellas, se enfrentaban varios candidatos. Los dos más votados eran de las etnias Kikuyo y Luo. Bandas armadas con machetes salieron a la calle y provocaron el caos en todo el área. En el país murieron más de 1.000 personas. Se destruyeron más de 350.000 hogares. Fueron desplazadas más de 600.000 personas. Se quemó a más de 30 personas vivas.

Desde la perspectiva de muchos periódicos de la época, este conflicto era un conflicto étnico. Según el *New York Times* del 31 de diciembre de 2007, los Luo se sentían marginados de la vida política desde hace tiempo por lo Kikuyo. Sin embargo, en un estudio que se realizó en el año 2012 a los jóvenes de Kibera, la sensación que daban sus respuestas es que fue algo diferente. Para aquellos jóvenes (400 encuestados) los sucesos de enero de 2008 fueron más bien una guerra de injurias, un enfrentamiento armado que supuso muertes, destrucción, traumas, sufrimientos y desplazamientos para muchos. Solo unos pocos (7%) lo consideraron una rebelión étnica o el resultado de la pérdida de confianza en las instituciones. Por lo tanto, se recordaba como algo parecido a una explosión de rabia y de las tensiones internas en las comunidades protagonizadas, en opinión de los encuestados por: los jóvenes (38%), los varones (16%), los seguidores de algún partido político (10%), algún grupo tribal (10%), las mujeres (6%), la policía (5%) y otros (resto). Estos datos son fundamentales porque pueden ser un buen indicador de que el conflicto social principal que emerge de la estructura social en Nairobi no es étnico sino de clase social y separa, fundamentalmente a las clases más pobres de las élites económico-políticas. Centra el problema de los asentamientos informales en Nairobi en el mismo eje que separa a los grupos más desfavorecidos en las ciudades más desarrolladas: el eje de las clases sociales.

Pero tomemos esta hipótesis con precaución, hay datos demográficos que obligan a pensar que puede ser errónea o ser la opción de los «ganadores». Por ejemplo, la distribución étnica de los jóvenes cambió después del conflicto indicado. Los jóvenes Kikuyo y los Kamba eran tres años después muchos menos en el asentamiento.

Ejercicio XI.1:

A través de internet, busque alguna noticia sobre aquellos enfrentamientos en Kibera, léala e indique cual es la tesis principal explicativa de dichos enfrentamientos del periodista.

XI.4.2. Los jóvenes de Kibera

La situación de los jóvenes en Kibera fue estudiada en el año 2012 mediante una pequeña encuesta (400 entrevistas) financiada por la asociación internacional «African Network for the Prevention and Protection against Child Abuse and Neglected» (ANPPCAN) que vino a comparar los resultados de otro estudio realizado en el año 2001.

Los resultados de dicho estudio muestran un panorama relativamente alentador en 2012:

1. La estancia en Kibera no era temporal sino bastante estable: la mayoría de los jóvenes entre 15 y 25 años (60%) ha-

bían nacido fuera Kibera pero en los últimos 3 años habían venido a residir allí solo un 18% de ellos.

2. La mayoría viven con personas de su familia: su padre y su madre (21,6%), su madre (11,8%), su pareja (19%), otros familiares (19%). Un 22% vive solo y un 4,3% con sus amigos.

3. La mayoría de los encuestados estaban casados (74%) o cohabitaban con su pareja (11%).

4. Tras los conflictos del 2007-2008, hubo un cambio étnico importante, pues en 2012 los jóvenes son mayoritariamente de las étnicas Luo (40%) y Luhya (29%). Los Kamba (10%) y los Kikuyo (4,5%) se vieron obligados a desplazarse.

5. Las familias tienden a ser grandes (de más de 5 miembros).

6. El nivel de estudios promedio ha aumentado extraordinariamente en Kibera. Ya hay un 3% de estudiantes universitarios. Casi un 80% de los jóvenes han superado o están todavía estudiando estudios secundarios.

7. La mayoría son dependientes de otras personas. Aquellos que ya no estudiaban (un 80% de los entrevistados) estaban desempleados o trabajaban en el sector informal, haciendo negocios o comerciando. Las ganancias que tenían mensuales eran entre 30 y 170 euros (estimado según el cambio oficial en el año 2018).

8. Las preocupaciones principales que tenían seguían siendo muy similares a las de los jóvenes de 11 años antes: el desempleo, el abuso de las drogas, la falta de educación y la delincuencia e inseguridad.

9. Los conflictos familiares permanecen, pero son problemas de comunicación y de ingresos en su mayor parte. Los problemas de abusos y de drogas se mantienen como problemas residuales.

10. El capital social parece ir aumentando en Kibera pues ha aumentado el nivel de jóvenes que se comprometían en actividades deportivas, religiosas, o en campañas de grupos juveniles a título personal y participar en actividades de sus comunidades.

En este contexto, el estudio que realizaron sobre las actividades en las que se veían involucrados los jóvenes resultó no ser tan alentador. Preguntados por si sabían de ciertas actividades negativas que hubiesen ocurrido en el lugar donde vivían, las respuestas afirmativas fueron masivas (un promedio del 88%). Ello ha variado muy poco desde el año 2001. Es decir, es habitual en la experiencia de estos jóvenes saber que hay gente en su entorno que:

1. Bebe demasiado alcohol.
2. Abusa sexualmente de otros.
3. Se dedica a la prostitución.
4. Vagabundea por las calles.
5. Ha abortado.
6. Roba o atraca a gente violentamente.
7. Perpetra robos sin violencia.
8. Son traficantes de drogas o alcohol ilegal.

Preguntados específicamente por si conocían a jóvenes involucrados en delitos, un 76% dijo que sí. Los delitos eran: robo con violencia (30%), venta y uso de drogas (13%), prostitución (6%), abuso sexual (4%) y aborto ilegal (4%). Un 19% de la muestra reconocía haber estado involucrado directamente en algún delito.

Todo ello indica que nos encontramos de nuevo en un espacio urbano donde vulnerabilidad, pobreza y delincuencia se dan de la mano; y su historia nos permite entender cómo se ha forjado ese lugar, los actores que han participado y los intereses encontrados.

Ejercicio XI.3:
Haz un resumen breve del tema:

¿Cuáles son las ideas principales?

¿Cuáles son los conceptos nuevos?

¿Qué idea es la que más me ha llamado la atención?

¿Qué dudas me surgen?

¿En qué aspecto no estoy de acuerdo con el autor?

BIBLIOGRAFÍA RECOMENDADA

BEYER, L. I., CHAUDHURI, J., & KAGIMA, B. (2016). Kenya's focus on urban vulnerability and resilience in the midst of urban transitions in Nairobi. *Development Southern Africa, 33*(1), 3–22. https://doi.org/10.1080/0376835X.2015.1115739

BIRD, J., MONTEBRUNO, P., & REGAN, T. (2017). Life in a slum: Understanding living conditions in Nairobi's slums across time and space. *Oxford Review of Economic Policy, 33*(3), 496–520. https://doi.org/10.1093/oxrep/grx036

Dafe, F. (2016). No Business Like Slum Business? The Political Economy of the Continued Existence of Slums: A Case Study of Nairobi. *Ssrn, 44*(09). https://doi.org/10.2139/ssrn.2797472

Fernandez, R. F., & Calas, B. (2012). The Kibera Soweto East Project in Nairobi , Kenya To cite this version : HAL Id : halshs-00751873 The Kibera Soweto East Project in Nairobi, Kenya.

Gulis, G., Mulumba, J. A. A., Juma, O., & Kakosova, B. (2004). Health status of people of slums in Nairobi, Kenya. *Environmental Research, 96*(2), 219–227. https://doi.org/10.1016/j.envres.2004.01.016

KARUGA DORCAS WAIRIMU (2014). Crime Incidence and Coping Mechanisms in Nairobi ' S Slums : the Case of Mukuru Kwa Reuben. University of Nairobi, (June). A PLANNING RESEARCH PROJECT FOR THE DEGREE OF A BARCHELOR OF ARTS IN URBAN AND REGIONAL PLANNING

Kimenyi, M. S., Mwega, F. M., & Ndung'u, N. S. (2016). The African Lions:Kenya country case study. *United Nations University – Wider*, (May), 1-34.

Mitullah, W. (2003). Understanding Slums: Case Studies for the Global Report on Human Settlements 2003: The Case of Nairobi, Kenya. *UN-HABITAT, Nairobi* (May, 1899).

Mutisya, E., & Yarime, M. (2011). Understanding the grassroots dynamics in Nairobi: The dilemma of Kibera informal settlements. *International Transaction Journal of Engineering, Management, and Applied Sciences and Technologies, 2*(2), 197–213.

Obare, M. J. (2015). The Impact of Informal Economy on Employment Creation: The Case of Kamukunji Jua Kali Artisans in Nairobi, Kenya. *International Journal of Economics, Commerce and Management United Kingdom, 3*(6), 853–888. Retrieved from http://ijecm.co.uk/

Omwenga, M. (2011). Integrated Transport System for Liveable City Environment: A Case Study of Nairobi Kenya. *47th ISOCARP Congress 2011*, 1–9.

Onyango, P., & Tostensen, A. (2015). The situation of youth and children in kibera. *CMI – Chr. Michelsen Institute, 2015*(3).

OWUOR, S. O., & Mbatia, T. (2008). Post Independence Development of Nairobi City , Kenya, (September), 22–23. Paper presented at Workshop on African capital Cities Dakar, 22-23 September 2008

RASGADO BLAS, J. (2016). Microhistoria de una familia machokosh: aproximaciones a la construcción del espacio y del «hogar» en Nairobi a través del relato «An Ex-mas Feast» TT – Micro-history of a Machokosh Family: Reflections on the Construction of Space and «Home» in Nairobi th. *Estudios de Asia y África, 51*(2), 413-447.

RUBIO García, Leandro (1954) Una experiencia y una lección del África Negra: Kenya en Cuadernos de estudios africanos, n.º 28.

SAMUEL OWUOR. (2009). A 24-Hour Nairobi City Economy? Opportunities and challenges. *Conference in Presented at the Public Lecture Series on «(Re)Membering Kenya: Governance, Citizenship and Economics». Nairobi, Kenya, September 23*, 1–8.

SANA, O., & OKOMBO, O. (2012). *Taking Stock of SEC in Nairobi's slums*. Ed. Friedrich-Ebert-Stiftung.

STAVROU, A. (2002). *Crime in Nairobi*. Results of a citywide victim survey. UN-Habitat. September

UN-HABITAT. (2003). *The Challenge of Slums – Global Report on Human Settlements. Earthscan Publications on behalf of UN-Habitat.*

WORLD BANK GROUP. (2017). Kenya Economic Update: Poised to bounce back? *Kenya Economic Update*, (16).

EJERCICIO

Realiza un glosario de los términos más relevantes del texto.

Asentamientos urbanos informales

Campos de relación social

Capital (de un campo social)

Ciudad postindustrial

Estigmatización territorial

Factores de riesgo de exclusión

Hipergueto

Mapas perceptuales

Método etnográfico

Políticas basadas en el lugar

Políticas de realojo

Políticas de regeneración urbana

Precariado

Régimen de ciudadanía

Régimen de marginalidad urbana avanzada

Región urbana

Región Urbana

Rol social situado

Salariado

Segregación urbana

Situación de exclusión

Situación de integración

Situación social

Vulnerabilidad Social

Vulnerabilidad urbana